Angela Liddon

OH SHE GLOWS !
LES RECETTES

Angela Liddon

OH SHE GLOWS !

LES RECETTES

Plus de 100 recettes véganes
qui vous feront rayonner de l'intérieur

Unimedica

MENTIONS LÉGALES

Angela Liddon
Oh She Glows ! Les recettes
Plus de 100 recettes véganes qui vous feront rayonner de l'intérieur
1ère édition francophone 2017
ISBN 978-3-946566-70-0
© 2017, Narayana Verlag GmbH

1. édition anglophone 2014
Angela Liddon
The Oh She Glows Cookbook
Over 100 Vegan Recipes to Glow from the Inside Out
© 2014 by Glo Bakery Corporation
Published by arrangement with Avery,
a member of Penguin Group (USA) LLC, A Penguin Random House Company

Traduction de l'anglais : Valérian Lewert / Adaptation : Christine Meyer
Design : Meighan Cavanaugh
Mise en page : Narayana Verlag GmbH
Illustration de couverture : face © Angela Liddon, dos © Angela Liddon, portrait de l'auteure © Dave Biesse
Crédits photo : p. v, xii, 8, 36, 64, 68, 110, 134, 154, 198, 282, 284 © Dave Biesse, p. 222, 264 © Eric Liddon, toutes les autres photos © Angela Liddon
Éditeur :
Unimedica aux Éditions Narayana, Blumenplatz 2, 79400 Kandern, Allemagne
Tél. : +49 7626 9749 700 ou ligne skype : +33 9 70 44 64 88
info@unimedica.fr ; www.unimedica.fr

Tous droits réservés. Toute reproduction, adaptation, représentation ou traduction, même partielle du présent ouvrage sous la forme de textes imprimés, de microfilms, de photographies, de photocopies ou de tout autre moyen chimique, informatique, électronique ou mécanique ne peut être réalisée sans l'autorisation écrite de l'éditeur.
La simple mention des marques déposées, des noms commerciaux et des noms de marque implique leur protection par les droits de la propriété intellectuelle qui s'appliquent.
Les recommandations contenues dans cet ouvrage ont été rédigées et contrôlées par l'auteur et par l'éditeur au mieux de leurs connaissances. Elles ne peuvent en aucun cas tenir lieu de garantie. L'auteur et l'éditeur ne sauraient être tenus responsables de tout dommage ou préjudice résultant des indications données dans ce livre.

À Éric, mon mari :

Tu es ma lumière, mon amour

et mon inspiration.

Table des matières

Introduction 1	Mes outils et mon équipement
À propos de ce livre 9	favoris pour la cuisine 29
Mon garde-manger végan 13	

Petits-déjeuners 35

Petit-déjeuner à l'avoine
    et facile à faire 39

Rochers croquants
    sans pareils 41

Tofu brouillé, frites au four
    maison et toasts d'avocat . . . 43

Petit-déjeuner pour
    une journée cocooning 47

Gratin de flocons d'avoine
    pomme-poire à la cannelle
    et au sirop d'érable 49

Donuts énergisant au chia 51

Porridge au sarrasin cru 55

P. 41

Cassolette savoureuse de flocons
    d'avoine et de lentilles 57

Porridge de flocons d'avoine comme
    une tarte aux pommes 59

Galette d'avoine et de graines
    croustillantes 61

Smoothies, jus & thés 63

Monstre vert classique 67

Monstre vert mojo-ito 69

Smoothie « bonne humeur »
    au chocolat 71

Smoothie velouté tarte
    au potiron 72

Smoothie fitness 73

Smoothie ensoleillé anti-
    refroidissement 75

Smoothie matin radieux 76

Monstre vert tropical 77

Thé rooibos salutaire 79

Jus yogi 81

Thé vert énergisant
    aux agrumes 83

Entrées 85
Bruschettas estivales cerises-
    fraises-basilic 89
Guacamole fraise-mangue 91
Dip chaud réconfortant
    pour nacho 93
Chips-taco de pommes de terre ... 95
Houmous classique 99
Chips pita épicées et grillées 101
Tarte au pesto champignon-noix 103
Bouchées de falafels au four 105

Salades 109
Salade poire, noix, avocat,
    oignon rouge et portobellos
    marinés 113
Sandwich perfectionné
    à la salade de pois chiches ... 115
Salade crémeuse de
    pommes de terre et d'avocat .. 117

Salade Caesar Chakra
    et ses croûtons aux herbes et
    aux amandes 119
Salade de betteraves aux noisettes
    et au thym et sa réduction de
    vinaigre balsamique........ 123
Salade de légumes grillés pour le
    week-end 125
Salade de kale, millet et courge
    et son assaisonnement citron-
    tahini..................... 129
Salade festive kale et pomme,
    vinaigrette à la cannelle et
    parmesan de noix de pécan .. 131

Soupes *135*

Soupe africaine réconfortante aux cacahuètes *139*

Soupe de la guérison kale-lentilles corail *141*

Soupe indienne chou-fleur-lentilles *143*

Potage d'été aux tortillas *145*

Soupe de légumes aux 10 épices et sa crème de noix de cajou *147*

P. 147

Soupe detox « mange tes légumes » *149*

Crème de tomates et croûtons de pois chiches à l'italienne *151*

Plats principaux *153*

Enchiladas de patates douces et de haricots, crème d'avocat à la coriandre *157*

Ragoût tex-mex du bonheur *159*

Salade de nouilles aux deux sauces : thaï aux arachides et orange-sirop d'érable-miso ... *163*

Notre burger végan préféré *165*

Burrito quinoa-brocoli et son fromage de noix de cajou *169*

Sauce fortifiante aux tomates et aux champignons *171*

Chana masala rapide et facile *173*

Rôti de lentilles et de noix *177*

Burger de champignons portobello grillés et son pesto de tomates séchées, graines de chanvre et kale *179*

Pâtes « 15 minutes » à l'avocat *183*

Cassolette riche en protéines *185*

Assiette énergisante de miso *187*

Pâtes riches tomate et basilic *191*

Curry crémeux de légumes *193*

Fajitas et steak de champignons portobello *195*

P. 187

Accompagnements ... 197

Carottes arc-en-ciel
grillées et la sauce
cumin-coriandre-tahini ... *201*

Champignons
marinés à l'italienne ... *203*

Tofu poêlé à l'ail ... *207*

Tempeh mariné à l'ail,
au sirop d'érable et
au vinaigre balsamique ... *209*

Chips parfaites de
kale ... *211*

Potatoes croustillantes
et légères ... *213*

Choux de Bruxelles cuits
au four et les pommes de terre
Fingerling au romarin ... *215*

Purée de chou-fleur et de pommes
de terre et sa petite sauce aux
champignons ... *217*

Courge butternut et son
« parmesan » amandes-noix
de pécan ... *219*

Collations ... 221

Barre Glo classique ... *225*

Barre Glo « cadeau » ... *227*

Pois chiches parfaits
cuits au four ... *230*

Pois chiches grillés au four
au sel et au vinaigre ... *231*

Verrine de pudding
aux graines de chia ... *235*

Muffins légers chocolat-
courgettes ... *237*

Pain super-énergisant
aux graines de chia ... *239*

Bouchées croquantes banane-
beurre d'amandes au cacao ... *243*

Bouchées de pâte à cookies ... *245*

Desserts ... 247

Tarte glacée chocolat-expresso
aux éclats de noisette ... *251*

Crumble aux pommes
de Mère Nature ... *253*

Parfait glacé au potiron
sur fond de tarte dattes
et avoine ... *257*

Schichttorte (gâteau à étages)
au chocolat ... *259*

Fruits frais et noix à la crème
  fouettée de noix de coco......263
Salade d'hiver aux agrumes....265
Gâteau au pudding choco-moka.267
Brownies chocolat-amandes
  sans gluten..................269

Yolos faits maison............273
Cookies croquants au beurre
  d'amandes et copeaux de
  chocolat.....................275
Pizza glacée des journées
  chaudes......................279

Produits de base faits maison................281

Lait d'amande crémeux
  à la vanille.................285
Muesli croquant d'amandes....286
Farine d'amande gros grains...287
Mayonnaise à l'huile
  de pépins de raisins.........288
Chapelure de graines germées..289
Crème fouettée de noix de coco.290
Crème de noix de cajou.......291
Sauce facile aux champignons..292
Vinaigrette balsamique
  sans peine...................293
Assaisonnement citron-tahini..294
Mélange aux 10 épices........294
Tofu pressé..................295
Confiture magique aux graines
  de chia......................297

Glaçage au chocolat
  (deux méthodes)..............298
Crème glacée à la banane....299
Haricots cuits nature........300
Ail cuit au four.............301
Beurre de potiron............302
Beurre de noix de pécan
  et de potiron................303
Beurre croquant d'amandes
  grillées au sirop d'érable
  et à la cannelle.............305
Croûtons aux herbes et
  aux amandes..................306
Réduction de vinaigre
  balsamique...................307
Bouillon de légumes maison....309
Sauce enchilada 5 minutes....310

Tableau des cuissons.........311
Remerciements................313
À propos de l'auteur.........315

Index des recettes...........316
Index des ingrédients........318
Adresses utiles..............325

Introduction

Il y a cinq ans, lorsque j'ai adopté un régime à base d'aliments complets et végans, j'ai senti en moi, un véritable changement. Après une dizaine d'années de troubles alimentaires, et après m'être nourrie d'aliments « diététiques » pauvres en calories et traités, j'ai éprouvé le besoin de changer ma vie – et ma santé – de les rendre meilleures. Progressivement, j'ai changé mon alimentation pour adopter des aliments végétaux complets et j'ai été immédiatement frappée par le bien-être que je ressentais. Des légumes et des fruits sains, des céréales complètes, des haricots, des légumineuses, des noix et des graines ont remplacé les aliments tout prêts et fortement traités. Petit à petit, ma peau s'est mise à resplendir, mon énergie est montée en flèche, et j'ai observé une amélioration de mon syndrome chronique de l'intestin irritable (SII). Après ce changement dans mon régime alimentaire, tous ces aliments industriels, bien emballés, avec mention « seulement 100 calories » ne m'ont plus semblé aussi attrayants.

En 2008, j'ai commencé à tenir mon blog *Oh she glows*, afin de partager mon voyage vers une meilleure santé et pour faire part du changement extraordinaire que la nourriture peut apporter dans notre vie. Mon objectif était – et ce l'est toujours – de partager mon histoire et d'insuffler de l'espoir à ceux qui luttent. Pour être honnête, je ne savais pas si j'allais tenir ce blog plus de deux semaines, mais contre toute attente, ce passe-temps est devenu une véritable passion, et je peux affirmer que cela a complètement changé ma vie. Rien que dans les premiers mois, mon lectorat a augmenté rapidement. Petit à petit, des commentaires et des courriels en provenance du monde entier m'ont été adressés, racontant des histoires de luttes douloureuses et finalement victorieuses. Lire les contributions de femmes et d'hommes courageux était devenu essentiel à mon propre rétablissement, car ils m'ont incitée à rester sur le chemin de la guérison. C'était la première fois de ma vie que je me sentais vraiment épanouie dans le travail que je faisais. Peu après, je me suis vue passer des heures innombrables dans la cuisine à transformer mes recettes favorites en utilisant des aliments végétaux, et à courir ensuite jusqu'à mon ordinateur pour partager des photos et des recettes avec les lecteurs de mon blog.

Cinq années plus tard, *Oh she glows* est devenu encore plus important que je ne pouvais l'imaginer dans mes rêves les plus fous et compte des millions de pages vues chaque mois. Au fil des années, j'ai appris que des lecteurs du monde entier ont été en meilleure santé après avoir adopté mes recettes. Je suis si reconnaissante de pouvoir partager ma passion avec d'autres, de propager mon amour pour une nourriture saine avec tant de personnes. Pendant des années, écrire un livre de recettes avait été un rêve, grâce auquel j'aurais pu partager mes recettes les plus précieuses, comme des petits-déjeuners incontournables, des collations pleines de protéines, des entrées copieuses et des desserts gourmands. Je suis tout simplement heureuse de pouvoir finalement faire découvrir cet ensemble de recettes gardées secrètes jusqu'à maintenant. *Oh she glows* est fait de plus de 100 recettes qui vous feront rayonner, dont 75 totalement nouvelles, en exclusivité, et de plus le livre contient de nombreuses recettes particulièrement appréciées des lecteurs du blog, qui ont été revues et améliorées. Que vous soyez végan ou que vous vouliez simplement incorporer quelques repas végans à votre alimentation hebdomadaire, je suis sûre que les recettes de ce livre auront une influence positive sur votre santé et votre bien-être, et qu'elles renouvelleront, je l'espère, votre goût pour une alimentation simple et végétale.

MON VOYAGE VERS LA SANTÉ

J'aimerais pouvoir commencer mon histoire par un conte romantique, racontant comment j'ai grandi dans une ferme et appris à cuisiner les précieuses recettes familiales, transmises par les grands-parents. Mais la vérité est que ma relation tumultueuse, en dents de scie, avec la nourriture, a été pleine de défis. Pendant plus de dix ans, la nourriture a été mon ennemie. J'ai lutté entre les deux extrêmes, l'anorexie et la boulimie, un va-et-vient vicieux qui m'a rendue inquiète, suspicieuse à l'égard de la nourriture, et finalement mal dans ma peau. À l'époque, je n'avais pas pris en considération combien ce que je mangeais quotidiennement avait une influence sur ce que je pouvais ressentir, et d'ailleurs je ne m'en souciais pas vraiment. Être obnubilée par les calories et les quantités de gras était en effet une manière de cacher d'autres problèmes présents dans ma vie, mais cela m'a aussi empêchée de comprendre vraiment l'importance d'une alimentation adéquate, ainsi que son impact sur mon humeur, mon énergie, ou encore sur l'estime que j'ai de moi-même. Au fond de moi, je me savais capable d'avoir la force de provoquer un immense changement dans ma vie, mais je ne savais pas vraiment comment créer ce changement.

> *En vérité, nos moments les meilleurs sont plus susceptibles de survenir lorsque nous nous sentons profondément mal à l'aise, malheureux ou insatisfaits. Car c'est seulement lors de tels moments, provoqués par notre malaise, que nous sommes susceptibles de sortir de l'ornière et de commencer à chercher des chemins différents ou des réponses plus vraies.*
> — *M. Scott Peck*

Lorsque j'avais une vingtaine d'années, j'ai commencé à me rétablir doucement de mes troubles alimentaires. De nouveau optimiste, je me suis permise de regarder mon passé autrement et j'ai pu débuter un voyage vers la guérison. Mon objectif était simple : apprendre à aimer de nouveau la vraie nourriture et manger des aliments complets qui me feraient rayonner de l'intérieur. Ce qui voulait dire abandonner pour de bon les collations labellisées « 100 calories », les yaourts à 0 % de matières grasses et sucrés artificiellement, le beurre en spray à 0 % plein de produits chimiques et zéro calorie ! Pour les remplacer, j'ai commencé à mixer quotidiennement, avant d'aller au travail, des légumes verts feuillus et d'autres légumes dans mes smoothies du petit-déjeuner. De la kale aux concombres, jusqu'aux betteraves et aux carottes – et j'en passe, j'ai mis de tout dans mon blender. Mes premiers essais avaient un aspect – et un goût – un peu effrayants, d'où le nom de « Monstres Verts » (voir p. 67, p. 69 et p. 77), mais j'ai fini par concocter des mélanges délicieux dont j'ai partagé les recettes sur mon blog. À ma grande surprise, les « Monstres Verts » ont pris d'assaut la blogosphère, et des lecteurs du monde entier ont commencé à m'envoyer des photos de leurs propres « Monstres Verts ». Rapidement, j'ai senti qu'on me renvoyait le rayonnement que j'émettais, et j'ai pu récupérer l'énergie dont j'avais besoin pour affronter mes journées bien remplies. Éric, mon mari, a également recueilli les bienfaits de ces aliments végétaux en perdant 9 kilos et en réduisant son taux élevé de cholestérol, et cela sans le moindre médicament. Ces résultats positifs m'ont incitée à m'accrocher à ce nouveau style de vie et à ne pas retomber dans les anciennes et mauvaises habitudes.

Que ta nourriture soit ton médicament et ton médicament ta nourriture. — HIPPOCRATE

J'ai commencé à utiliser davantage de plantes pour la cuisine grâce à un abonnement à une association pour le maintien d'une « agriculture solidaire » et à des passages fréquents chez des maraîchers. Deux années plus tard, j'ai créé mon propre potager et fait pousser un maximum de choux et d'autres légumes (mais je ne vous dirai rien de toutes les herbes que j'ai tuées !). En faisant pousser mes propres légumes, je me sentais connectée pour la première fois à la nourriture qu'il y avait dans mon assiette. J'étais vraiment surprise de voir de vrais légumes pousser dans mon jardin – des légumes que je pouvais extraire du sol et manger ! Tout était savoureux et frais, comme la nature l'avait prévu. Pour la première fois de ma vie, j'étais occupée à apprendre sur le tas, et toute seule, comment cuisiner des aliments (et les photographier). Il y eut d'innombrables désastres culinaires (j'en ai signalé quelques-uns sur mon blog), mais aussi de nombreuses réussites, lesquelles m'ont encouragée à continuer à apprendre et à cultiver mes talents pour la cuisine.

Alors que je tombais amoureuse de la véritable nourriture, j'ai commencé à expérimenter des recettes véganes que je trouvais sur internet, mais j'étais souvent déçue par le résultat. Beaucoup de recettes demandaient pas mal de tâtonnements, manquaient de saveur et étaient souvent très compliquées ou demandaient des produits imitant la viande. Découragée par ces premières

recettes ratées, j'ai souhaité créer mon propre ensemble de recettes véganes fiables, qui pourrait même triompher des plus fervents amoureux de la viande. Si mes recettes ne plaisaient pas à mon mari, elles ne faisaient pas l'affaire ; je me suis donc donnée pour mission d'apprendre toute seule comment créer des repas très appétissants, et j'ai souvent essayé des recettes plusieurs fois avant de les partager sur mon blog. L'important, et ce qui me satisfait, est que mes recettes contiennent des aliments végétaux et complets. Grâce à ce processus, j'ai compris qu'il n'est pas nécessaire de sacrifier la saveur, la variété ou l'aspect nutritif pour apprécier des recettes véganes. Quand vous utilisez des ingrédients frais, le résultat est significatif.

Mon adoption d'un régime végan s'est faite doucement et progressivement ; je n'ai pas jeté tout ce que j'avais dans mon frigo du jour au lendemain, ou déclaré soudainement la guerre aux produits animaliers ou traités. C'est un processus qui a eu lieu progressivement et pour cette raison, ce changement de style de vie aura eu des conséquences durables, et sur le long terme. Au début, je recherchais beaucoup de produits imitant la viande ou d'autres produits végans finis, mais j'ai vite remarqué que mon énergie et ma santé globale étaient meilleures lorsque je me passais de ces produits. C'est pour cette raison que vous ne trouverez pas beaucoup d'aliments végans qui imitent la viande dans ce livre de recettes. Mon alimentation se compose principalement de légumes, de fruits, de céréales complètes, de noix, de légumineuses, de graines et, dans une moindre mesure, de produits à base de soja : ce sont donc les ingrédients que vous trouverez en majeure partie dans ce livre. J'avais tendance à croire que végan était le nom de code pour désigner une nourriture étrange, restreinte et peu appétissante, mais depuis, j'ai compris que je m'étais trompée. Si vous êtes une de ces personnes sceptiques, j'espère que je vous ferai aussi changer d'avis !

Lorsque j'ai commencé à manger moins de produits animaliers et plus de plantes, je me suis sentie bien et je ressemblais à une nouvelle personne. Pour mes débuts, c'était peut-être une manière vaniteuse de me donner du courage, mais par la suite ma motivation s'est consolidée de bien d'autres manières. Après avoir eu connaissance des horreurs de l'agriculture industrielle des produits animaux et laitiers, j'ai dû me poser quelques questions difficiles. Comment pouvais-je, moi qui aime les animaux depuis toujours, continuer à soutenir un système qui, chaque année, faisait souffrir tant d'animaux ? La contradiction absolue entre la nourriture dans mon assiette et ma passion pour la protection des animaux était, pour le dire franchement, difficile à digérer. N'y avait-il pas une autre solution ? Ne pouvais-je avoir une alimentation saine et bien équilibrée sans contribuer à un système auquel je ne croyais pas ?

Bien sûr, cela était certainement possible. Une alimentation végane m'a encouragée à regarder au-delà de cette voie pour guérir et considérer tous les chemins de vie, y compris le mien. Petit à petit, j'ai trouvé grâce à la nourriture l'épanouissement dont j'avais désespérément besoin. Une alimentation végane concilie ce qu'il y a dans mon cœur et dans mon assiette. Ma sensibilité à l'égard des autres – et, plus surprenant encore, à l'égard de moi-même – a augmenté de bien

des manières. J'ai finalement compris que je suis digne d'être heureuse et bien alimentée, et peu importe ce que dit la balance – nous le sommes tous.

J'espère que les recettes de ce livre ne vont pas seulement entretenir votre goût pour la gastronomie, mais aussi vous montrer combien il est facile d'intégrer des recettes véganes et saines à votre propre alimentation. Pour se sentir bien, il faut commencer par ce que nous mangeons, et de là propager son bien-être comme une flamme dans les autres domaines de sa vie. Allez-y, organisez ce changement de travail que vous désirez depuis longtemps, courez ce 10 km que vous voulez faire et tombez amoureux du chou kale. C'est le moment ou jamais !

Angela

« Ne mettez pas en doute qu'un petit groupe de citoyens réfléchis et engagés puisse changer le monde. En fait, c'est toujours ainsi que le monde a changé. » — MARGARET MEAD

À propos de ce livre

Ce livre de recettes est divisé en dix chapitres qui vont des petits-déjeuners aux produits de base faits maison. Évidemment, plusieurs recettes n'appartiennent pas qu'à une seule catégorie (par exemple, les falafels cuits au four et sans huile peuvent être une entrée ou un plat principal – voir p. 105), donc n'hésitez pas à piocher et à faire votre choix dans les différents chapitres pour créer vos propres repas.

Je vous encourage à lire entièrement ce qui introduit la recette et la recette elle-même avant de la commencer. Certaines recettes requièrent une préparation au préalable (comme les noix trempées), il est donc préférable de planifier les choses à l'avance lorsque c'est possible. La plupart des recettes incluent une ou plusieurs astuces, donc assurez-vous de les lire également. Je propose souvent une astuce pour la préparation, ou pour modifier la recette. Par exemple, ma tarte glacée chocolat-expresso peut être transformée en fudge glacé très facilement (voir l'astuce p. 252). Pas d'inquiétude, tout est bien expliqué !

Je suis consciente du nombre important de gens qui, de nos jours, souffrent d'allergies ou de sensibilités alimentaires. À chaque fois que c'est possible, je propose d'éventuels ingrédients de remplacement. Pour votre commodité, je précise également si une recette est sans gluten, sans sucre raffiné ou sans sucre, sans soja, sans noix, sans céréales, et/ou sans huile. Cependant, il faut toujours anticiper et vérifier ce qui est noté sur les emballages de vos ingrédients pour vous assurer de pouvoir consommer votre nourriture sans danger.

Mon garde-manger végan (voir p. 13) détaille les ingrédients que j'utilise la plupart du temps pour cuisiner. Bien qu'il n'englobe pas tous les ingrédients dont vous aurez besoin pour faire les recettes, cela vous donne un bon point de départ pour savoir quels sont les ingrédients les plus régulièrement utilisés dans ce livre. Je recommande de lire jusqu'au bout ce chapitre avant de commencer, afin d'avoir une vue d'ensemble des ingrédients et de piocher parmi les astuces que je fournis à propos de chacun d'eux.

Oh she glows !

Les recettes

Mon garde-manger végan

Céréales complètes & farines *14*

Boissons, yaourts & fromages au lait végétal *15*

Édulcorants *16*

Matières grasses & huiles *18*

Sel *19*

Herbes & épices *20*

Bouillon de légumes *21*

Noix & graines *21*

Haricots & légumineuses *23*

Produits à base de soja *26*

Chocolat *27*

Autres *27*

Acidifiants *28*

Cela m'amuse d'avoir nommé l'installation que j'ai dans ma cuisine un « garde-manger », car lorsque j'ai élaboré les recettes pour ce livre, nous n'avions pas de garde-manger ni un espace de stockage suffisant, (ne soyez pas dupés par les somptueuses cuisines que l'on a nous a « prêtées » pour certaines de nos photographies !). J'ai fait en sorte de ranger chaque ingrédient dans mes placards, mais le trop-plein déborde souvent jusqu'à se retrouver jusque dans notre salle de séjour. J'ai caché les moules à muffin sous la table basse, utilisé le salon de télé pour stocker les sacs de farine et rangé le surplus de casseroles et de poêles au-dessus des placards de cuisine (parfois une femme doit faire ce qu'elle doit faire …). Inutile de dire qu'il était un peu embarrassant que la famille et les amis soient le témoin d'un tel chaos ! Mon pauvre mari ne savait pas dans quoi il s'engageait quand il m'a fait sa demande en mariage ; la seule chose qui me sauve est son extrême patience et son plaisir à jouer le rôle de *Premier extraordinaire goûteur en chef* (c'est lui qui m'a fait écrire cela).

Quelle que soit l'installation que vous avez dans votre propre cuisine, avoir les bons ingrédients permet d'aborder bien plus facilement une alimentation équilibrée. Tandis que j'en apprenais davantage au sujet des alternatives naturelles et végétales aux produits animaliers habituels, j'ai commencé à construire un garde-manger d'aliments végétaux. Cela prend du temps, donc ne soyez pas découragés si vous n'avez pas tous les éléments tout de suite. Essayez d'ajouter quelque chose chaque semaine et vous serez sur la bonne voie. Avant toute chose, amusez-vous pendant ce voyage. Et si vous avez un véritable garde-manger, tant mieux pour vous !

CÉRÉALES COMPLÈTES & FARINES

Flocons d'avoine & farine d'avoine

L'avoine est une bonne source de fibres, et elle est pleine de minéraux tels que le manganèse, le sélénium, le phosphore, le magnésium et le zinc. Elle ne donne pas seulement une saveur de noisette légèrement sucrée aux plats cuits au four, mais elle peut aussi être utilisée pour une grande variété de recettes sucrées et savoureuses. Les flocons d'avoine sont simplement des gruaux d'avoine crus, cuits à la vapeur et pressés (ou roulés) afin d'obtenir leur forme plate. Les flocons d'avoine étant larges, ils cuisent bien plus rapidement que les gruaux d'avoine ou l'avoine concassée. La farine d'avoine est incroyablement facile à faire chez soi (voir p. 287) et elle ajoute quelque chose de rustique, de terreux et de légèrement sucré aux plats cuits au four. Si vous avez une allergie ou une sensibilité au gluten, assurez-vous de prendre de l'avoine certifiée sans gluten, car l'avoine est susceptible d'avoir une contamination croisée avec les produits à base de blé.

Poudre d'amandes & farine d'amandes

La poudre d'amandes et la farine d'amandes donnent aux petits fours, aux barres et aux autres pâtisseries, une texture tendre et une saveur de noisette sucrée. La farine d'amandes est faite d'amandes blanchies (sans la peau) et moulues, sa texture est délicate et fine, tandis la poudre d'amandes est faite d'amandes entières (avec la peau), ce qui leur donne une texture un peu plus épaisse. Les amandes sont une source riche en protéines – 7,6 grammes pour 60 ml – aussi bien qu'en manganèse, en vitamine E, en magnésium et en cuivre, ce qui en fait une farine unique et saine. Vous pouvez faire votre farine d'amandes et votre poudre d'amandes chez vous, si vous avez un blender à grande vitesse ou un mixeur (voir p. 287), ou vous pouvez les trouver dans la plupart des supermarchés, dans les rayons d'aliments spéciaux, sans gluten ou bios.

Farine de blé complet

La farine de blé complet est plus pauvre en protéines et en gluten que la farine de blé habituelle, et sa texture la rend idéale pour donner de la consistance et elle est aussi plus nutritive. J'utilise la farine de blé complet pour remplacer la farine habituelle pour des recettes comme celles des muffins et des cakes. Une petite mise en garde : cette farine étant très dense, il n'est pas toujours indiqué de la substituer totalement à la farine blanche ; vous pouvez faire un mélange de farines (ou pas), selon votre goût.

Gruaux de sarrasin cru & farine de sarrasin cru

Le sarrasin n'est pas du blé comme de nombreuses personnes le pensent ; c'est en fait la graine d'un fruit apparenté à la rhubarbe et l'oseille. Cependant, et heureusement, le sarrasin est très similaire aux céréales, ce qui a rendu sa farine populaire pour les cuissons au four sans gluten. De couleur beige et vert pâle, les gruaux de sarrasin cru sont simplement les grains crus récoltés sur la plante. Ils sont une bonne source de protéines, de fibres, de manganèse et de magnésium. Le kasha, qui est le nom que l'on donne au sarrasin grillé, est généralement confondu avec les gruaux de sarrasin, c'est pourquoi on ne peut les utiliser l'un à la place de l'autre dans mes recettes. Le kasha a une saveur plus forte (certains disent rebutante) et peut gâcher le profil de saveurs d'une recette. Pour cette raison, j'utilise toujours des gruaux de sarrasin cru. À la page 287, j'explique comment en faire de la farine chez soi. Vous pouvez trouver des gruaux de sarrasin crus en vrac dans de nombreux supermarchés bios, ou sur internet.

Farine tous usages non blanchie

La farine tout usage non blanchie est faite de blé tendre et dur et donne aux plats cuits au four une texture douce et légère. J'utilise peu de farine tous usages dans mes recettes, mais c'est parfois la seule farine qui pourra donner cette texture légère requise pour les recettes de cakes ou de pâtisseries. Et encore, j'estime qu'il est généralement possible de remplacer un tiers de la farine tous usages par de la farine de blé complet sans compromettre l'ensemble de la recette (voir, par exemple, mon « Petit-déjeuner à l'avoine facile à faire « page 39). À chaque fois que c'est possible, assurez-vous de chercher des variétés de farine bio et non blanchies.

En supplément des farines et céréales mentionnées ci-dessus, j'utilise aussi, et régulièrement, du riz complet et de la farine de riz complet, du riz sauvage, du millet, du quinoa, de l'épeautre et des grains de blé, et du riz brun, du blé Kamut ou des pâtes d'épeautre.

BOISSONS, YAOURTS & FROMAGES AU LAIT VÉGÉTAL

Pour ceux qui veulent éviter les produits laitiers, les variétés de lait d'origine végétale, abondent dans la plupart des supermarchés. Mon lait végétal préféré est le lait d'amandes. Je l'utilise systématiquement dans mes recettes, mais n'hésitez pas à utiliser celui que vous préférez. Je fais du lait d'amandes maison comme boisson (voir p. 285) ou pour mes recettes, ou j'achète du lait d'amandes sans sucre et sans arôme ajouté. Le lait d'amandes contient très peu de protéines, donc si vous voulez un lait d'origine végétale plus riche en protéines (pour les smoothies, par exemple), prenez plutôt du lait de soja ou de chanvre. J'utilise également, dans beaucoup de recettes de desserts, du lait de noix de coco en conserve. Il ajoute quelque chose de riche et de crémeux très similaire à la crème d'origine animale. Pour ce qui est des yaourts et des fromages d'origine végétale, ce ne sont pas des produits que j'utilise souvent, mais seulement de temps en temps. Pour ma recette de Muesli énergisant pour une journée bien-être (p. 47), j'utilise un yaourt d'origine végétale. Je préfère des yaourts aux amandes et à la noix de coco, mais n'hésitez pas à utiliser des yaourts au soja pour une alternative plus riche en protéines. Pour mon ragoût Tex-Mex (p. 159), j'utilise une petite quantité de fromage végan râpé. N'hésitez pas à utiliser votre fromage d'origine végétale préféré.

ÉDULCORANTS

Dattes Medjool

Douces et dodues dattes Medjool – existe-t-il quelque chose de meilleur ? J'adore les utiliser comme édulcorant naturel dans les smoothies, les desserts crus, et même dans les pâtes à tarte (voir p. 257). Elles ne sont pas appelées « bonbons naturels » pour rien ! Elles sont également fantastiques pour lier les ingrédients et rehausser la saveur d'une recette avec de douces notes de caramel. Pour preuve, essayez mes Yolos faits maison, p. 273 – beaucoup disent qu'ils sont meilleurs que les bonbons que l'on trouve dans le commerce ! Si vous n'avez pas de dattes Medjool à portée de main, d'autres variétés de dattes devraient convenir. Si vos dattes sont fermes et sèches, assurez-vous de les attendrir dans de l'eau pendant 30 à 60 minutes avant de les utiliser – et, bien entendu, enlevez toujours le noyau.

Sirop d'érable pur

Cela ne vous surprendra sûrement pas qu'une Canadienne soit une grande fan de sirop d'érable. Le sirop d'érable est simplement la sève bouillie de l'érable, et c'est l'édulcorant que je choisis de préférence parce qu'il est facile d'en trouver localement. Cherchez du sirop d'érable grade B, dont la saveur est généralement plus robuste. Je me rends compte que le sirop d'érable pur n'est pas disponible partout et peut être cher selon le lieu où vous vous trouvez, donc quand vous ne pouvez pas en avoir à portée de main, vous pouvez évidemment le remplacer par votre édulcorant liquide préféré, comme le sirop d'agave. Le goût de la recette changera, mais l'ensemble ne devrait pas être altéré, tant que vous remplacez un édulcorant liquide par un autre édulcorant liquide. Je ne recommande pas remplacer un édulcorant liquide par un édulcorant sec parce que cela aura une incidence sur le ratio d'humidité et de sécheresse de la recette, et le résultat sera imprévisible.

Le sucre de canne complet ou sucanat

Le sucanat est la forme raffinée au minimum, du sucre de canne bio complet, de texture granuleuse et drue similaire à celle du sucre de fleurs de coco. Pour faire le sucanat, le jus est extrait de la canne à sucre et chauffé en cuve. Une fois que la cuisson transforme le jus en sirop épais, ce dernier est refroidi et séché. Ce processus conserve la teneur en mélasse, laquelle apporte des minéraux et des vitamines naturels au sucre (comme le fer, le calcium et le potassium), ainsi qu'une teinte caramélisée et une saveur robuste. J'adore utiliser le sucanat pour les recettes de d'épices ou mes recettes au chocolat (voir les muffins légers choco-courgettes, p. 237, ou le gâteau au pudding choco-moka, p. 267), ou dans n'importe quelle recette pour laquelle j'utilise ordinairement de la cassonade traditionnelle. SI vous n'avez pas de sucanat à portée de main, vous pouvez le remplacer par de la cassonade bio ou du sucre de fleurs de coco.

Sucre de fleurs de coco

Le sucre de fleurs de coco est la sève de la palme de noix de coco chauffée à basse température, refroidie, séchée et moulue en sucre granuleux. Bien qu'il vienne de la palme d'un cocotier, il n'a pas un goût de noix de coco, il peut donc être utilisé sans rien altérer dans de nombreuses recettes tout en ajoutant de légères notes de caramel. Non seulement son index glycémique est peu élevé (35) comparé aux autres édulcorants, mais en plus il est riche en vitamines et en minéraux. Dans la plupart des recettes, vous pouvez le remplacer par du sucanat ou de la cassonade claire et bio.

Sucre de canne bio & cassonade bio

Le sucre de canne bio est un édulcorant tout usage utilisé en pâtisserie et en cuisine. Il est très similaire au sucre blanc traditionnel, mais le sucre de canne bio n'est pas raffiné avec du charbon d'os animal, ni blanchi avec de l'eau de Javel ! La cassonade bio est presque identique au sucre de canne, si ce n'est qu'elle contient un peu de mélasse, ce qui lui donne sa couleur marron caractéristique et un surplus d'humidité. Pour mes recettes, n'hésitez pas à utiliser soit de la cassonade claire, soit de la cassonade brune.

Mélasse

La mélasse est un édulcorant efficace plein de fer, de potassium, de calcium, de magnésium et de bien d'autres choses. Ce sirop épais et robuste donne des pâtisseries humides et tendres, il est excellent dans le pain d'épices, les cookies au gingembre, les sauces barbecue et bien d'autres recettes. Chaque cuillère à soupe de mélasse contient 3,5 mg de fer, ce qui est une bonne manière de dynamiser vos réserves en fer. Assurez-vous d'associer la mélasse avec de la vitamine C pour absorber le fer au maximum.

Sirop de riz brun

Le sirop de riz brun délivre une énergie stable et régulière, et on le dit bon pour éviter les pics d'insuline, son index glycémique étant relativement peu élevé. Je ne l'utilise pas très souvent, mais j'en fais néanmoins usage dans deux de mes recettes (voir mes recettes de barres p. 225 et p. 227) comme liant, car sa consistance est très collante. Il y a eu quelques inquiétudes récemment au sujet des taux d'arsenic du sirop de riz brun et des autres produits dérivés du riz, des recherches sont donc en cours pour déterminer des taux à ne pas dépasser. Je vous encourage à vous tenir informés des résultats de ces recherches et à vous faire votre propre opinion pour savoir si vous voulez l'inclure ou non dans votre alimentation.

MATIÈRES GRASSES/HUILES

Huile vierge de noix de coco

En raison de ses propriétés antifongiques et antibactériennes, et parce qu'elle est bonne pour le cœur, l'huile de noix de noix de coco est celle que je préfère pour la cuisson à la poêle et au four. Avec son point de fumée élevé, l'huile de noix de coco est aussi excellente pour faire frire, rôtir ou griller des aliments, puisque cela n'altère pas les propriétés de l'huile. Pour cette raison, j'utilise l'huile de noix de coco plus que n'importe quelle huile. Solide à température ambiante, elle remplace aussi idéalement le beurre dans bien des recettes et permet aux recettes crues de préserver une texture solide (voir ma tarte glacée chocolat-expresso p. 251). L'huile de noix de coco vierge a un goût de noix de coco et peut transmettre légèrement sa saveur aux aliments, saveur néanmoins discrète et souvent complémentaire de certaines recettes. J'aime de plus en plus cette saveur, j'en utilise donc abondamment, même lorsque je fais des repas savoureux comme des sautés de légumes. Si vous n'aimez pas la saveur de l'huile de noix de coco, vous pouvez essayer l'huile de noix de coco raffinée, laquelle n'a pas goût de noix de coco. Pour les préparations savoureuses, comme lorsque vous faites frire ou sauter des aliments, vous pouvez à votre aise remplacer l'huile de noix de coco par votre huile de cuisson préférée, si vous le désirez.

Huile d'olive extra-vierge pressée à froid

L'huile d'olive extra-vierge a sa place dans chaque cuisine, mais pas pour les cuissons à haute température (comme pour la friture). Son point de fumée de 200 °C fait qu'il est facile de rancir cette huile délicate en la faisant trop chauffer. Malgré cela, c'est une bonne huile tout usage, tant que vous prenez garde de ne pas la surchauffer. Lorsque vous les achetez, cherchez les marques dont la bouteille de verre est de couleur ambre sombre, ce qui protège l'huile d'UV indésirables. L'huile d'olive pressée à froid est extraite avec une méthode qui exclut tout processus chimique, elle est donc généralement considérée comme l'option la plus saine.

Huile de pépins de raisin

L'huile de pépins de raisin est une huile de cuisson neutre qui se mêle indistinctement à bien des recettes. J'aime l'utiliser pour les recettes de cake quand je ne veux pas que l'huile altère la saveur de l'ensemble. L'huile d'olive extra-vierge peut la remplacer (hormis pour faire frire ou rôtir à haute température), mais n'oubliez pas que le goût de l'huile d'olive pourra se faire sentir dans la recette.

Avocat

Avez-vous déjà essayé d'utiliser de l'avocat pour remplacer le beurre ou l'huile ? C'est carrément le rêve. Après tout, l'avocat s'appelle aussi beurre naturel. J'adore faire de la purée d'avocat, et la mettre sur des toasts à la place du beurre (voir mon tofu brouillé, frites au four maison et toasts d'avocat p. 43) et je l'utilise aussi pour remplacer l'huile et la crème dans ma recette de pâtes crémeuses à l'avocat (voir p. 183). À l'avocat rien d'impossible.

Margarine végane

On trouve partout de la margarine végane de nos jours : faite à base d'huile végétale, elle ne contient ni soja, ni huile de palme – de nouvelles variétés commencent également à être disponibles. J'utilise l'huile de noix de coco plus souvent en raison de ses bénéfices pour la santé, mais lorsque je sens que le goût du beurre est crucial pour une recette, je choisis du beurre végan – en petites quantités, bien sûr. Par exemple, ma recette de purée de chou-fleur et de pommes de terre (voir p. 217) et mes brownies chocolat-amandes sans gluten (voir p. 269) sont rehaussés par une petite quantité de beurre végan, ce qui leur donne une saveur plus traditionnelle. La margarine végane est également excellente pour les muffins, les pains, les pommes de terre au four et les toasts.

Huile de sésame grillé & huile de lin

Pour les assaisonnements de salade, j'utilise l'huile de graines de lin en raison de son profil riche en oméga-3 (un acide gras) et occasionnellement de l'huile de sésame grillé. Ces deux huiles ont un point de fumée bas, il est donc important de ne pas les faire trop chauffer, et si possible, de ne pas les faire chauffer du tout. Ma vinaigrette balsamique (voir p. 293) est faite avec de l'huile de graines de lin, et ma sauce thaï aux arachides (voir p. 163), est faite avec de l'huile de sésame grillé. Si vous n'avez aucune de ces deux huiles sous la main, n'hésitez pas à les remplacer par de l'huile d'olive extra-vierge.

SEL

Parce que chacun apprécie le sel à sa manière, j'ai tendance à écrire dans mes recettes que vous pouvez ajouter du sel « selon votre goût » (hormis dans mes recettes de pâtisseries). Utilisez la quantité que je propose comme ligne directrice, mais fiez-vous à vos papilles gustatives avant tout. Vous pouvez toujours ajouter plus de sel, mais il est difficile de rattraper une recette une fois qu'il y en a de trop.

Sel aromatisé aux herbes
C'est un fantastique mélange de sel, d'herbes aromatiques et de légumes tels que céleri, poireau, oignon, persil, ail, basilic, romarin, etc. Il est aussi légèrement plus pauvre en sodium que le sel de table traditionnel, et grâce à son goût exquis, j'utilise régulièrement la marque Herbamare® pour assaisonner les légumes. À chaque fois que je fais griller ou sauter des légumes, il est certain que j'utilise ce sel aromatisé.

Sel de mer
Mon sel de référence et tout usage, c'est le sel de mer iodé à grain fin. Le sel de mer provient de l'eau évaporée des lacs salés ou des océans, dont elle préserve quelques oligo-éléments. Le sel de table, quant à lui, est extrait de dépôts souterrains, il est fortement raffiné et contient souvent des additifs. Je préfère acheter du sel iodé parce que l'iode est une substance nutritive cruciale pour le bon fonctionnement de la thyroïde, et le sel est une manière aisée d'obtenir ce minéral dans mon alimentation. J'utilise aussi du sel rose d'Himalaya quand j'en ai sous la main.

Flocons de sel de mer
Les flocons de sel de mer ne sont pas un ingrédient indispensable, mais ils garnissent admirablement un plat. Saupoudrer un peu le dessus des brownies ou du chocolat fait maison contribue à rehausser les saveurs sucrées !

HERBES & ÉPICES

J'utilise le plus souvent les herbes séchées et les épices suivantes :

- Poivre de Cayenne
- Poudre de piment rouge
- Cannelle
- Coriandre
- Cumin
- Poudre d'ail
- Gingembre
- Poudre d'oignon
- Origan
- Paprika
- Flocons de piment rouge
- Paprika fumé (aussi bien doux qu'épicé)
- Curcuma

En général, j'essaie de trouver des herbes séchées en petite quantité dans le rayon « vrac » des supermarchés ou dans les épiceries. Il est bien moins cher d'acheter les herbes séchées en vrac que ces petits pots hors de prix. Contrairement à ce que l'on pense ordinairement, les herbes séchées n'ont pas une durée de vie très longue et il est préférable de les remplacer souvent. Une des règles de base serait de remplacer les herbes séchées en poudre tous les six mois ; de les stocker dans des pots en verre dans un endroit frais et sombre, à l'abri de toute source de chaleur. J'essaie toujours d'utiliser dans mes recettes du basilic, du persil et du romarin frais, ainsi que de la noix de muscade fraîchement râpée, car je leur trouve meilleur goût. Le gingembre frais est également fantastique dans bien des recettes, et il possède de nombreux bénéfices pour la santé, comme d'améliorer la digestion et le système immunitaire (voir par exemple mon thé Rooibos salutaire, p. 79).

BOUILLON DE LÉGUMES

Par économie, je fais du bouillon de légume en mélangeant de l'eau bouillie et de la poudre de bouillon de légumes. N'hésitez pas à utiliser de bouillon de légumes fait maison (voir p. 309) ou également du bouillon acheté en supermarché.

NOIX & GRAINES

Graines de chia

Bourrées d'acides gras oméga-3, de fer, de calcium, de magnésium, de fibres et de protéines, les graines de chia sont des « bombes » nutritionnelles. J'en ajoute une cuillère à soupe à mes smoothies quotidiens, et j'aime aussi en parsemer dans mes barres Glo (voir p. 225 et p. 227), dans mes pâtisseries, dans mes mueslis faciles à faire (voir p. 39), dans mon pain super-énergisant aux graines de chia (voir p. 239), ou les utiliser comme base pour un pudding (voir la verrine de pudding aux graines de chia p. 235). Pour garder les graines de chia à portée de main, essayez d'en remplir une salière à mettre sur la table. Saupoudrez par ci, saupoudrez par là, c'est un bon moyen de consommer régulièrement des acides gras oméga-3. Contrairement aux graines de lin, les graines de chia n'ont pas à être moulues pour que leurs nutriments soient absorbés, ce qui en fait une option pratique et toute simple. Les graines de chia sont disponibles sur internet, dans les épiceries et les magasins bio.

Graines de tournesol

C'est une excellente chose que d'avoir des graines de tournesol (riches en vitamine E) sous la main, surtout si vous devez éviter les noix. Si vous ne pouvez utiliser du beurre de cacahuètes ou d'amandes pour les recettes, le beurre de graines de tournesol peut être une alternative idéale.

Noix de cajou

Les noix de cajou crues sont l'arme secrète végétale de tout expert. Vous pouvez faire d'opulentes tartes crémeuses (voir le parfait glacé au potiron p. 257), une crème aigre sans lait faite maison (voir p. 291), des soupes à base de crème (voir la soupe de légumes aux 10 épices p. 147), et bien d'autres choses encore. Une fois que vous aurez découvert la puissance des noix de cajou crues, la crème de lait ne sera plus qu'un lointain souvenir. Pour plusieurs recettes, comme ma crème de tomates (voir p. 151), les noix de cajou doivent être trempées au préalable, ce qui les ramollit conséquemment facilite le mixage, et les rend aussi plus digestes. Pour ce faire, mettez les noix de cajou dans un bol et ajoutez suffisamment d'eau pour les recouvrir. Laissez-les tremper 3 ou 4 heures ou toute la nuit, de préférence. Égouttez-les et rincez-les avant de les utiliser.

Amandes

Les amandes crues sont pleines de calcium, de protéines et de fibres. 40 g d'amandes contiennent 91 mg de calcium, 7,6 g de protéines et 4 g de fibres, ce qui fait des amandes une de mes collations à emporter préférées. Comme pour les autres noix, les nutriments qui se trouvent dans les amandes sont mieux absorbées quand ces dernières ont été trempées dans de l'eau pendant une nuit (ce que l'on appelle aussi la « germination ») avant d'être consommées. J'aime faire tremper un mélange d'amandes, de graines de tournesol et de courge dans un bol d'eau pendant la nuit (ou pendant 8 heures environ). Ensuite, je les égoutte et les rince simplement le matin, et je mets au réfrigérateur le mélange égoutté, ce qui donne des collations faciles à emporter. Stockées dans un récipient hermétique au froid, elles peuvent en général se conserver 2 à 3 jours.

Graines de lin

Comme les graines de chia, les graines de lin sont riches en acide gras oméga-3 anti-inflammatoires. Parce qu'elles peuvent s'oxyder rapidement, j'aime stocker toute ma réserve de graines de lin au réfrigérateur ou au congélateur, et y puiser la quantité dont j'ai besoin juste avant de les utiliser – vous pouvez les moudre très facilement dans un blender ou un moulin à café. Un mélange de graines moulues et d'eau peut aussi remplacer économiquement un œuf. Quand vous mélangez des graines de lin moulues avec de l'eau et laissez le mélange reposer quelques minutes, il s'épaissit et forme une texture gélatineuse très similaire au blanc de l'œuf.

Graines de chanvre (décortiquées)

Les graines de chanvre décortiquées, aussi appelées chènevis, sont de petites graines vertes, douces, pleines de protéines. Trois c. à soupe contiennent 10 g de protéines, ce qui est énorme, vous pourrez donc faire étalage de vos gros muscles en un rien de temps. Mieux encore, les graines de chanvre contiennent un ratio idéal d'acides gras essentiels oméga-6 et oméga-3 (4 pour 1), ce qui aide à réduire les inflammations de l'organisme. J'aime ajouter des graines de chanvre dans les smoothies, en saupoudrer les salades et les flocons d'avoine, et même faire du pesto à base de graines de chanvre (voir le pesto graines de chanvre-kale et tomates séchées p. 179).

Graines de courge

Les graines de courge sont une excellente source de protéines et de fer dans n'importe quelle alimentation. Dans 50 g de graines de courge, il y a presque 10 g de protéines et 3 mg de fer. À chaque fois que c'est possible, assurez-vous de les associer avec de la vitamine C pour maximiser l'absorption du fer.

Pour éviter que les noix et les graines ne rancissent, mettez-les au réfrigérateur ou au congélateur. Si ce n'est pas possible, mettez-les dans un endroit frais et sombre, et faites le plein régulièrement. En supplément de ce qui a été listé ci-dessus, j'utilise aussi dans mes recettes de la noix de coco râpée et sans sucre, des graines de sésame (et du tahini, de la pâte de graines de sésame), du beurre de cacahuètes naturelles grillées, des noix de pécan crues et des noix crues.

HARICOTS & LÉGUMINEUSES

Pois chiches

Les pois chiches sont riches en protéines, en fibres et en fer. 180 g de pois chiches cuits contiennent 14,5 g de protéines 12,5 g de fibres et presque 5 mg de fer. Je passe rarement une journée sans pois chiches – habituellement sous la forme de houmous, bien entendu ! Apportez chez moi du houmous frais, et nous serons les meilleurs amis pour la vie (vous pouvez trouver la recette de houmous classique p. 99).

Haricots noirs

Avec environ 15 g de protéines et de fibres pour 220 g, les haricots noirs vous rassasieront et tiendront votre faim à distance. Ces petits haricots brillants ont une texture dense qui se marie bien à plusieurs plats végans comme les burritos, des ragoûts (voir mon ragoût Tex-Mex p. 159), des soupes et des salades.

Lentilles

Les lentilles sont une de mes sources de protéines préférées, et je les cuisine beaucoup. Non seulement c'est le Canada qui produit le plus de lentilles, mais elles sont en plus incroyablement bon marché, surtout si vous les achetez en vrac. Contrairement aux haricots, il n'est pas nécessaire de les faire tremper et elles peuvent être cuites en 25 ou 30 minutes, ce qui en fait un excellent

supplément de dernière minute à n'importe quel repas. Les lentilles vertes et marrons sont les plus communes, variétés tout usage et souvent les plus faciles à trouver. Elles se tiennent plutôt bien si elles ne sont pas trop cuites et se marient bien à de nombreux plats. Les lentilles corail sont meilleures dans les soupes et les ragoûts parce qu'elles se défont pendant la cuisson, et aident de la sorte à épaissir le bouillon. Les lentilles françaises (du Puy) sont de petites lentilles d'un brun sombre, ou vertes, environ deux fois plus petites que les lentilles vertes ordinaires. Elles se tiennent très bien et leur texture élastique est un bon complément aux salades et aux pâtes fraîches. 200 g de lentilles cuites contiennent environ 18 g de protéines 16 g de fibres et 6,5 mg de fer.

Remarque sur le trempage et la cuisson des haricots :

Avant de faire cuire des haricots secs, il est important de les faire tremper dans un grand récipient d'eau pendant au moins 8 à 12 heures. Les faire tremper est bénéfique à plusieurs égards, cela réduit par exemple le temps de la cuisson, les rend plus digestes et accroît la disponibilité de leurs minéraux.

Après le trempage, assurez-vous de bien les rincer et les égoutter avant de les faire cuire. Débarrassez-vous l'eau du trempage – elle contient des phytates, du tanin et d'autres substances qui provoquent des flatulences.

Pour cuire les haricots, mettez-les dans une grande casserole avec suffisamment d'eau pour les recouvrir de 2,5 cm. J'aime aussi ajouter dans la casserole un morceau de la taille d'un pouce de kombu (une algue marine), dans la mesure où elle aide la digestion et délivre également des minéraux bénéfiques dans l'eau de la cuisson. Faites bouillir l'eau, réduisez ensuite la chaleur à feu moyen pour laisser mijoter. Enlevez l'écume qui remonte à la surface pendant que les haricots mijotent. Laissez-les cuire 40 à 60 minutes (cela dépend du type de haricots et de leur fraîcheur), jusqu'à ce qu'ils soient tendres et puissent être percés sans la moindre résistance par une fourchette.

Il est important de ne pas ajouter de sel tant que les haricots n'ont pas fini de cuire. Si vous ajoutez du sel pendant la cuisson, les haricots risquent de ne pas cuire uniformément ; certains pourraient être tendres et d'autres durs.

Remarque sur les aliments en conserve :

Autant que possible, j'essaie de tout faire moi-même mais, comme nous le savons tous, le temps manque ! Quand il me faut un repas en un claquement de doigts, je peux utiliser sans problèmes les boîtes de conserve sans Bisphénol-A (BPA). En général, j'ai tout le temps à portée de main des pois chiches et des haricots noirs, ainsi que des tomates. Pour les tomates en conserve, pelées et entières ou coupées en dés, j'utilise des produits certifiés biologiques.

PRODUITS À BASE DE SOJA

Tofu bio ferme ou extra-ferme

Je n'utilise pas beaucoup de tofu pour mes recettes, mais lorsque je le fais, je prends toujours une variété ferme ou extra-ferme parce que je préfère la texture. À chaque fois que c'est possible, cherchez du tofu (et d'autres produits à base de soja) bio et sans OGM.

Remarque sur le tofu pressé :
Presser le tofu en fait sortir l'eau et le rend finalement plus ferme et dense. Après deux années durant lesquelles j'ai pressé mon tofu avec le poids de mes livres de recettes, j'ai finalement acheté un presse-tofu. Ça change la vie ! Si vous consommez fréquemment du tofu, je vous recommande vraiment d'investir dans un presse-tofu. Sa facilité d'utilisation et sa commodité en valent la peine. Si vous n'avez pas de presse-tofu, ne craignez rien, cela est possible sans l'instrument (voir p. 295 pour plus d'infos).

Edamame

Edamame est un nom qui sonne étrangement pour des fèves de soja vertes. Elles sont vendues fraîches ou congelées dans les supermarchés ; les congelées ont généralement été bouillies ou cuites à la vapeur au préalable. Les fèves edamame sont une excellente alternative si vous cherchez une source de protéines complètes rapide à cuisiner et à ajouter à un plat végétal. J'adore les utiliser dans les salades, les sautés et les dips.

Tempeh

Le tempeh est un aliment à base de soja fermenté, au goût de noisette et légèrement amer, laquelle amertume peut d'ailleurs être améliorée grâce à la cuisson vapeur ou bien avec d'autres méthodes. Il est vendu, la plupart du temps, au rayon frais des supermarchés, mais on peut également le trouver, à l'occasion, au rayon surgelé. Son aspect rectangulaire, semblable à celui d'un cake, est rugueux et bosselé comparé aux tranches de tofu tendres et onctueuses. Contrairement au tofu, le tempeh n'a pas besoin d'être pressé avant d'être utilisé car il contient peu d'eau. Ne soyez pas inquiets si votre tranche de tempeh est tachetée de blanc ou même de quelques veines noires (ce sont deux conséquences normales du processus de fermentation), mais méfiez-vous si vous voyez du rose, du bleu ou du jaune – ce qui voudra probablement dire qu'il est périmé. Je n'ai pas été la plus prompte à considérer les saveurs du tempeh à leur juste valeur, mais j'ai partagé dans ce livre ma recette de tempeh préférée (voir le tempeh mariné à l'ail, au sirop d'érable et au vinaigre balsamique p. 209). Dois-je dire que cela change la vie ? J'espère que vous deviendrez aussi un fervent amateur de tempeh !

Tamari sans gluten

Le tamari est un type de sauce soja, et il est souvent sans gluten. Je le trouve moins salé que la sauce soja traditionnelle, et d'une saveur douce plus complexe. Si vous devez éviter le gluten, vérifiez bien s'il est certifié sur l'étiquette du tamari qu'il est sans gluten. Cherchez de même un tamari bio et sans additif pour être sûr qu'il ne contient pas de colorants et d'arômes artificiels. Si vous avez besoin d'une alternative sans soja, cherchez des aminos de coco dont la saveur est similaire. Une autre option est d'acheter du tamari sans soja. J'achète généralement du tamari avec moins de sodium pour mieux contrôler ma consommation de sodium.

CHOCOLAT

Copeaux de chocolat noir

Il est rare qu'il n'y ait pas de chocolat noir dans mon garde-manger sous une forme ou une autre. Tous les copeaux de chocolat noir ne sont pas végans, mais beaucoup le sont. Lisez bien attentivement l'étiquette pour être certains qu'ils n'ont pas été faits avec des produits laitiers.

Poudre de cacao naturel sans sucre

Faite à partir de fèves de cacao grillées, la poudre de cacao naturel (non alcalinisé) et sans sucre a un goût amer et donne aux pâtisseries une saveur chocolatée riche et profonde. Elle est très acide, donc quand vous la mélangez avec du bicarbonate de sodium (lequel est alcalin), cela produit une réaction qui fait monter et se dilater les pâtisseries. Cette poudre ne doit pas être confondue avec la poudre de cacao selon la méthode hollandaise, laquelle est un type de poudre qui a été traité avec un agent alcalin. Cela lui donne un goût plus doux, mais la réaction n'est pas la même quand elle est utilisée avec le bicarbonate de sodium. Conséquemment, il ne faut pas utiliser l'une à la place de l'autre dans les recettes. J'utilise la poudre de cacao naturel sans sucre dans toutes mes recettes.

AUTRES

Levure nutritionnelle

La levure nutritionnelle donne un goût de fromage et de noisette aux recettes véganes, elle est riche en protéines et souvent enrichie en vitamine B. C'est une forme de levure inactive et « morte », à ne pas confondre avec la levure de bière, laquelle est utilisée pour faire lever le pain. Essayez la levure nutritionnelle dans les sauces, les assaisonnements, saupoudrez-en le pop-corn et le pain à l'ail, ou bien faites mon dip chaud de nacho (voir p. 93) qui va franchement vous décoiffer.

Bicarbonate de sodium et poudre à lever sans aluminium

Non seulement la poudre à lever sans aluminium a meilleur goût (pas d'arrière-goût métallique), mais il est en plus bon de savoir que je ne nourris plus mon organisme avec de l'aluminium indésirable. Pour vérifier si votre levure est active, mettez-en ½ c. à café dans 75 ml d'eau bouillante. Si elle fait des bulles, c'est qu'elle est active. Elle peut se conserver 6 à 12 mois. Le bicarbonate de sodium, quant à lui, ne contient pas d'aluminium, on peut donc généralement prendre sans souci n'importe quelle marque. Pour vérifier s'il est actif, mélangez ½ c. à café avec du vinaigre. S'il mousse et fait des bulles, il est actif. Le bicarbonate de sodium peut se conserver très longtemps, au moins 3 ans.

Poudre d'arrow-root

Cette poudre blanche aussi appelée marante ou dictame, riche en féculents provient du rhizome de la plante tropicale arrow-root. Elle fonctionne bien pour épaissir les sauces, et elle a également des propriétés liantes, ce qui aide à réussir des pâtisseries sans gluten. Si vous n'en avez pas sous la main, n'hésitez pas à la remplacer par de l'amidon de maïs.

Kombu séché

De cette algue marine, le kombu, il est dit qu'elle facilite la digestion, et aide à détruire, pendant la cuisson, les enzymes des haricots qui provoquent des gaz. Elle infuse aussi dans la nourriture les minéraux naturels qu'elle contient. Il me plaît d'ajouter un morceau de kombu de 2,5 cm quand je cuisine des haricots, des céréales et des légumineuses qui ne proviennent pas de conserves.

ACIDIFIANT

Les ingrédients acides comme les agrumes ou les vinaigres ajoutent aux plats une brillance merveilleuse et les empêchent de perdre leurs saveurs, voire d'être fades. Les acidifiants avec lesquels je cuisine le plus souvent sont le jus de citron frais, le vinaigre de cidre, le vinaigre balsamique, le vinaigre de riz, le vinaigre de vin rouge ou blanc et le vinaigre blanc. J'essaie d'avoir tous ces vinaigres à disposition dans mon garde-manger. En raison de son acidité, le vinaigre se conserve très longtemps et peut être conservé à température ambiante.

Mes outils et mon équipement favoris pour la cuisine

Voici les ustensiles de cuisine sur lesquels je compte le plus pour travailler. Tous les outils listés ci-dessous ne sont pas absolument nécessaires, mais ils me facilitent la vie au quotidien.

MIXEUR

J'ai un mixeur avec un récipient de 3,5 l et je l'utilise au moins une fois par jour, pour mes essais de recette. Cependant, pour un usage quotidien, vous pouvez vous en sortir avec une version plus petite. Je l'utilise pour faire des bouchées énergétiques, des desserts crus, du beurre de noix, des sauces, du pesto, et bien d'autres choses. Je vous recommande d'utiliser un mixeur robuste pour faire des recettes telles que le beurre de noix (voir le beurre croustillant d'amandes grillées, sirop d'érable-cannelle p. 305) pour éviter d'endommager le moteur. Souvent, les machines plus petites ne sont pas faites pour le temps de mixage requis.

BLENDER À GRANDE VITESSE

Après avoir testé quelques blenders au début de mon aventure culinaire, j'ai décidé d'investir dans un Vitamix 5200. C'est une machine qui coûte cher, mais elle en vaut vraiment la peine. Blendtec est une autre marque de confiance ; les deux sont très proches en termes de qualité et de capacités de mixage. J'utilise mon blender chaque jour pour faire des smoothies, des jus, des sauces maison, des soupes, du lait d'amande maison et des farines moulues maison. Si vous n'avez pas de Vitamix, ne vous inquiétez pas – la plupart des blenders à grande vitesse feront l'affaire. Sachez seulement que certains d'entre-eux pourraient ne pas mixer des légumes comme le kale ou des fruits comme les dattes de manière aussi onctueuse que vous le souhaiteriez.

LES CONSERVES EN VERRE

Il faut admettre que je fais peu de conserves alimentaires, mais j'adore utiliser des pots en verre comme récipients que je mets dans mon garde-manger ou au frigidaire. Ils peuvent aussi servir de verres fantaisistes pour les smoothies (voir p. 67 à p. 77). J'en possède de plusieurs tailles, qui vont d'environ 125 ml jusqu'à 2 litres. On n'a jamais assez de pots en verre – c'est comme les chaussures (mais il est inutile que vous essayiez de faire comprendre cela à mon mari) !

COUTEAU DE CHEF ET COUTEAU D'OFFICE

Je ne savais pas combien il peut être facile de hacher des légumes jusqu'à ce que fasse l'acquisition de mon premier couteau de chef. Un couteau de chef d'excellente qualité tranchera facilement des légumes sans que vous ayez à appuyer. Utilisez-le pour hacher ou couper en dés vos aliments au quotidien. Un couteau d'office est idéal pour des tâches complexes comme couper l'écorce d'une orange ou enlever les pépins d'un poivron. Investissez dans un aiguisoir. Garder vos couteaux en bon état vous garantira de tout accident, donc prenez pour habitude de les aiguiser régulièrement – de plus, lorsque vous les utiliserez, vous vous sentirez un peu comme Zorro.

RÂPE-ZESTEUR MICROPLANE

Cette bonne râpe manuelle vous permettra de zester finement un citron et de faire des copeaux de chocolat comme un pro. Bien sûr, vous pouvez aussi utiliser une râpe pyramidale, mais la râpe Microplane est plus facile à utiliser pour toutes ces petites tâches. J'aime aussi impressionner mes hôtes pour le dîner avec cette râpe ; éblouissez-les à table en râpant simplement un peu de chocolat sur leurs desserts !

GRANDES PLAQUES DE CUISSON

Les plaques de cuisson sont parfaites pour faire cuire des légumes et des pois chiches, parce qu'elles ont des rebords qui empêchent les aliments de tomber dans le four. Si, comme moi, vous détestez nettoyer votre four, vous vous estimerez heureux d'avoir une telle plaque. Cherchez les plaques les plus grandes qui conviendront à votre four, de manière à ce que vous puissiez y poser un maximum de légumes ! J'achète des plaques fabriquées dans le respect de l'environnement et sans les produits chimiques habituels tels les PFOS (acides perfluorooctanesulfoniques).

FAITOUT EN FONTE ÉMAILLÉE

Un autre ustensile qui demande un investissement : un faitout émaillé. C'est cher, mais cela durera toute votre vie (et même davantage) si vous en prenez soin convenablement. Les faitouts en fonte émaillée ont une couche, ni toxique, ni adhésive, qui distribue la chaleur uniformément. Vous pouvez les mettre sur votre cuisinière ou dans votre four, ce qui en fait un outil tout usage très pratique. Dans la mesure où ils sont susceptibles de durer éternellement, regardez s'il n'y en a pas dans les vide-greniers ou dans les braderies.

POÊLE EN FONTE

Une poêle en fonte de 25 à 30 cm est un de mes outils de cuisine de référence pour de nombreuses raisons. Premièrement, quoiqu'elle soit plus chère qu'une poêle antiadhésive, vous n'aurez pas à la remplacer si vous en prenez soin convenablement. Deuxièmement, cuisiner avec des poêles en fonte laisse quelques traces de fer dans votre nourriture, ce qui peut être une excellente chose pour les végétariens et les végans. Enfin, elles distribuent uniformément la chaleur et fonctionnent aussi bien sur une cuisinière qu'au four.

Assurez-vous de bien « préparer » votre poêle avant de l'utiliser. Si votre poêle n'a pas été préparée au préalable, huilez-en légèrement le fond et mettez-la au four environ 1 heure à 180 °C. Ensuite, essuyez un peu le surplus d'huile avec un essuie-tout et voilà, la poêle est désormais prête à l'emploi. À chaque fois que vous ferez quelque chose avec de l'huile dans votre poêle en fonte, vous créerez une couche antiadhésive naturelle. Une poêle bien « préparée » deviendra éventuellement non-adhésive et ne demandera qu'un peu, voire pas du tout d'huile en plus. Pour laver votre poêle, rincez-la immédiatement à l'eau chaude après en avoir fait usage. Il est préférable de ne pas utiliser de produit pour les poêles en fonte. S'il y a encore de la nourriture collée à la poêle, frottez-la doucement avec une brosse qui ne soit pas en métal, et séchez-la en la tapotant avec un essuie-tout ou un vieux torchon (noir de préférence, car cela peut le tâcher).

MINI MIXEUR

Un mini mixeur n'est certainement pas indispensable dans une cuisine, mais j'adore les tailles adaptées aux petites tâches telles que les assaisonnements ou émincer rapidement plusieurs gousses d'ail.

ÉPLUCHEUR À JULIENNE OU DÉCOUPEUR EN SPIRALES

Un éplucheur à julienne est un excellent outil si vous voulez trancher finement des légumes comme des courgettes ou des carottes. Après avoir tant utilisé mon éplucheur à julienne, je me suis équipée d'un découpeur en spirales, un petit appareil à commande manuelle pour transformer les légumes comme les courgettes en spaghettis ou en filaments pareils à des rubans. Je l'utilise principalement l'été pour les courgettes quand je veux faire un repas de « pâtes » crues (voir ma sauce tomate aux champignons p. 171). C'est une excellente manière d'apprécier en été des repas crus et plus légers, sans avoir besoin de pâtes à base de céréales.

PETIT ROULEAU À PÂTISSERIE

Il est fait d'un petit rouleau (en général de 12 cm environ) avec une poignée courte. Je l'utilise pour faire mes barres Glo (voir p. 225 et p. 227) ou à chaque fois que j'ai besoin de compresser une petite quantité de pâte et qu'un rouleau de taille normale est trop gros pour cette tâche.

CUILLÈRE À GLACE À RESSORT

À chaque fois que je mets une portion de pâte dans un moule à muffin ou que je forme des cookies, j'utilise ma cuillère à glace en acier inoxydable de 30 ml. Cherchez-en une avec en ressort car elle vous aidera à prendre et à démouler la pâte sans effort.

FOUET EN ACIER INOXYDABLE

Un fouet en acier inoxydable est un outil essentiel dans la cuisine. Il permet d'émulsionner les ingrédients liquides en un coup de main tout en réduisant les amas de farine dont la plupart des cuillères en bois ne viennent pas à bout. J'adore mes cuillères en bois, mais parfois on a tout simplement besoin d'un coup de fouet !

SAC À LAIT VÉGÉTAL

Ma vie a changé quand j'ai acheté mon premier sac à lait végétal et commencé à faire mon propre lait d'amande (voir p. 285). Un sac à lait végétal en mailles de nylon est conçu pour retenir la pulpe des ingrédients lorsque l'on fait des laits végétaux ou des jus. Il est réutilisable (il faut simplement le rincer immédiatement après usage) et il retient les pulpes mieux que les étamines habituelles. Mais si vous ne voulez pas acheter un sac à lait végétal, vous pouvez utiliser une étamine placée sur un tamis à petites mailles.

TAMIS À PETITES MAILLES EN ACIER INOXYDABLE

Un bon tamis est une passoire à petites mailles qui fonctionne bien pour plusieurs choses. J'utilise le mien pour rincer les petits grains comme ceux du quinoa ou du millet avant de les utiliser. Je l'utilise aussi pour tamiser la farine, la poudre de cacao ou le sucre glace. Enfin, il peut être utilisé pour filtrer les jus faits maison (voir p. 81) si vous désirez une texture onctueuse.

petits-déjeuners

Petit-déjeuner à l'avoine facile à faire   *39*

Rochers croquants sans pareils   *41*

Tofu brouillé, frites au four maison et toasts d'avocat   *43*

Petit-déjeuner pour une journée cocooning   *47*

Gratin de flocons d'avoine pomme-poire à la cannelle et au sirop d'érable   *49*

Donuts énergisant au chia   *51*

Porridge du petit-déjeuner au sarrasin cru   *55*

Cassolette savoureuse de flocons d'avoine et de lentilles   *57*

Porridge de flocons d'avoine comme une tarte aux pommes   *59*

Galette d'avoine et de graines croustillantes   *61*

Si j'avais écrit ce livre il y a cinq ans, ce chapitre sur le petit-déjeuner n'aurait pas même existé, parce que j'ai passé une bonne partie de ma vie à ignorer complètement le petit-déjeuner ou à ne prendre que quelques bouchées. Heureusement – aussi bien pour ce livre que pour moi – ces jours sont lointains ! Une fois que j'ai commencé à concocter quotidiennement des petits-déjeuners sains, impossible de revenir en arrière. Non seulement je suis plus énergique et productive pendant ma journée, mais en plus je me réjouis à l'idée de manger quelque chose de savoureux quand je me lève. Avouons-le, avoir faim toute la matinée, ce n'est pas drôle ! Au printemps et en été, j'ai tendance à avoir envie d'aliments plus légers comme des smoothies (voir le chapitre suivant), l'avoine et facile à faire (p. 39) et le porridge au sarrasin cru (p. 55), tandis que pour les mois plus frais, je préfère des petits-déjeuners chauds comme le porridge de flocons d'avoine comme une tarte aux pommes (p. 59). Si, le matin, vous aimez les recettes salées, pensez à jeter un œil à ma cassolette savoureuse de flocons d'avoine et de lentilles (p. 57), à mon tofu brouillé (p. 43) et à ma galette d'avoine et de graines croustillantes (p. 61). Pour un brunch pendant les vacances ou un petit-déjeuner spécial pour le week-end, le gratin de flocons d'avoine pomme-poire à la cannelle et au sirop d'érable (p. 49) plait toujours aux nombreux convives !

Petit-déjeuner à l'avoine facile à faire

100 g de flocons d'avoine sans gluten

375 ml de lait d'amande

4 c. à soupe de graines de chia

1 grosse banane écrasée

½ c. à café de cannelle moulue

POUR LA DÉCORATION :

Un mélange de baies fraîches, ou un autre fruit

Rocher croquant au goût de noisette (voir p. 41)

Des graines de chanvre

Du sirop d'érable pur ou un autre édulcorant (optionnel)

Astuce : si votre avoine végane a une consistance trop liquide même après qu'elle aura macéré, mélangez-y une 1 c. à soupe supplémentaire de graines de chia, remuez, puis remettez le mélange au frais jusqu'à ce qu'il ait épaissi. S'il est trop épais, ajoutez une touche de lait et remuez pour mélanger.

Si vous voulez une version sans avoine, essayez la verrine de pudding de graines de chia (voir p. 235). Pour davantage de protéines, mélangez-y, si vous le désirez, de la poudre de protéine qui a bon goût.

L'avoine végane facile à faire est l'arme secrète d'un petit-déjeuner pour une personne pressée, puisqu'il suffit de deux minutes pour faire la préparation la veille avant d'aller se coucher. Je fais tout le temps cette recette ; rien de tel pour bien se réveiller ! Quand vous mélangez l'avoine, les graines de chia et le lait d'amande, les graines de chia absorbent le lait et l'avoine ramollit, ce qui donne un porridge froid facile à faire. Mettez-le au frais pendant la nuit et laissez le macérer jusqu'au matin. Vous vous réveillerez devant un bol frais et crémeux, ce qui est vraiment idéal au printemps et en été. C'est ma recette de référence, mais n'hésitez pas à changer de fruit et à modifier les autres ingrédients selon votre goût.

Équivaut à 3 portions

PRÉPARATION : 5 min • **REFROIDISSEMENT :** toute la nuit

Sans gluten, sans huile, cru/sans cuisson, sans sucre, sans soja

1 – Dans un petit bol, mélangez avec un fouet l'avoine, le lait d'amande, les graines de chia, la banane et la cannelle. Couvrez et mettez au frais tout la nuit pour laisser épaissir.

2 – Le matin, remuez les ingrédients pour bien mélanger. Servez l'avoine dans un bol ou une verrine en faisant alterner les couches de fruit frais (comme un mélange de baies), de muesli, de graines de chanvre et un filet d'édulcorant, si vous le désirez.

Rochers croquants sans pareils

- 160 g d'amandes entières
- 50 g de cerneaux de noix
- 75 g de flocons d'avoine sans gluten
- 50 g de gruaux de sarrasin ou de flocons d'avoine sans gluten
- 80 g de mélange de fruits secs (par ex : canneberges, abricots, cerises, etc…)
- 70 g de graines crues de courge
- 40 g de graines crues de tournesol
- 25 g de noix de coco râpée non sucrée
- 2 c. à café de cannelle moulue
- ¼ de c. à café de sel de mer fin
- 90 ml de sirop d'érable ou un autre édulcorant naturel
- 60 ml d'huile de noix de coco fondue
- 2 c. à café d'extrait de vanille pure

Je suis devenue un peu folle en essayant cette recette de rochers de muesli. Imaginez-vous que je voulais créer quelque chose de vraiment unique, quelque chose de tout à fait différent de ces recettes de muesli approximatives que j'avais essayées. Mon objectif était de créer un muesli unique au goût de noisette, croustillant et nourrissant. Mon mari et moi avons eu notre dose de muesli pendant des semaines entières, mais j'ai finalement créé le muesli parfait. Ce fut une tâche difficile, mais quelqu'un devait le faire ! Deux astuces pour obtenir la croustillance : utilisez du lait d'amande pour mieux lier et laissez le muesli refroidir complètement dans la plaque avant de le casser en morceaux. Je sais que c'est beaucoup demander, mais le laisser refroidir permet au sucre de durcir, ce qui vous rendra moins susceptible de vous retrouver à la fin avec de la bouillie qui s'émiette. Donc si vous êtes tenté de grignoter, cassez quelques morceaux une fois le muesli sorti du four, mais laissez le reste dans la plaque environ une heure, et vous serez récompensé par de beaux morceaux croustillants avec lesquels vous agrémenterez les flocons d'avoine, les céréales, les parfaits et les smoothies, ou que vous apprécierez seuls en collation. C'est une recette polyvalente, donc amusez-vous à changer les ingrédients selon votre fantaisie.

Équivaut à 750 g environ

PRÉPARATION : 15 min • **CUISSON :** 38 à 45 min

Sans gluten, sans sucre raffiné, sans soja, voir option sans céréales

1 – Préchauffez le four à 140 °C. Mettez une feuille de cuisson sur une grande plaque de cuisson.

2 – Mettez la moitié des amandes dans un mixeur et mixez environ 10 secondes, jusqu'à ce que se forme une semoule fine (dont la texture doit être similaire à celle du sable). Transférez la farine d'amandes dans un grand récipient.

3 – Dans le mixeur, mélangez le reste d'amandes et les noix, et mixez pendant 5 secondes environ, jusqu'à ce qu'elles soient finement hachées. Vous aurez des gros morceaux et de la farine poudreuse – c'est ce qu'il faut. Mettez le mélange dans le récipient avec la farine d'amandes.

4 – Ajoutez l'avoine, les gruaux de sarrasin, les fruits secs, les graines de courge, les graines de tournesol, la noix de coco, la cannelle et le sel, puis remuez pour mélanger.

5 – Ajoutez ensuite le sirop d'érable, l'huile fondue et la vanille aux ingrédients secs, et remuez jusqu'à ce que tout soit complètement mélangé.

6 – Avec une spatule, étalez le mélange obtenu en une couche d'1 cm sur la feuille de cuisson et appuyez dessus pour le compresser légèrement. Faites cuire 20 minutes, tournez ensuite la plaque et laissez cuire 18 à 25 minutes de plus, ou jusqu'à ce que le muesli soit légèrement doré sur le dessus et ferme au toucher.

7 – Laissez refroidir le muesli sur la plaque pendant au moins 1 heure avant de le casser en morceaux.

8 – Mettez le muesli dans un pot en verre, jusqu'à 2 à 3 semaines au frais, ou jusqu'à 4 ou 5 semaines au congélateur.

Astuce : si vous voulez un muesli absolument sans céréales, remplacez les gruaux de sarrasin et l'avoine par 125 g de noix finement hachées.

Tofu brouillé, frites au four maison et toasts d'avocat

POUR LES FRITES AU FOUR FAITES MAISON :

1 grande pomme de terre (pour frites), non épluchée

1 patate douce de taille moyenne, non épluchée

1 c. à soupe de poudre d'arrow-root ou d'amidon de maïs

¼ de c. à café de sel de mer fin

1 ½ c. à café d'huile de noix de coco fondue, ou d'huile de pépins de raisins

POUR LE TOFU BROUILLÉ :

2 c. à café d'huile d'olive extra-vierge

2 gousses d'ail émincées

2 échalotes finement émincées, ou 50 g d'oignons coupés en dés

130 g de champignons de Paris émincés

1 poivron rouge, épépiné et haché finement

70 g de feuilles de kale, ou de jeunes épinards finement hachés

1 c. à soupe de levure nutritionnelle

¼ de c. à café de paprika fumé

450 g de tofu ferme ou extra ferme, pressé (voir p. 295)

½ c. à café de sel de mer fin

Poivre noir fraîchement moulu

¼ de c. à café de flocons de piment (optionnel)

POUR LES TOASTS D'AVOCAT :

De l'avocat écrasé en purée

Du pain toasté et tranché (si possible sans gluten)

De l'huile de graines de lin ou de l'huile d'olive extra-vierge

Sel de mer fin et poivre noir fraîchement moulu

Des flocons de piment

C'est un petit-déjeuner pour un matin de week-end tranquille. Si vous n'avez jamais goûté du tofu brouillé auparavant, je peux vous promettre qu'il a meilleur goût que son nom pourrait le laisser croire ! Quand le tofu est émietté et assaisonné avec des épices comme le paprika fumé et la levure nutritionnelle, cela donne un plat fantastique et riche en protéines qui remplace les œufs brouillés. Même mon mari, Éric, a été surpris de voir combien il apprécie ce petit-déjeuner. Nous aimons le servir avec des pommes de terre cuites au four et un toast d'avocat, ce qui donne un petit-déjeuner rassasiant.

Équivaut à 4 portions

PRÉPARATION : 25 min • **CUISSON :** 30 à 40 min
Sans gluten, sans noix, sans sucre, option sans céréales

FRITES AU FOUR FAITES MAISON

1 – Préchauffez le four à 220°. Mettez une feuille de cuisson sur une grande plaque de cuisson.

2 – Coupez la pomme de terre et les patates douces en dés d'1 cm ou plus petit. Plus vous couperez de petits morceaux, plus vite elles cuiront.

3 – Dans un grand bol, mélangez les pommes de terre coupées en dés, la poudre d'arrow-root et le sel, puis remuez pour mélanger. Ajoutez l'huile de noix de coco et mélangez bien.

4 – Sur le papier à cuisson que vous avez préparé, faites une couche uniforme avec les pommes de terre. Laissez cuire 15 minutes, retournez ensuite les

pommes de terre et laissez cuire 15 à 25 minutes de plus, ou jusqu'à ce qu'elles deviennent croquantes, dorées, et tendres sous la fourchette.

LE TOFU BROUILLÉ

5 – Dans un grand wok, mélangez l'huile, l'ail, les échalotes et les champignons et faites-les sauter à feu moyen pendant 5 à 10 minutes, jusqu'à ce que la majeure partie de l'eau extraite des champignons se soit évaporée. Ajoutez le poivron, le chou, la levure nutritionnelle (si vous en utilisez) et le paprika fumé. Mélangez bien et laissez encore cuire à feu moyen.

6 – Émiettez ou hachez finement le tofu et mettez-le dans le wok avec les autres ingrédients. Remuez bien pour mélanger. Mettez sur feu moyen et faites sauter environ 10 minutes de plus. Assaisonnez avec du sel, du poivre noir et des flocons de piment, si vous le désirez. Si le mélange s'assèche à n'importe quel moment, vous pouvez ajouter une touche de bouillon de légumes pour l'humidifier, et réduire la chaleur autant que nécessaire.

LE TOAST D'AVOCAT

7 – Répartissez l'avocat en purée sur le toast. Ajoutez par-dessus un filet d'huile de lin et une pincée de sel, de poivre noir et de flocons de piment, si vous le désirez.

8 – Mettez l'ensemble dans une assiette et servez les frites maison, le tofu brouillé et les toasts. Servez avec un smoothie ensoleillé (p. 75), avec un smoothie matin radieux (p. 76), ou un jus d'orange, si vous le désirez.

Astuces : les restes du tofu brouillé sont excellents à mettre dans une pita pour un déjeuner rapide. Ajoutez de la salsa et de l'avocat, et c'est prêt !

Pour l'option sans céréales, omettez le toast d'avocat.

Pour une alternative amusante essayez les panais à la place des pommes de terre.

Petit-déjeuner pour une journée cocooning

2 pommes de taille moyenne, épluchées et sans le trognon

200 g d'avoine sans gluten

250 ml de yaourt d'amandes ou de noix de coco

2 c. à soupe de graines crues de courge

2 c. à soupe de raisins secs

2 c. à soupe de canneberges séchées

POUR DÉCORER :

Des fruits frais de saison

Des amandes hachées ou d'autres noix, grillées de préférence

Du sirop d'érable

De la cannelle

Avez-vous déjà voulu profiter d'une journée bien-être, confortablement installé chez vous ? Eh bien, c'est désormais possible avec ce petit-déjeuner sain et nourrissant qui ne demande que quelques minutes de préparation la veille. Pendant votre sommeil réparateur, le muesli macère dans le réfrigérateur, ce qui permet au yaourt de ramollir l'avoine et aux saveurs de se mêler. Le résultat donne une préparation d'avoine légèrement sucrée et très crémeuse. Le matin, tout ce que vous avez à faire est d'ajouter un peu de garniture et ensuite de vous relaxer et de choyer votre santé avec ce petit-déjeuner délicieux. N'hésitez pas à modifier les assortiments selon ce que votre cœur vous dit ; les noix seraient une bonne alternative aux amandes, tout comme les graines de tournesol, de sésame, de chia ou de lin, par exemple. Selon moi, les fruits de la saison sont indispensables. Ils ajoutent au plat la quantité adéquate de sucre naturel.

Équivaut à 2 à 3 portions

PRÉPARATION : 10 min • **REFROIDISSEMENT :** toute la nuit, ou au moins 2 h

Sans gluten, sans huile, cru/sans cuisson, sans soja

1 – Coupez une pomme en dés et râpez les autres avec une râpe carrée. Mettez les pommes dans un grand récipient et ajoutez l'avoine, le yaourt, les graines de courge, les raisins secs et les canneberges. Remuez pour mélanger.

2 – Couvrez et mettez la préparation au frais toute la nuit ou 2 heures au moins, jusqu'à ce que l'avoine ramollisse.

3 – Servez dans un bol, avec des fruits frais, des noix, du sirop d'érable et une pincée de cannelle.

4 – Les restes peuvent se conserver au frais dans un récipient hermétique, pendant 3 ou 4 jours.

Gratin de flocons d'avoine pomme-poire à la cannelle et au sirop d'érable

225 g de flocons d'avoine sans gluten

2 c. à soupe de sucre de fleurs de coco ou de sucre de canne complet

2 c. à café de cannelle moulue

1 c. à café de poudre à lever

½ c. à café de gingembre moulu

½ c. à café de sel de mer fin

½ c. à café de noix de muscade fraîchement râpée, ou ¼ de c. à café de poudre de noix de muscade

500 ml de lait d'amande sans sucre

140 g de compote de pommes sans sucre

4 c. à soupe de sirop d'érable

2 c. à café d'extrait de vanille pure

2 pommes, épluchées et coupées en dés

1 poire mûre, épluchée et coupée en dés

50 g de noix, hachées (optionnel)

Les flocons d'avoine cuits sont, pour les matins tranquilles du week-end, l'un de mes petits-déjeuners favoris. Ce mélange de pommes, d'épices et de poires, inspiré par l'automne, vous réchauffera par n'importe quelle matinée un peu trop froide. Essayez de combiner une pomme à tarte comme la Granny Smith avec une variété sucrée comme la Gala ; dans un buffet festif de brunch c'est toujours un grand succès. Pour gagner du temps, mettez le mélange au frais, dans un plat allant au four, toute la nuit, de manière à ce qu'il soit prêt à être enfourné (voir l'astuce, p. 50). Ce peut être aussi une collation saine pour le déjeuner ou un dessert servi avec une cuillerée de crème fouettée de noix de coco (voir p. 290). Si vous voulez faire une modification, essayez de remplacer les pommes par deux grandes bananes mûres et la poire par 250 g de myrtilles.

Équivaut à 6 portions

PRÉPARATION : 25 à 30 min • **CUISSON** : 35 à 45 min

Sans gluten, sans huile, sans sucre raffiné, sans soja

1 – Préchauffez le four à 190 °C. Graissez légèrement un plat allant au four de contenance de 2 à 2,5 litres.

2 – Dans un grand bol, mélangez les flocons d'avoine, le sucre, la cannelle, la levure, le gingembre, le sel et la noix de muscade. Mélangez.

3 – Dans un bol séparé, mettez le lait d'amande, la compote de pommes, le sirop d'érable, la vanille et remuez.

4 – Versez la préparation liquide sur le mélange avec l'avoine et remuez bien. Le mélange aura la consistance d'une soupe. Incorporez les pommes et la poire hachées.

5 – Mettez ce mélange dans le plat que vous avez préparé et lissez le dessus. Saupoudrez de noix (si vous en utilisez) et appuyez doucement pour bien les incorporer à la préparation aux flocons d'avoine.

6 – Laissez cuire sans couvrir, pendant 35 à 45 minutes, ou jusqu'à ce que l'avoine commence à faire des bulles sur les côtés et que les pommes soient tendres sous la fourchette.

7 – Laissez refroidir 5 à 10 minutes avant de servir. Savourez éventuellement avec une goutte de lait d'amande et un filet de sirop d'érable.

8 – Laissez refroidir complètement les flocons avant de les envelopper et de les mettre dans un récipient hermétique. Vous pouvez les conserver au frais 5 à 6 jours, ou 2 à 3 semaines au congélateur.

Astuces : appréciez ce petit-déjeuner chaud ou froid ; chaud, il est succulent, mais il est également bon sorti tout droit du réfrigérateur.

Pour gagner du temps le matin, préparez ce plat la veille. Couvrez-le et laissez-le au frais toute la nuit. Le matin, sortez le plat du réfrigérateur puis préchauffez le four. Découvrez la préparation et mélangez doucement pour bien répartir les ingrédients. Lissez le dessus si nécessaire, et faites cuire comme indiqué.

Donuts énergisant au chia

100 g de farine d'avoine sans gluten

90 g de graines de chia

1 ½ c. à café de poudre à lever

¼ de c. à café de sel de mer fin

¼ de c. à café de cannelle moulue

75 ml de sirop d'érable ou d'un autre édulcorant liquide

75 ml de lait végétal

1 c. à café d'extrait de vanille pure

POUR LA GARNITURE

De la crème fouettée de noix de coco-citron (voir p. 290)

Cette recette est la preuve que tous les beignets ne sont pas nécessairement mauvais pour la santé. Pleins d'antioxydants, d'acides gras oméga-3, de protéines et de fibres, ces beignets cuits vous mettront en forme pour partir à la conquête de votre journée (ou du monde). Contrairement aux beignets frits, légers et doux, ces beignets cuits sont denses, nourrissants et un peu croustillants, grâce aux graines de chia. J'y ai ajouté la crème fouettée noix de coco-citron, option gourmande mais saine. Ces beignets sont parfaits servis fourrés ou recouverts de confiture et de crème de noix. À vous de juger.

Équivaut à 6 beignets

PRÉPARATION : 10 min • **CUISSON :** 22 à 26 min

Sans gluten, sans noix, sans huile, sans soja, sans sucre raffiné

1 – Préchauffez le four à 150 °C. Huilez légèrement un moule à donuts à six emplacements. Réservez.

2 – Dans un grand récipient, mélangez la farine d'avoine, les graines de chia, la levure, le sel et la cannelle.

3 – Ajoutez le sirop d'érable, le lait et la vanille et remuez jusqu'à ce que tout soit mélangé. La pâte sera très liquide, ce qui est normal.

4 – Avec une cuillère, mettez la pâte dans le moule à donuts que vous avez préparé, en remplissant bien chaque emplacement à ras bord.

5 – Faites cuire les beignets 22 à 26 minutes, jusqu'à ce qu'ils soient fermes au toucher. Si vous piquez un cure-dent dans un beignet, il doit ressortir propre.

6 – Laissez refroidir les beignets dans le moule environ 10 minutes, et retournez les ensuite sur une grille de refroidissement. Les beignets devraient se démouler facilement – si ce n'est pas le

cas, laissez-les refroidir un peu plus et utilisez avec précaution un couteau à beurre le long des bords pour les démouler. Laissez-les refroidir complètement sur la grille.

7 – Recouvrez les donuts de crème fouettée noix de coco-citron et savourez. Vous pouvez aussi vous servir de la crème fouettée comme d'un dip si vous voulez transporter vos donuts.

Astuce : si vous n'avez pas de moule à donuts, pas d'inquiétude – des moules à muffins feront très bien l'affaire !

Porridge au sarrasin cru

160 g de gruaux de sarrasin crus

125 ml de lait d'amande

1 c. à soupe de graines de chia

½ c. à café d'extrait de vanille pure

2 c. à soupe d'édulcorant liquide

½ c. à café de cannelle moulue

GARNITURE OPTIONNELLE :

Des fruits frais ou secs

Des noix et/ou des graines hachées

La confiture magique de graines de chia (voir p. 297)

Du beurre de noix

De la noix de coco râpée grillée et sans sucre

Des rochers croquants sans pareils (voir p. 41)

Des graines de chia ou des graines de lin moulues

C'est de loin l'une de mes recettes préférées entre toutes (je sais, j'en ai beaucoup !), et c'est une des recettes de petit-déjeuner parmi les plus populaires sur mon blog. Quand les gruaux de sarrasin crus sont trempés, ils ne sont pas seulement plus faciles à digérer, mais plus tendres, et ils se mélangent facilement avec du lait d'amandes, un peu d'édulcorant, de la vanille et de la cannelle, ce qui donne un délicieux porridge cru. S'il vous faut un petit-déjeuner à emporter, mettez le porridge dans un pot, ajoutez la garniture que vous désirez, vissez le couvercle, et mettez-le dans votre sac avec une cuillère. Ou mieux encore, préparez-le et emballez-le avant de vous coucher, afin que le lendemain matin vous n'ayez plus qu'à prendre le pot avant de sortir. Et maintenant il n'y vraiment plus d'excuses pour se passer de petit-déjeuner !

Équivaut à 2 portions

PRÉPARATION : 10 min • **TREMPAGE :** 1 h ou toute une nuit

Sans gluten, sans huile, cru/sans cuisson, sans soja, sans sucre raffiné

1 – Mettez les gruaux de sarrasin dans un petit bol et recouvrez-les d'eau. Laissez-les tremper toute la nuit ou 1 heure au moins à température ambiante. Les gruaux seront un peu gluants après le trempage, ce qui est normal. Égouttez-les dans une passoire et rincez-les complètement pendant au moins 1 minute. Ceci aidera à enlever la couche gélatineuse qui s'est formée sur les gruaux pendant qu'ils trempaient.

2 – Mettez les gruaux dans un blender (ou un mixeur) et ajoutez le lait d'amande, les graines de chia et la vanille. Mixez jusqu'à ce que tout soit bien mélangé et presque onctueux. Ajoutez l'édulcorant et la cannelle et mixez brièvement, uniquement pour que tout soit mélangé.

3 – Avec une cuillère, mettez le porridge dans des bols ou des verrines et ajoutez la garniture de votre choix.

4 – S'il y a des restes, mettez-les dans un récipient hermétique. Vous pourrez conserver le porridge au frais 3 à 4 jours.

Cassolette savoureuse de flocons d'avoine et de lentilles

30 g de flocons d'avoine sans gluten

60 g de lentilles corail

400 ml de bouillon de légumes

1 petite gousse d'ail émincée (optionnel)

1 petite échalote hachée, ou 2 à 3 c. à soupe d'oignon haché (optionnel)

Sel de mer fin et poivre noir fraîchement moulu

GARNITURE OPTIONNELLE :

Un avocat tranché

De la sauce salsa (voir p. 105)

Un oignon vert haché

Du houmous (voir p. 99), ou acheté dans le commerce

Des crackers

Astuce : pour une option sans céréales, remplacez l'avoine par un supplément de 60 g de lentilles corail.

Si l'idée de manger du sucré le matin vous déplait, cette délicieuse recette devrait vous convenir. Si vous n'avez jamais gouté un porridge de flocons d'avoine auparavant, je vous recommande vivement d'essayer cette recette. Pour l'enrichir en protéines, je fais cuire des lentilles corail avec les flocons d'avoine. Les lentilles corail cuisent très rapidement, ce qui est parfait pour une préparation rapide du petit-déjeuner. Leurs protéines vous rassasieront et dynamiseront votre matinée. Vous pourrez utiliser en garniture n'importe quel ingrédient savoureux de votre choix ; pour ma part, j'apprécie particulièrement la sauce salsa, les crackers et l'avocat. C'est amusant de faire varier ces cassolettes selon votre humeur ! Si vous ne pouvez vous faire à l'idée d'un plat salé le matin, n'hésitez pas à savourer cette recette lors du déjeuner, c'est facile et rapide, idéal par temps froid.

Équivaut à 2 portions

PRÉPARATION : 10 à 15 min • **CUISSON :** 8 à 12 min

Sans gluten, sans noix, sans huile, sans soja, sans sucre, option sans céréales

1 – Dans une casserole de taille moyenne, mélangez l'avoine, les lentilles, le bouillon, l'ail (si vous en utilisez) et l'échalote (si vous en utilisez). Amenez à ébullition puis réduisez ensuite à feu moyen et laissez mijoter sans couvrir 8 à 12 minutes, ou jusqu'à ce que le mélange épaississe. Assaisonnez avec du sel et du poivre selon votre goût.

2 – Mettez la préparation dans récipient de service, ajoutez la garniture que vous désirez et savourez !

3 – S'il y a des restes, mettez-les dans un récipient hermétique. Vous pourrez les conserver au frais 2 à 3 jours. Pour réchauffer, mélangez les flocons d'avoine et un peu de bouillon de légumes dans une casserole, puis réchauffez à feu moyen jusqu'à ce que l'ensemble soit bien chaud.

Porridge de flocons d'avoine comme une tarte aux pommes

30 g de flocons d'avoine sans gluten

1 pomme (je recommande la Gala) de taille moyenne, épluchée, épépinée et coupée en morceaux de 2,5 cm

1 c. à soupe de graines de chia

125 ml de compote de pommes sans sucre

250 ml de lait d'amande

1 c. à café de cannelle moulue, et une pincée pour la garniture

¼ de c. à café de gingembre moulu

Une pincée de sel de mer fin

½ c. à café d'extrait de vanille pure

GARNITURE :

1 c. à soupe de sirop d'érable, selon votre goût

1 c. à soupe de noix hachées

1 c. à soupe de graines de chanvre

Une pincée de noix de coco râpée sans sucre

Ce porridge de flocons d'avoine vous rappellera le goût d'une délicieuse tarte aux pommes traditionnelle, il vous dynamisera et vous aidera à faire face votre journée. J'aime particulièrement utiliser des pommes Gala pour cette recette, mais n'hésitez pas à vous servir d'autres variétés à votre convenance.

Équivaut à 1 portion

PRÉPARATION : 15 min • **CUISSON** : 8 à 12 min
Sans gluten, sans huile, sans sucre raffiné, sans soja

1 – Dans une casserole de taille moyenne, mettez l'avoine, la pomme, les graines de chia, la compote de pommes, le lait d'amande, la cannelle, le gingembre et le sel. Fouettez bien pour mélanger et portez à ébullition à feu moyen. Laissez mijoter 8 à 10 minutes en remuant souvent.

2 – Une fois le mélange épaissi et le liquide absorbé, enlevez la casserole du feu et incorporez la vanille et le sirop d'érable selon votre goût.

3 – Versez la préparation dans un bol et garnissez de noix hachées, de graines de chanvre, d'une pincée de cannelle, d'une pincée de noix de coco râpée et d'un filet de sirop d'érable.

Galette d'avoine et de graines croustillantes

LES GRAINES POUR LA GARNITURE :

4 c. à café de graines crues de courge

1 c. à soupe de graines crues de tournesol

½ c. à café de graines de chia

½ c. à café de graines de sésame

Du sel aromatisé aux herbes ou du sel de mer fin

POUR LA GALETTE :

75 g de flocons d'avoine sans gluten

80 g de gruaux de sarrasin

4 c. à soupe de graines crues de tournesol

1 c. à soupe de graines de chia

1 ½ c. à café de sucre de canne complet

1 c. à café d'origan séché

¼ de c. à café de thym séché

¼ de c. à café de poudre à lever

¼ de c. à café de poudre d'ail

¼ de c. à café de sel de mer fin

250 ml de lait végétal sans sucre

1 c. à soupe d'huile de noix de coco fondue, ou d'huile d'olive

Non seulement c'est une galette sans gluten et sans levure, mais en plus vous pouvez la faire en quelques minutes. Très différente du pain blanc commun, cette galette est dense, nourrissante et suffisamment robuste pour passer au grille-pain. Les graines lui donnent une croquant fantastique et fournissent des graisses saines. Un grand morceau contient 8 grammes de protéines et 6 grammes de fibres, ce qui en fait vous donnera de l'énergie pour toute la journée ! Essayez de faire toaster une tranche et de la tartiner avec de l'avocat, de houmous et de la tomate, ou tartinez la galette avec du beurre de noix et de la confiture. De toutes les manières, ce sera un excellent départ pour votre journée.

Équivaut à 4 portions
PRÉPARATION : 10 min • **CUISSON** : 25 à 30 min
Sans gluten, sans noix, sans soja

1 – Préchauffez le four à 180 °C. Graissez légèrement un moule carré (23 × 23 cm) recouvert de papier cuisson.

2 – Faites la garniture de graines : dans un petit bol, mélangez les graines de courge, de tournesol, de chia et de sésame, puis remuez pour mélanger. Réservez.

3 – Faites la galette : dans un blender à grande vitesse, mélangez l'avoine et le sarrasin, mixez 5 à 10 secondes, jusqu'à ce que de la farine se forme.

4 – Dans un grand bol, ajoutez les autres ingrédients pour la galette (graines de tournesol et de chia, le sucre, l'origan, le thym, la levure, la poudre d'ail et le sel). Fouettez pour mélanger.

5 – Ajoutez le lait et l'huile dans le bol et remuez bien jusqu'à ce qu'il n'y ait plus de grumeaux. Versez immédiatement la pâte dans le moule que vous avez préparé et lissez avec une spatule.

6 – Saupoudrez uniformément cette préparation avec la garniture que vous aviez mise de côté ainsi qu'avec le sel aromatisé (ou le sel de mer). Avec vos mains, pressez légèrement la garniture pour qu'elle adhère à la pâte.

7 – Faites cuire 25 à 30 minutes sans couvrir, jusqu'à ce que la galette soit ferme au toucher.

8 – Laissez refroidir 15 minutes dans le moule placé sur la grille de refroidissement. Démoulez et mettez la galette sur une surface de travail propre. Avec une roulette à pizza, tranchez-la en quatre (ou plus si vous le souhaitez).

9 – Vous pouvez conserver la galette dans un récipient hermétique au frais jusqu'à 2 jours, et au congélateur jusqu'à 2 semaines.

Astuce : toastée, cette galette est fantastique. Secouez-la doucement avant de la faire toaster, afin que les graines en surnombre ne tombent pas dans le grille-pain, elles y bruleraient. J'adore mettre du beurre de graines de tournesol et de la confiture sur un toast grillé !

smoothies, jus & thés

Monstre vert classique   67

Monstre vert mojo-ito   69

Smoothie « bonne humeur » au chocolat   71

Smoothie velouté tarte au potiron   72

Smoothie fitness   73

Smoothie ensoleillé anti-refroidissement   75

Smoothie matin radieux   76

Monstre vert tropical   77

Thé rooibos salutaire   79

Jus yogi   81

Thé vert énergisant aux agrumes   83

J'ai commencé à expérimenter les smoothies en 2009, après qu'Éric et moi ayons reçu un blender en cadeau de mariage. À l'époque, je n'aimais pas spécialement les smoothies, il m'a donc fallu quelques mois ne serait-ce que pour ouvrir l'emballage ; mais une fois que ce fut chose faite, je suis devenue accroc aux smoothies. J'étais loin de savoir qu'un blender enclencherait un grand changement dans mon alimentation ! J'ai commencé à mettre toutes sortes de légumes verts, de fruits et d'autres aliments végétariens dans mon blender, et je buvais tous les mélanges fous qui en sortaient. Certains mélanges étaient excellents, d'autres moins. Heureusement, ma compétence à faire des smoothies s'est améliorée avec le temps. Et j'en suis aussi venue à apprécier combien il est facile de réunir les bienfaits de plusieurs fruits et légumes en une seule boisson. Je crois toujours qu'il n'y a pas de meilleur ni de plus rapide moyen d'obtenir une grande quantité de nutriments en une seule portion.

Il est plus simple de préparer quelques ingrédients du smoothie par avance, afin d'en mieux organiser la confection. Une fois par semaine, j'épluche, hache et congèle plusieurs bananes, j'ai donc des bananes congelées prêtes à l'emploi. Vous pouvez aussi préparer et congeler d'autres fruits, comme la mangue, les baies ou l'ananas, afin d'avoir toujours des fruits à portée de main, ou bien acheter des fruits congelés pour gagner du temps. Vous pouvez aussi laver de grandes quantités de légumes feuilles (comme le kale et les épinards) et les congeler ensuite, pour qu'ils soient prêts à l'emploi quand vous en aurez besoin.

J'adore boire un smoothie chaque jour et je ne peux imaginer ma vie sans eux. Que vous soyez un accroc du smoothie, un buveur de thé ou un amoureux des jus, il y a quelque chose pour chacun d'entre vous dans ce chapitre, de mon smoothie « bonne humeur » au chocolat (p. 71) à mon thé vert énergisant aux agrumes (p. 83).

À votre santé !

Monstre vert classique

250 ml de lait d'amande ou d'un autre lait végétal

1 poignée de feuilles de kale ou de jeunes épinards

1 banane mûre, épluchée et congelée

2 à 3 glaçons

1 c. à soupe de beurre d'amandes ou de cacahuète

1 c. à soupe de graines de chia ou de graines de lin moulues

¼ de c. à café d'extrait de vanille pure

Une pincée de cannelle moulue

De la poudre de protéines (optionnel)

Astuces : il est facile de faire une double portion et de mettre une partie au frais, pour le jour suivant. Ou bien préparez le smoothie le soir et mettez-le au frais pour le lendemain matin. Je le fais parfois si j'ai peu de temps le matin, ou si des invités dorment à la maison. Personne n'aime être réveillé par un mixer, et surtout pas mon chat.

Pour une recette sans noix, utilisez du lait de noix de coco et du beurre de graines de tournesol à la place du lait d'amande et du beurre de noix.

Mettre des légumes verts dans les smoothies est une mode qui se voit partout de nos jours, mais lorsque j'ai commencé à mettre des épinards dans mes smoothies en 2009, de nombreuses personnes autour de moi étaient à la fois horrifiées et intriguées par l'aspect étrange de ces boissons qui me donnaient tant d'énergie. Bien sûr, mes premiers essais étaient un peu effrayants à voir, c'est la raison pour laquelle je les ai appelés « Monstres verts », mais j'ai fini par concocter des smoothies délicieux, à en partager les recettes sur mon blog puis à me répandre en effusions pour mon amour pour eux. Je ne me serais jamais attendue une seule seconde à ce que les Monstres verts aient un tel succès, mais rapidement des lecteurs du monde entier se sont mis à m'envoyer les recettes et les photos de leurs propres smoothies verts. Aujourd'hui encore, les Monstres verts font partie de mes boissons préférées, elles font rayonner la peau et accroissent l'énergie. Si vous êtes un néophyte, n'hésitez pas à commencer avec des jeunes épinards puisque leur goût est neutre, mais je vous encourage à faire des essais avec le kale, la laitue romaine, et d'autres légumes verts feuillus. Il est courant de trouver plusieurs mélanges énergisants aux légumes verts dans les grandes surfaces, ce qui est aussi une bonne option. Mais assurez-vous d'utiliser un blender robuste à grande vitesse qui puisse mixer des légumes sans problème.

Pour ceux d'entre vous qui n'aiment pas boire quelque chose de couleur verte, ajoutez simplement 80 g de myrtilles fraîches ou surgelées dans le smoothie pour lui donner une belle teinte pourpre.

Équivaut à 1 smoothie (375 à 500 ml)
PRÉPARATION : 5 min
Sans gluten, sans huile, cru/sans cuisson, sans sucre, sans soja, sans céréales, option sans noix

1 – Dans un blender à grande vitesse, mélangez tous les ingrédients et mixez jusqu'à ce que le smoothie devienne onctueux.

2 – Servez immédiatement et savourez ce plein d'énergie à n'importe quel moment de la journée !

smoothies, jus & thés

Monstre vert mojo-ito

125 g de petits morceaux congelés de pastèque (optionnel, mais recommandé)

75-100 g de jeunes épinards ou un autre légume feuille

250 ml d'eau de noix de coco ou d'eau

1 grosse pomme sucrée (Gala par exemple)

30 g d'avocat

1 à 2 c. à soupe de jus de citron vert frais, selon votre goût

5 à 10 feuilles de menthe, selon votre goût

5 grands glaçons

Astuce : si vous utilisez de l'eau à la place de la noix de coco, vous aurez sûrement envie d'ajouter un peu d'édulcorant liquide pour combler le manque de sucre.

C'est la fête dans votre verre ! Ce smoothie énergisant, crémeux et fruité est la boisson rafraîchissante parfaite pour triompher de n'importe quel sceptique du smoothie. Invitez vos amis, servez-leur une double ou une triple tournée de ce Monstre vert, et trinquez au rayonnement de l'énergie et à la bonne santé. Si vous êtes d'humeur festive, ajoutez de l'eau pétillante (et optionnellement du rhum blanc) pour créer une alternative au mojito classique.

Équivaut à 1 smoothie (750 ml)

PRÉPARATION : 5 min

Sans gluten, sans huile, cru/sans cuisson, sans soja, sans sucre, sans céréales, sans noix

1 – Congelez les petits morceaux de pastèque (si vous en utilisez) toute la nuit ou jusqu'à ce qu'ils soient devenus solides.

2 – Dans un blender à grande vitesse, mixez tous les ingrédients et jusqu'à onctuosité du mélange. Versez le smoothie dans un verre et trinquez au monde des boissons vertes !

Smoothie « bonne humeur » au chocolat

500 ml de lait d'amande

45 g d'avocat

2 c. à soupe de poudre de cacao sans sucre ajouté

1 c. à café d'extrait de vanille pure

Une toute petite pincée de sel de mer fin

4 à 6 dattes Medjool de taille moyenne dénoyautées, quantité à adapter selon votre goût

4 à 6 glaçons

¼ de c. à café de poudre d'expresso (optionnel)

Astuces : au lieu des glaçons ordinaires, essayez d'utiliser des glaçons de café pour ce smoothie. Ils ajoutent une incroyable saveur de moka qui rivaliserait avec la boisson populaire d'un coffee shop !

Si vous avez des restes d'avocat, vous pouvez les congeler 1 à 2 semaines et les utiliser pour de futurs smoothies.

Si vos dattes sont fermes, avant de les utiliser, assurez-vous de les tremper dans un bol d'eau afin de les attendrir.

Pour une version sans noix, remplacez le lait d'amande par un lait végétal et sans noix (comme le lait de coco).

Y-a-t-il quelque chose qui rend plus joyeux que le chocolat ? Je ne crois pas ! Et l'avocat, dans ce smoothie, donne une texture magnifique et crémeuse tout en ajoutant des graisses saines. J'ai testé ce smoothie de nombreuses fois pour trouver la consistance parfaite et la saveur idéale et avec 45 g d'avocat, c'était remarquable. Cependant, si l'avocat ne vous convient pas, n'hésitez pas à le remplacer par une banane surgelée. La couleur brune du cacao masque également assez bien la couleur de l'épinard, donc si vous souhaitez y « cacher » quelques légumes verts, n'hésitez pas à en mettre une bonne quantité et personne ne s'en rendra probablement compte ! (Si ce livre était un livre audio, vous seriez en train de m'entendre glousser). Pour changer ce smoothie, ajoutez 1 c. à soupe de beurre de cacahuètes ou d'amandes.

Équivaut à 2 smoothies (500 ml)

PRÉPARATION : 5 min

Sans gluten, sans huile, cru/sans cuisson, sans soja, sans sucre, sans céréales, option sans noix

1 – Dans un blender à grande vitesse, mélangez le lait d'amande, l'avocat, la poudre de cacao et la vanille, et mixez à grande vitesse jusqu'à ce que le mélange devienne onctueux.

2 – Ajoutez le sel, les dattes dénoyautées, la glace et la poudre d'expresso (si vous en utilisez). Mixez de nouveau jusqu'à ce que ce soit onctueux.

Smoothie velouté tarte au potiron

250 ml de lait d'amandes

2 c. à soupe de flocons d'avoine sans gluten

100 g de purée de potiron (potiron cuit avec très peu d'eau et réduit en purée)

½ à 1 c. à café de mélasse, selon votre goût

½ grande banane, congelée

1 c. à café de cannelle moulue, plus 1 pincée pour la décoration (optionnel)

¼ de c. à café de gingembre moulu

⅛ de c. à café de noix de muscade fraîchement râpée

4 ou 5 glaçons

1 c. à soupe de sirop d'érable

De la crème fouettée de noix de coco (voir p. 290), pour la garniture (optionnel)

Astuces : si votre blender a des difficultés pour mixer l'avoine, mettez la avec le lait dans le blender, remuez, puis laissez reposer 10 à 15 minutes pour qu'elle ramollisse. Suivez ensuite la recette du smoothie. Cela vous aidera à obtenir un mélange plus onctueux.

Pour l'option sans céréales, enlevez l'avoine.

Pour une version sans noix, remplacez le lait d'amande par un lait végétal sans noix, comme le lait de coco.

Chaque année en octobre, je deviens absolument folle de potiron. Cela dure deux mois environ, et ensuite, le reste de l'année, je ne veux plus en entendre parler. Pendant ma période d'addiction au potiron, je n'ai jamais assez de ce smoothie. Contenant 100 g de potiron par portion, il a une délicieuse saveur de tarte au potiron tout en vous donnant une bonne dose de vitamines A et B ainsi que beaucoup de fibres. Vous pouvez utiliser le potiron frais que vous avez chez vous ; la courge Hokkaido et la courge Butternut se prêtent bien à cette recette.

Équivaut à 1 smoothie (500 ml)
PRÉPARATION : 10 min
Sans gluten, sans huile, cru/sans cuisson, sans soja, sans sucre raffiné, option sans céréales, option sans noix

1 – Dans un blender à grande vitesse, mélangez le lait, l'avoine, le potiron, la mélasse, la banane, la cannelle, le gingembre et la noix de muscade. Mixez à grande vitesse jusqu'à ce que le mélange soit onctueux. Ajoutez les glaçons et mixez jusqu'à ce que le mélange devienne glacé.

2 – Ajoutez le sirop d'érable et mixez brièvement.

3 – Servez-le garni avec de la crème fouettée de noix de coco et une pincée de cannelle, si vous le désirez.

Smoothie fitness

250 ml de lait d'amande

2 c. à soupe de flocons d'avoine sans gluten

2 à 3 dattes Medjool dénoyautées, (quantité à adapter à votre goût)

1 c. à soupe de graines de chia

1 c. à soupe de beurre de cacahuètes ou d'amandes

¼ à ½ c. à café de cannelle moulue, selon votre goût

¼ de c. à café d'extrait de vanille pure

4 ou 5 glaçons

Astuces : si votre blender a des difficultés à faire de la purée avec l'avoine et les dattes, mettez l'avoine, les dattes dénoyautées et le lait d'amande dans le blender, mixez rapidement puis laissez reposer 10 à 15 minutes pour que les flocons d'avoine et les dattes ramollissent. Suivez ensuite la recette du smoothie comme indiqué. Cela vous aidera à obtenir un mélange plus onctueux.

Pour l'option sans céréales, n'utilisez pas l'avoine.

Pour une version sans noix, remplacez le lait d'amande par un lait végétal et sans noix comme le lait de noix de coco et remplacez le beurre de cacahuètes par du beurre de graines de tournesol.

Quand je songe à un smoothie qui me plaît au-delà de tout, c'est ce smoothie au beurre de cacahuètes, à la cannelle et aux dattes qui se présente à mon esprit. Le beurre de cacahuètes et le lait d'amande le rendent crémeux et il est naturellement sucré grâce aux dattes, ce qui en fait un smoothie que l'on peut consommer avec gourmandise tout en se sentant bien. Bien que cette boisson puisse se vanter de contenir déjà plus de 8 grammes de protéines, vous pouvez aisément ajouter une cuillère de poudre de protéines de vanille pour l'amener à plus de 20 g de protéines, et en faire ainsi une excellente boisson de récupération après une séance d'entraînement.

Équivaut à 1 smoothie (425 ml) :

PRÉPARATION : 5 min

Sans gluten, sans huile, cru/sans cuisson, sans soja, sans sucre, option sans céréales, option sans noix

1 – Dans un blender à grande vitesse, mixez tous les ingrédients jusqu'à obtenir une consistance onctueuse.

Smoothie ensoleillé anti-refroidissement

2 oranges navel de taille moyenne, épluchées et épépinées

2 c. à soupe de jus de citron frais (ou plus selon votre goût)

1 c. à café de gingembre frais, épluché et râpé (ou plus selon votre goût)

1 à 3 c. à café de sirop d'érable (ou plus selon votre goût)

3 à 5 glaçons

Une pincée de poivre de Cayenne (optionnel)

J'ai créé ce smoothie d'un jaune resplendissant alors que j'avais un mauvais rhume et que je voulais absolument aller mieux. Les agrumes pleins d'antioxydants combinés au gingembre frais peuvent repousser n'importe quel refroidissement. Si vous vous sentez vraiment mal comme cela était mon cas, ajoutez une petite quantité de poivre de Cayenne au mélange. Vous respirerez plus facilement ! Vous vous sentirez mieux ! On dit que le poivre de Cayenne dynamise le métabolisme.

Équivaut à 1 smoothie (425 ml)
PRÉPARATION : 10 min
Sans gluten, sans noix, sans huile, cru/sans cuisson, sans soja, sans sucre raffiné, sans céréales

1 – Dans un blender à grande vitesse, mélangez tous les ingrédients et mixez jusqu'à ce qu'ils deviennent onctueux. Buvez et soyez prêts à vous sentir mieux rapidement.

Astuces : si vous voulez servir ce smoothie chaud, ne mettez pas de glace et continuez à mixer à grande vitesse quelques minutes, jusqu'à ce que la chaleur du moteur du blender réchauffe le mélange.

Pour encore plus de puissance nutritionnelle, essayez d'ajouter au mélange un peu de kale ou d'épinards !

Smoothie matin radieux

150 g de fraises fraîches ou surgelées

1 banane surgelée, hachée grossièrement

75 ml de jus d'orange frais

75 ml d'eau de noix de coco ou d'eau

¼ de c. à café d'extrait de vanille pure (optionnel)

3 à 5 glaçons

Éric, mon mari, est plutôt un connaisseur en smoothies, ou l'était du moins pendant l'élaboration de ce chapitre sur les smoothies. Je me suis donné comme défi d'élaborer un smoothie dont il pourrait dire dans ce livre, qu'il est son préféré entre tous. Je suis embarrassée d'avouer que les essais furent nombreux. J'ai failli jeter l'éponge ! Finalement, un miracle est survenu et il est tombé amoureux de ce mélange très viril de fraise rose, de banane, de jus d'orange et de vanille. C'est un assortiment simple, mais c'est aussi un gars plutôt simple ! Essayez de servir ce smoothie lors d'un brunch dominical ; cette recette peut être aisément doublée ou triplée selon le nombre d'invités assoiffés que vous servez.

Équivaut à 1 smoothie (500 ml)

PRÉPARATION : 5 min

Sans gluten, sans noix, sans huile, cru/sans cuisson, sans soja, sans sucre, sans céréales

1 – Dans un blender à grande vitesse, mélangez tous les ingrédients et mixez jusqu'à une consistance onctueuse.

Monstre vert tropical

250 ml d'eau de noix de coco ou d'eau

1 poignée de feuilles de kale ou de jeunes épinards sans les tiges

150 g de mangue surgelée ou fraîche, hachée

100 g de morceaux d'ananas frais ou surgelés

1 à 2 c. à soupe de jus de citron vert frais, selon votre goût

1 c. à café de gingembre frais épluché et émincé

De l'édulcorant liquide, selon votre goût (optionnel)

Des glaçons, si vous le désirez

Si vous ne pouvez pas partir en vacances mais que vous voulez quand même retrouver les goûts tropicaux, ce smoothie est pour vous. Avec ce mélange d'eau de coco, de mangue, d'ananas et de citron vert, tout ce que vous devez faire, c'est fermer les yeux et vous serez transporté sur une plage de sable blanc ensoleillée. Oh, et ne soyez pas étonnés si, ce smoothie vous donne le sourire comme au retour des vacances !

Équivaut à 1 smoothie (500 ml)
PRÉPARATION : 5 min
Sans gluten, sans huile, cru/sans cuisson, sans soja, sans sucre raffiné, sans céréales, sans noix

1 – Dans un blender à grande vitesse, mélangez tous les ingrédients et mixez jusqu'à ce qu'ils deviennent onctueux. Ajoutez une ombrelle à cocktail et que la fête commence !

Thé rooibos salutaire

- 1 l d'eau filtrée
- 4 c. à café de thé rooibos en vrac, ou 4 sachets de thé rooibos
- 1 à 2 tranches de citron, sans les pépins
- 2,5 à 5 cm d'un morceau de racine de curcuma, épluché et finement tranché
- 5 à 8 cm d'un morceau de gingembre frais, épluché et finement tranché
- De l'édulcorant, selon votre goût (optionnel)

Astuces : pour éplucher le gingembre et le curcuma facilement, utilisez une cuillère à pamplemousse pour racler la peau – un éplucheur n'est pas nécessaire. Vous pouvez garder les ingrédients solides et faire plus de thé pendant la journée, en ajoutant plus de feuilles ou de sachets de thé, ainsi que de l'eau, autant que nécessaire. À la fin de la journée ne conservez pas les racines utilisées.

Pour aider à ce que le curcuma soit mieux absorbé par l'organisme, lorsque vous faites infuser le thé, ajoutez un peu de poivre moulu.

Début 2013, j'ai lutté contre une étrange réaction allergique venue d'on ne sait où. J'ai lu beaucoup de choses sur les solutions naturelles aux allergies puis j'ai découvert le rooibos. J'ai décidé de tester ce thé naturellement sucré, connu depuis longtemps pour ses propriétés thérapeutiques. J'ai commencé à faire infuser le rooibos avec d'autres super-aliments comme le curcuma frais, le citron et le gingembre. Bien que je ne connaisse toujours pas la cause de ma réaction allergique, j'ai tellement apprécié ce thé que j'en fais désormais régulièrement. Intégrez-le à votre quotidien et laissez les pouvoirs de guérison débuter !

Équivaut à 1 l de thé
PRÉPARATION : 5 min • **CUISSON :** 10 min
Sans gluten, sans noix, sans huile, sans soja, sans sucre raffiné, sans céréales

1 – Dans une casserole de taille moyenne, mélangez l'eau, le thé, le citron, le curcuma et le gingembre. Portez à ébullition à feu moyen, et réduisez ensuite à feu doux puis laissez mijoter environ 10 minutes (ou plus longtemps si vous désirez une infusion plus forte).

2 – Versez le thé à travers un tamis aux mailles fines placé au-dessus d'un bol, incorporez l'édulcorant selon votre goût, et servez immédiatement. Mettez le reste de thé au frais et savourez-le glacé pour obtenir une variante amusante au thé glacé classique.

Jus yogi

JUS VERT SIMPLE :

Équivaut à 500 ml

1 concombre épépiné, épluché et grossièrement haché

4 petites feuilles de kale, grossièrement hachées

1 pomme sucrée, épépinée et grossièrement hachée

1 poire mûre, épépinée et grossièrement hachée

1 à 2 c. à soupe de jus de citron frais, selon votre goût

JUS BONNE MINE :

Équivaut à 500 à 750 ml

1 concombre épépiné, épluché et grossièrement haché

1 betterave petite ou moyenne, épluchée et grossièrement hachée

1 carotte petite ou moyenne, épluchée et grossièrement hachée

1 à 2 c. à soupe de jus de citron frais, selon votre goût

1 petite pomme, épépinée et grossièrement hachée (optionnel)

J'avais depuis longtemps un extracteur de jus et j'adorais avoir la possibilité de faire du jus frais à chaque fois que j'en avais une envie irrésistible. Cependant, je détestais le processus de nettoyage qui suivait. Tout le monde dit que ce n'est pas si pénible, mais si, ça l'est vraiment. Ou peut-être que c'est moi qui suis paresseuse ! Lorsque nous avons déménagé dans un endroit doté d'une cuisine plus petite, j'ai offert mon extracteur de jus pour gagner de la place. Depuis, j'ai découvert une méthode pour faire du jus frais à la maison et qui demande moins de nettoyage ; tout ce dont vous avez besoin est un blender et un sac à lait végétal (voir 24) ou une passoire aux mailles fines. Voici pour commencer deux de mes jus favoris. N'oubliez pas que ces recettes peuvent également être préparées avec un extracteur de jus traditionnel.

Sans gluten, sans huile, cru/sans cuisson, sans sucre, sans soja, sans céréales, sans noix

1 – Dans un blender à grande vitesse, mixez tous les ingrédients avec 125 ml d'eau jusqu'à ce que le mélange soit onctueux.

2 – Mettez un sac à lait végétal (ou une passoire aux mailles fines) sur un grand récipient en verre ou un bol et versez-y lentement le mélange. Pressez doucement le sac à lait végétal pour faire sortir le jus. Si vous utilisez une passoire, appuyez doucement avec une cuillère. Jetez la pulpe et savourez !

3 – Gardez au frais tout reste éventuel de jus, dans récipient en verre jusqu'à 2 à 3 jours.

Astuces : si vous voulez garder la pulpe fibreuse dans votre boisson, enlevez simplement le sac et buvez-le comme un smoothie – mais je vous préviens, c'est très épais ! N'hésitez pas à le désépaissir avec plus d'eau.

Si vous n'utilisez pas un Vitamix ou un Blendtec, il pourrait être utile de faire cuire la betterave à la vapeur avant de l'utiliser.

Thé vert énergisant aux agrumes

1 sachet de thé vert, ou 1 c. à café de thé vert en vrac

375 ml d'eau bouillante

Le jus d'½ pamplemousse

Le jus d'½ citron

1 ½ à 3 c. à café d'édulcorant liquide, selon votre goût

Une toute petite pincée de poivre de Cayenne (optionnel)

C'est un thé vert qui dynamise le métabolisme. Il est infusé avec du pamplemousse, du citron et du poivre de Cayenne – savourez-le à chaque fois que vous aurez besoin d'un petit remontant ! C'est une des méthodes que je préfère pour bien démarrer la journée. Si vous voulez une version glacée pour l'été, faites-en une double portion le soir et mettez-la au frais. Le lendemain vous aurez un thé aux agrumes que vous pourrez savourer tout au long de la journée.

Équivaut à 500 ml

PRÉPARATION : 5 à 10 min

Sans gluten, sans noix, sans huile, cru/sans cuisson, sans soja, sans céréales, sans sucre raffiné

1 – Mettez le sachet ou les feuilles de thé (dans une boule à thé) dans une cruche (plus de 500 ml). Laissez l'eau bouillante reposer un petit moment pour qu'elle refroidisse légèrement, afin d'éviter que le thé vert soit amer. Versez l'eau et laissez infuser 3 minutes, jetez ensuite le sachet ou les feuilles de thé.

2 – Mettez une passoire aux mailles fines sur le pot et versez les jus de pamplemousse et de citron, afin de retenir la pulpe ou les pépins.

3 – Incorporez l'édulcorant et le poivre de Cayenne (si vous en utilisez), et savourez immédiatement ce thé stimulant !

entrées

Bruschettas estivales cerises-fraises-basilic   *89*

Guacamole fraise-mangue   *91*

Dip chaud réconfortant pour nacho   *93*

Chips-taco de pommes de terre   *95*

Houmous classique   *99*

Chips pita épicées et grillées   *101*

Tarte au pesto champignon-noix   *103*

Bouchées de falafels au four   *105*

Une des choses que je préfère, c'est recevoir la famille et les amis et leur faire plaisir avec toute sorte d'aliments végans savoureux. C'est une excellente manière de les initier à la cuisine végane, et nombreux sont ceux qui sont surpris de voir combien ils apprécient les recettes sans aliment d'origine animale. Les recettes de ce chapitre sont des entrées saines. Non seulement elles plaisent à tout le monde, mais en plus elles sont légères tout en étant rassasiantes. Lors d'une fête, personne ne veut se sentir alourdi par une nourriture grasse et pesante ! J'ai une grande préférence pour mon dip chaud réconfortant pour nacho (p. 93) ; même si vous ne connaissez pas encore son nom, pour nous il est incontournable. Lors d'une soirée fraîche, c'est le plat parfait à servir devant un bon match de hockey. Si vous cherchez une entrée pour l'été, essayez mes bruschettas estivales cerises-fraises-basilic (p. 89), mon guacamole fraise-mangue (p. 91), mes bouchées de falafels au four (p. 105). Cela va probablement sans dire, mais beaucoup de ces recettes peuvent être transformées en plats principaux. À plusieurs reprises, mon mari et moi avons servi pour le dîner des chips-taco de pommes de terre (p. 95) et des bouchées de falafels au four. Et j'avoue, oui, nous avons même un soir transformé le dip pour nacho en plat principal. Je plaide coupable !

Bruschettas estivales cerises-fraises-basilic

150 g de cerises fraîches, dénoyautées et finement hachées

600 g de fraises fraîches, équeutées et finement hachées

¼ de bouquet de basilic frais, émincé

¼ de bouquet de menthe fraîche émincée

3 c. à soupe d'oignon rouge finement haché

4 c. à café de vinaigre balsamique

1 baguette fraîche, coupée en tranches de 2,5 cm

2 c. à soupe d'huile d'olive extra-vierge

Réduction de vinaigre balsamique (voir p. 307)

Ces bruschettas sont belles et extraordinaires, si vous me permettez de le dire. Élégantes et chics, elles feront croire à tous vos invités que vous êtes une version végane d'un cuisinier de renom. Si vous n'avez jamais essayé de mélanger basilic et fruits rouges auparavant, vous êtes sur le point de vivre un grand moment culinaire !

Équivaut à 2 portions
PRÉPARATION : 20 min • **CUISSON :** 5 à 7 min
Sans noix, sans soja, sans sucre

1 – Préchauffez le four à 230 °C.

2 – Dans un grand bol, mélangez les cerises, les fraises, le basilic, la menthe, l'oignon et le vinaigre. Mettez la garniture des bruschettas de côté 10 à 15 minutes, afin que les saveurs puissent infuser.

3 – Huilez un côté seulement de chaque morceau de pain et placez-les sur une grande plaque de cuisson, le côté huilé vers le bas. Faites cuire 5 à 7 minutes en les surveillant, jusqu'à ce qu'ils dorent.

4 – Mettez avec précaution la garniture sur le pain grillé. Arrosez chaque tranche de réduction de vinaigre balsamique et servez immédiatement.

Astuces : mettez des gants jetables pour faire cette recette afin de garder vos doigts propres et prêts pour la fête !

Guacamole fraise-mangue

2 avocats de taille moyenne, dénoyautés et hachés grossièrement

50 g d'oignon rouge finement haché

1 mangue fraîche, dénoyautée, épluchée et finement hachée (environ 380 g)

300 g de fraises équeutées et finement hachées

¼ de bouquet de coriandre fraîche, grossièrement hachée (optionnel)

1 à 2 c. à soupe de jus de citron vert frais, selon votre goût

Sel de mer fin

Des chips de maïs, pour la garniture

Dans cette recette, la mangue juteuse et onctueuse ainsi que les fraises sucrées égayent le guacamole traditionnel. Ce guacamole coloré et fruité est toujours très apprécié lors d'une fête parce qu'il donne à vos invités fraîcheur et énergie. Si vous voulez le préparer à l'avance, mélangez tous les ingrédients, hormis l'avocat, dans un récipient hermétique et mettez-le au frais. Juste avant de servir, incorporez doucement l'avocat et tout le monde n'y verra que du feu !

Équivaut à 750 ml

PRÉPARATION : 20 min

Sans gluten, sans noix, sans huile, cru/sans cuisson, sans soja, sans sucre, sans céréales

1 – Dans un bol de taille moyenne, écrasez l'avocat, en purée grossière.

2 – Dans une passoire, rincez et égouttez l'oignon haché pour en enlever les composés sulfurés. Cela donne à l'oignon cru un goût plus plaisant. Incorporez la mangue, les fraises, l'oignon et la coriandre (si vous en utilisez) à l'avocat. Assaisonnez avec le jus de citron vert et du sel selon votre goût.

3 – Servez immédiatement avec vos chips de maïs préférés (ou essayez mes chips pita épicées et grillées, p. 101). L'avocat a tendance à brunir rapidement, donc les restes ne peuvent se garder plus longtemps qu'une douzaine d'heures environ. Une bonne raison de plus de déguster à volonté !

Astuces : pour une version épicée, ajoutez au mélange 1 piment jalapeño coupé en dés (pour une version un peu moins épicée, ôtez les pépins).

Dip chaud réconfortant pour nacho

POUR LA SAUCE AU « FROMAGE » :

130 g de noix de cajou

150 g de carottes épluchées et hachées

2 c. à soupe de levure nutritionnelle

2 c. à soupe de jus de citron frais

1 grande gousse d'ail

1 c. à café ¼ de sel de mer fin

¾ de c. à café de piment en poudre

½ c. à café de poudre d'oignon

¼ à ½ c. à café de poivre de Cayenne, selon votre goût (optionnel)

POUR LE DIP :

250 ml de sauce tomate avec des morceaux

100 g d'oignon doux finement haché

2 à 3 poignées de jeunes pousses d'épinard (environ 85 g), grossièrement hachées

45 g de chips de maïs écrasées ou de chapelure

1 à 2 oignons verts, finement tranchés, pour la garniture (optionnel)

Des chips tortillas ou des chips pita (voir p. 101), pour la garniture

Qui imaginerait qu'il n'y a pas une once de crème ou d'huile dans ce dip tout juste sorti du four et qui met l'eau à la bouche ! Ce plat fait toujours l'unanimité. Il est meilleur chaud, donc gardez-le sur un chauffe-plat aussi longtemps que possible. J'aime le faire cuire dans un plat en fonte, lequel le maintient au chaud pendant presque une heure.

Équivaut à 8 portions
PRÉPARATION : 25 à 30 min,
plus le temps du trempage • **CUISSON :** 25 à 30 min
*Option sans gluten, sans huile, sans soja,
sans sucre, sans céréales*

1 – Faites la sauce au « fromage » : mettez les noix de cajou dans un bol de taille moyenne et recouvrez-les d'eau. Réservez pour les laisser tremper au moins 2 heures, ou toute la nuit si vous avez le temps. Égouttez et rincez les noix de cajou trempées.

2 – Préchauffez le four à 200 °C. Graissez légèrement un plat en fonte (2 l) ou un plat à gratin.

3 – Mettez les carottes dans une petite casserole et recouvrez-les d'eau. Faites bouillir l'eau et laissez cuire les carottes 5 minutes, ou jusqu'à ce qu'elles soient tendres sous la fourchette. Égouttez. Si vous le désirez, vous pouvez aussi les cuire à la vapeur.

4 – Dans un blender, mélangez les noix de cajou trempées et égouttées, les carottes cuites, la levure nutritionnelle, le jus de citron, l'ail, le sel, la poudre de piment, la poudre d'oignon, le poivre de Cayenne (si vous l'utilisez), et 150 ml d'eau, puis mixez jusqu'à obtenir un mélange onctueux, en ajoutant une goutte d'eau supplémentaire si nécessaire. Versez la sauce dans un grand bol.

entrées

5 – Préparez le dip : incorporez la sauce tomate, l'oignon et les épinards à la sauce au « fromage » jusqu'à ce qu'ils soient complètement mélangés. Mettez la sauce dans le plat que vous avez préparé et lissez-la, puis saupoudrez le dessus uniformément avec les chips de maïs écrasées.

6 – Faites cuire 25 à 30 minutes sans couvrir, tout en regardant attentivement les chips de maïs vers la fin de la cuisson pour vous assurer qu'elles ne brûlent pas. Si vous le désirez, garnissez avec l'oignon vert tranché. Servez immédiatement avec les chips tortillas ou les chips pita épicées et grillées.

7 – Réchauffez les restes éventuels au four, à 200 °C, 10 à 20 minutes, ou jusqu'à ce qu'ils soient chauds. Stockez le dip au frais, dans un récipient hermétique 3 à 5 jours.

Astuces : pour une option sans gluten, utilisez des chips de maïs pour la garniture et des tortillas de maïs pour le service.

Chips-taco de pommes de terre

POUR LES CHIPS DE POMMES DE TERRE :

2 pommes de terre (à frites), non épluchées, en tranches de 6 mm d'épaisseur.

1 c. à soupe d'huile de pépins de raisin

Sel de mer fin et poivre noir fraîchement moulu

POUR LE TACO À LA CRÈME DE NOIX :

100 g de noix, grillées de préférence

1 c. à soupe d'huile d'olive

1 ½ c. à café de poudre de piment

½ c. à café de cumin moulu

¼ de c. à café de sel de mer fin

⅛ de c. à café de poivre de Cayenne

POUR L'ASSEMBLAGE :

Crème aigre de noix de cajou (voir p. 291)

125 à 175 ml de sauce salsa

2 à 3 oignons verts finement tranchés

Poivre noir, moulu

Ces chips sont très probablement des amuse-gueules incontournables pour un repas festif quoique presque trop bonnes pour être partagées ! J'en parle d'expérience ; mon mari et moi en avons un jour mangé une fournée entière avant même que nos invités arrivent ! Il était un peu embarrassant de leur expliquer que nous avions fait disparaître leur entrée… Oups ! La base de cette recette est faite de tranches de pommes de terre cuites au four et nappées d'une préparation aux noix, de crème aigre aux noix de cajou et de sauce salsa. Si vous n'avez pas le temps de les disposer individuellement en couches, essayez de les mettre sur un grand plateau et recouvrez-les en une fois. La crème de taco aux noix et la crème aigre de noix de cajou peuvent être faites un ou deux jours en avance pour gagner du temps. Ces chips peuvent également faire un dîner amusant et apprécié des enfants.

Équivaut à 28 à 30 chips
PRÉPARATION : 25 à 30 min • **CUISSON :** 35 min
Sans gluten, sans soja, sans sucre, sans céréales

1 – Faites les chips de pommes de terre : préchauffez le four à 220 °C. Mettez du papier à cuisson sur une grande plaque de cuisson. Faites une seule couche de tranches de pommes de terre sur le papier à cuisson et arrosez-les uniformément d'huile. Saupoudrez généreusement les pommes de terre avec du sel et du poivre.

2 – Faites cuire les pommes de terre 30 à 35 minutes, en les retournant une fois au milieu de la cuisson, jusqu'à ce qu'elles soient tendres et légèrement brunies. Laissez-les refroidir 5 minutes avant de les rassembler.

3 – Préparez la crème de noix : dans un petit mixeur, mélangez les noix, l'huile, la poudre chili, le cumin, le sel et le poivre de Cayenne, puis mixez afin d'obtenir un crumble fin. (Vous pouvez aussi hacher et mélanger les ingrédients à la main, si vous préférez). Réservez.

4 – Mettez sur chaque tranche de pommes de terre une cuillère à café de crème aigre de noix de cajou, puis d'environ 1 c. à café de crème de noix, de salsa et d'oignons verts et un peu de poivre. Servez immédiatement, pendant que c'est encore chaud.

Astuce : à la place des pommes de terre, essayez de mettre la garniture dans une feuille de laitue, ou servez avec des chips de tortilla pour un plat de nacho végan plaisant.

Houmous classique

550 g de pois chiches cuits

1 grande ou 2 petites gousses d'ail

5 c. à soupe de tahini

4 c. à soupe de jus de citron frais (environ 1 citron), ou selon votre goût

1 c. à café de sel de mer fin, ou selon votre goût

5 à 10 gouttes de sauce piquante (optionnel)

POUR LE SERVICE :

De l'huile d'olive extra-vierge

De la poudre de paprika

Du persil émincé

Des chips pita épicées et grillées (voir p. 101)

Pour ce livre, j'ai fait beaucoup d'efforts et je suis passée par des moments de doute en testant toutes les sortes de saveurs de houmous. Malgré toute ma bonne volonté, je n'ai cessé de revenir à ma recette de houmous classique. La vérité est que le mieux est l'ennemi du bien ! Durant mon processus d'expérimentation du houmous, j'ai découvert deux secrets pour que ce plat, de savoureux devienne incontournable.

La première astuce est de cuire les pois chiches soi-même. Lors d'un test de goût où j'ai confronté des pois chiches en conserve à des pois chiches fraîchement cuits, la différence m'a paru incroyable. Bien que je n'aie aucun problème pour utiliser des pois chiches en conserve, ceux que l'on vient de cuire sont vraiment meilleurs.

Deuxième astuce : si vous avez 15 minutes (et un aide de cuisine), enlevez la peau des pois chiches avant de les mettre dans le mixeur. Vous serez récompensé par un houmous ultra-onctueux qui rivalisera avec n'importe quelle version achetée dans le commerce.

Équivaut à 625 ml

PRÉPARATION : 10 à 20 min

Sans gluten, sans noix, sans soja, sans sucre, sans cuisson, sans céréales

1 – Rincez et égouttez les pois chiches. Si vous avez du temps, enlevez-en la peau : prenez un pois chiche entre votre index et votre pouce, et appuyez pour enlever la peau. Jetez les peaux, et réservez une poignée de pois chiches pour garnir.

2 – Avec le mixeur, émincez l'ail.

3 – Ajoutez les pois chiches, le tahini, le jus de citron, le sel et la sauce piquante (si vous en utilisez), et mixez pour mélanger, en ajustant les quantités selon votre goût. Ajoutez 4 à 6 c. à soupe d'eau pour obtenir la consistance désirée. Mixez jusqu'à obtenir

un mélange onctueux, en raclant les côtés autant que nécessaire. (Habituellement, je laisse tourner le mixeur au moins deux minutes).

4 – Mettez le houmous dans un bol pour le servir et arrosez-le d'un filet d'huile d'olive, puis ajoutez les pois chiches mis de côté, une pincée de paprika et du persil émincé. Si vous le désirez, servez-le avec les chips pita épicées et grillées.

Astuces : Le houmous maison a tendance à épaissir quand il est refroidi. Pour l'allonger, ajoutez simplement une goutte d'huile d'olive ou d'eau et remuez pour mélanger. Il peut se conserver au frais dans un récipient hermétique au moins 1 semaine.

Pour la cuisson des pois chiches, voir p. 23.

Chips pita épicées et grillées

2 pitas ou tortillas

2 c. à café d'huile d'olive extra-vierge

½ c. à café de poudre d'ail

½ c. à café de cumin moulu

½ c. à café de paprika en poudre

¼ de c. à café de sel de mer fin

J'adore assaisonner le pain pita ou les tortillas avec un peu de poudre d'ail, de cumin et de paprika, puis les cuire au four jusqu'à ce qu'ils soient croustillants. Après la cuisson au four, vos chips pita sont succulentes et croquantes, et elles vont merveilleusement avec le houmous classique (p. 99). Soyez prévenus – elles ne dureront pas longtemps !

Équivaut environ à 40 chips

PRÉPARATION : 5 min • **CUISSON** : 7 à 9 min

Sans noix, sans soja, sans sucre

1 – Préchauffez le four à 200 °C.

2 – Avec des ciseaux de cuisine, coupez les pitas en parts à peu près de la taille de tortillas. Disposez-en une seule couche sur une grande plaque de cuisson.

3 – Avec un pinceau à pâtisserie, étalez l'huile sur les morceaux de pita et saupoudrez-les généreusement avec la poudre d'ail, le cumin, le paprika et le sel.

4 – Faites cuire 7 à 9 minutes, ou jusqu'à ce qu'ils dorent. Retirez-les du four et laissez refroidir. Les chips s'affermiront après 5 à 10 minutes de refroidissement.

Tarte au pesto champignon-noix

POUR LE SAUTÉ DE CHAMPIGNONS ET D'OIGNONS :

2 c. à soupe d'huile d'olive extra-vierge

450 g de champignons de Paris tranchés

1 oignon rouge de taille moyenne, épluché, coupé en deux dans le sens de la longueur et tranché en fines demi-lunes

POUR LE PESTO DE NOIX :

1 grande gousse d'ail

60 g de noix grillées

1 petit bouquet de persil frais, haché finement

4 c. à soupe d'huile d'olive extra-vierge

½ à ¾ de c. à café de sel de mer fin, selon votre goût

½ c. à café de poivre noir fraîchement moulu

POUR ASSEMBLER :

7 à 8 feuilles de pâte filo (si elle est congelée, la décongeler auparavant)

De l'huile d'olive, pour badigeonner la pâte

Une poignée de persil frais (optionnel)

Cette tarte au pesto a gagné le premier prix il y a quelques années, lors d'un championnat canadien de recettes de champignons. Non seulement c'est l'une de mes recettes préférées, mais de nombreux lecteurs d'Oh she glows ont également essayé cette recette avec succès. Sa préparation demande un peu de temps, vous en serez récompensés une fois que vous aurez croqué dans votre première bouchée craquante et savoureuse. Si vous ne voulez pas utiliser de la pâte filo, vous pouvez mettre le pesto sur des crostini ou essayer de le mélanger avec des pâtes pour un dîner élégant. Il n'y a pas de limites, chers amoureux des champignons ! Assurez-vous de faire décongeler la pâte filo toute une nuit afin qu'elle soit prête quand vous ferez la tarte.

Équivaut à 6 à 8 portions
PRÉPARATION : 45 min • **CUISSON :** 26 à 32 min
Sans soja, sans sucre

1 – Préchauffez le four à 180 °C. Mettez du papier à cuisson sur une grande plaque de cuisson.

2 – Faites le sauté de champignons et d'oignons : dans une grande poêle, faites chauffer 1 c. à soupe d'huile à feu moyen. Ajoutez les champignons et faites-les sauter 15 à 25 minutes, jusqu'à ce que l'eau des champignons se soit évaporée et que les champignons soient devenus tendres. Réservez.

3 – Pendant ce temps, dans une autre grande poêle, faites chauffer la cuillère à soupe restante d'huile à feu moyen. Ajoutez les oignons et faites sauter environ 20 minutes, en remuant souvent, jusqu'à ce qu'ils soient tendres et translucides. Réservez.

4 – Préparez le pesto aux noix : dans un mixeur, mettez l'ail et hachez-le finement. Ajoutez les noix, le persil, l'huile, le sel, le poivre 180 g de sauté de champignons 2 c. à soupe d'eau et mixez jusqu'à obtenir un mélange onctueux, en raclant les côtés autant que nécessaire.

5 – Faites la tarte : mettez 1 feuille de pâte filo sur la plaque de cuisson que vous avez préparée et huilez-la légèrement (ou étalez-la avec un pinceau à pâtisserie). Mettez une autre feuille de pâte directement sur la première et huilez (avec le pinceau ou non). Répétez la même opération avec les 5 ou 6 feuilles de pâte restantes. Pliez les bords de la pâte sur 2,5 cm pour former une croûte et appuyez pour qu'elle adhère. (Voir la photo p. 104). Si elle ne colle pas, huilez la pâte et réessayez. Avec une fourchette, faites quelques trous dans la pâte pour que la vapeur s'évapore pendant la cuisson.

6 – Avec précaution, disposez uniformément le pesto aux noix sur la pâte, entre les coins repliés. Sur le pesto, disposez uniformément le sauté de champignons d'oignons.

7 – Faites cuire la tarte 26 à 32 minutes, ou jusqu'à ce qu'elle soit légèrement dorée et croustillante au toucher. Si vous voulez que les rebords de la tarte soient bien dorés, passez la tarte sous le gril 1 à 2 minutes, en surveillant attentivement pour vous assurer qu'elle ne brûle pas.

8 – Laissez la tarte refroidir 5 minutes avant de la trancher avec une roulette à pizza. Garnissez avec le persil frais, si vous le désirez, et servez immédiatement.

Astuce : pour gagner du temps, achetez des champignons déjà tranchés. Ce sera notre petit secret !

Bouchées de falafels au four

POUR LES FALAFELS :

3 gousses d'ail

50 g d'oignon rouge

1 poignée de coriandre fraîche

1 poignée de persil frais

425 g de pois chiches (frais et cuits soi-même ou en conserve, rincés et égouttés)

2 c. à soupe de graines de lin moulues

70 g + 6 c. à soupe de chapelure d'épeautre ou de chapelure de céréales germées (voir p. 289)

½ c. à café de cumin moulu

½ c. à café de sel de mer fin

POUR LA SAUCE SALSA TOMATE-CONCOMBRE :

270 g de tomates cerises

4 c. à soupe d'oignons rouges

4 c. à soupe de coriandre fraîche

1 c. à soupe de jus de citron vert frais

100 g de concombre coupé en dés

Sel de mer fin

POUR ASSEMBLER :

Les feuilles d'une laitue romaine ou une autre salade verte

L'assaisonnement citron-Tahini (voir p. 294)

Cette variante allégée des falafels traditionnels vous donnera un sentiment de légèreté et de l'énergie. Plutôt que de faire frire les falafels, je les ai enroulés dans une chapelure croustillante d'épeautre complet, puis cuites au four. La chapelure leur donne une bonne croustillance semblable à la version frite, mais sans l'huile et la graisse. Ce n'est que du bonheur !

Équivaut à 22 petits falafels
PRÉPARATION : 30 min • **CUISSON** : 30 min
Sans noix, sans soja, sans sucre

1 – Préparez les Falafels : préchauffez le four à 200 °C. Mettez une feuille de cuisson dans une grande plaque de cuisson.

2 – Dans un mixeur, mettez l'ail pour le hacher finement. Ajoutez les oignons, la coriandre et le persil, puis mixez. Ajoutez les pois chiches et mixez jusqu'à ce que la mixture forme une pâte grossière qui se tienne quand vous la pressez entre vos doigts.

3 – Mettez le mélange dans un grand bol et incorporez les graines de lin 70 g de chapelure, du cumin et du sel jusqu'à ce qu'ils soient mélangés.

4 – Formez de petits pâtés avec le mélange, en utilisant environ 1 c. à soupe de pâte pour chacun et en les pressant fermement entre vos mains. Répétez l'opération jusqu'à ce vous ayez utilisé l'ensemble du mélange.

5 – Avec un pinceau à pâtisserie, mettez quelques gouttes d'eau sur chaque petit pâté. Enroulez chaque pâté, un seul à la fois, dans les 6 c. à soupe restantes de chapelure, en pressant de chaque côté afin que la chapelure tienne. (La chapelure a tendance à ne pas bien tenir, il faudra donc quelques efforts pour recouvrir les petits pâtés). Répétez l'opération jusqu'à ce que tous les petits pâtés soient recouverts. Mettez-les sur la plaque de cuisson que vous avez préparée.

6 – Faites cuire les falafels environ 30 minutes jusqu'à ce qu'ils soient dorés et bruns, en les retournant une fois au milieu de la cuisson.

7 – Préparez la sauce salsa tomates-concombres : dans un mixeur, mélangez les tomates, l'oignon, la coriandre et le jus de citron vert, mixez jusqu'à ce que les ingrédients soient grossièrement hachés. Incorporez le concombre coupé en dés et salez selon votre goût.

8 – Pour assembler, disposez sur une assiette les feuilles de laitue en une seule couche. Mettez 1 falafel au centre de chaque feuille de laitue. Mettez par-dessus de la sauce salsa tomates-concombres et un filet d'assaisonnement citron-tahini.

salades

Salade poire, noix, avocat, oignon rouge et portobellos marinés *113*

Sandwich perfectionné à la salade de pois chiches *115*

Salade crémeuse de pommes de terre et d'avocat *117*

Salade Caesar Chakra et ses croûtons aux herbes et aux amandes *119*

Salade de betteraves aux noisettes et au thym et sa réduction de vinaigre balsamique *123*

Salade de légumes grillés pour le week-end *125*

Salade de kale, millet et courge et son assaisonnement citron-tahini *129*

Salade festive de kale et de pomme, vinaigrette à la cannelle et le parmesan de noix de pécan *131*

De la part d'une végane, cela fait un peu cliché, mais le chapitre des salades est celui qui me tient le plus à cœur. J'ai souffert de manger trop de salades vertes et de tomates dans ma jeunesse, mon objectif était donc, en faisant des recettes de salade, de casser le stéréotype d'après lequel les salades sont des aliments ennuyeux et pourtant diététiques. Au contraire (*en français dans le texte) ! Mes salades sont tout sauf mornes et ennuyeuses, et je suis très fière d'en créer d'appétissantes, de succulentes et de nourrissantes. Avec ces protéines végétales, ces légumes frais et croquants, ces assaisonnements sains et nourrissants, vous vous demanderez comment vous avez pu trouver les salades monotones. De ma salade pommes de terre-avocat (p. 117) à ma salade Caesar Chakra (p. 119), il y a une salade pour toutes vos humeurs. Aiguisez votre couteau, préparez votre planche à découper et tenez-vous prêts à vous sentir rayonnants !

Salade poire, noix, avocat, oignon rouge et portobellos marinés

- 2 grands champignons portobello
- ½ oignon rouge finement tranché
- Vinaigrette balsamique facile à faire (voir p. 293)
- 150 g de salade verte
- 2 poires mûres, épluchées, épépinées et coupées en dés
- 1 avocat dénoyauté et coupé en dés
- 60 g de noix grillées

Cette salade a été inspirée par un plat d'un restaurant local où mes amies et moi nous rencontrons pour déjeuner une fois par mois. Avec des tranches de poire onctueuses, de l'oignon, des champignons portobello marinés, des noix grillées et de l'avocat crémeux, c'est un mélange délicieux de mes saveurs et textures favorites, et il est également nourrissant. Chaque champignon contient environ 6 à 8 g de protéines, un ou deux dans une salade vous apporteront de l'endurance.

Équivaut à 2 portions

PRÉPARATION : 15 à 20 min • **CUISSON** : 8 à 10 min
Sans gluten, sans soja, sans sucre raffiné, sans céréales

1 – Frottez doucement les champignons avec un linge humide les nettoyer. Détachez les pieds ; jetez-les ou congelez-les pour un autre usage, comme un sauté de légumes par exemple. Avec une petite cuillère, enlevez, en grattant, les lamelles noires et jetez-les.

2 – Dans un grand bol, mélangez les chapeaux de champignon, l'oignon et la moitié de la vinaigrette balsamique, puis remuez jusqu'à ce qu'ils soient entièrement recouverts. Faites mariner les champignons et l'oignon 20 à 30 min, remuez toutes les 5 à 10 min.

3 – Faites chauffer une poêle-gril à feu moyen. Mettez les chapeaux de champignon et l'oignon dans la poêle, puis faites-les griller 3 à 5 minutes de chaque côté, jusqu'à ce que l'on voie sur les légumes les marques du gril et qu'ils soient tendres. Réduisez le feu. Enlevez la poêle du feu et Réservez jusqu'à ce que les chapeaux de champignon soient suffisamment froids pour que vous puissiez les prendre à la main, tranchez-les ensuite en lamelles.

4 – Pour le dressage, placez quelques poignées de salade dans un grand bol et mettez par-dessus la moitié de la poire hachée, de l'avocat, des noix, des champignons et de l'oignon grillé. Arrosez la salade avec un peu de la vinaigrette balsamique restante et savourez !

Sandwich perfectionné à la salade de pois chiches

425 g de pois chiches (en conserve rincés et égouttés ou frais et cuits soi-même)

2 tiges de céleri finement hachées

3 oignons verts finement tranchés

40 g de cornichons finement hachés

40 g de poivrons rouges finement hachés

2 à 3 c. à soupe de mayonnaise végane à l'huile de pépins de raisins (voir p. 288) ou achetée dans le commerce

1 gousse d'ail émincée

1 ½ c. à café de moutarde

2 c. à café d'aneth frais émincé (optionnel)

1 ½ à 3 c. à café de jus de citron frais, selon votre goût

¼ de c. à café de sel de mer fin, ou selon votre goût

Poivre noir fraîchement moulu

Du pain grillé, des crackers, des tortillas ou de la laitue, pour servir.

Astuce : si vous voulez une version sans soja de cette salade, n'hésitez pas à utiliser une mayonnaise végane sans soja. La Véganaise est une bonne option.

Cette salade de pois chiches est une alternative à la salade de poulet. Et je dois dire que cette version laisse sur le carreau les sandwiches à la viande ! Les pois chiches en purée ont une texture très similaire à celle du poulet émietté et la sauce mayonnaise crémeuse sans œufs a beaucoup de charme. J'ai également rajouté une grosse quantité de légumes comme le céleri, l'oignon vert, des cornichons et des poivrons pour le rendre très croquant et lui apporter des fibres. Servez cette salade dans des feuilles de laitue, dans un wrap ou un sandwich, ou sur des crackers. Si vous avez un pique-nique ou un voyage en voiture qui s'annonce, vous serez heureux d'apprendre que cette recette est également facile à emporter.

Équivaut à 3 portions
PRÉPARATION : 15 min
Sans gluten, sans noix, sans cuisson, sans sucre, sans céréales, option sans soja

1 – Dans un grand bol, faites-de la purée avec les pois chiches à l'aide d'un presse-purée, jusqu'à ce que leur texture soit floconneuse.

2 – Incorporez le céleri, les oignons verts, les cornichons, les poivrons, la mayonnaise et l'ail jusqu'à ce qu'ils soient mélangés.

3 – Ajoutez la moutarde et l'aneth (si vous en utilisez) et assaisonnez avec le jus de citron, le sel et le poivre noir, en ajustant les quantités selon votre goût.

4 – Servez avec du pain grillé, des crackers, dans un wrap de tortilla ou dans des feuilles de salade verte.

Salade crémeuse de pommes de terre et d'avocat

800 g de pommes de terre à chair ferme, coupées en cubes d'1 cm

3 c. à café d'huile d'olive extra-vierge

½ c. à café de sel de mer fin

¼ de c. à café de poivre noir fraîchement moulu

1 botte d'asperges vertes, nettoyées et coupées en morceaux de 2,5 cm

100 g d'oignons verts hachés

POUR L'ASSAISONNEMENT :

75 g d'avocat

2 c. à soupe d'aneth fraîche émincée

4 c. à café de jus de citron frais

1 oignon vert grossièrement haché

¼ de c. à café de sel de mer fin, ou selon votre goût, et davantage pour la garniture

Poivre noir fraîchement moulu

Cette recette mélange l'avocat et l'aneth frais, l'oignon vert et le jus de citron, pour un assaisonnement crémeux et acidulé à mélanger à des pommes de terre grillées et des asperges. Je vous promets que vous ne verrez plus jamais la salade de pommes de terre de la même manière ! Les salades de pommes de terre traditionnelles ont tendance à demander des pommes de terre bouillies, mais je préfère utiliser des pommes de terre grillées et croustillantes pour donner à ma salade une texture fantastique. Essayez et voyez vous-même la différence.

Équivaut à 3 portions

PRÉPARATION : 25 min • **CUISSON** : 30 à 35 min

Sans gluten, sans noix, sans soja, sans sucre, sans céréales

1 – Préchauffez le four à 220 °C. Mettez du papier à cuisson dans deux plaques de cuisson.

2 – Disposez uniformément les pommes de terre en une seule couche sur l'une des plaques de cuisson préparées et badigeonnez-les avec 1 ½ c. à café d'huile. Assaisonnez avec la moitié des portions de sel et de poivre. Disposez les asperges sur la deuxième plaque de cuisson et arrosez-les avec la ½ c. à café d'huile restante. Assaisonnez avec le sel et le poivre restants.

3 – Faites cuire les pommes de terre pendant 15 minutes, retournez-les, et faites-les cuire 15 à 20 minutes de plus, jusqu'à ce qu'elles soient dorées et tendres sous la fourchette. Durant les 15 dernières minutes de cuisson des pommes de terre, mettez les asperges dans le four et laissez-les cuire de 9 à 12 minutes, jusqu'à ce qu'elles soient tendres. Mettez les pommes de terre et les asperges dans un grand bol et incorporez les oignons verts.

4 – Préparez l'assaisonnement : dans un petit mixeur, mélangez l'avocat, l'aneth, le jus de citron, l'oignon vert, le sel, le poivre, selon votre goût, et 60 ml d'eau, et mixez jusqu'à ce que le mélange soit onctueux.

5 – Mettez l'assaisonnement dans le bol qui contient les pommes de terre et les asperges, et remuez jusqu'à ce que tout soit mélangé. Assaisonnez avec du sel et du poivre selon votre goût, et servez immédiatement. La salade est également bonne froide et peut se conserver au frais dans un récipient hermétique jusqu'à deux jours.

Salade Caesar Chakra
et ses croûtons aux herbes et aux amandes

POUR L'ASSAISONNEMENT :

80 g d'amandes crues

1 tête d'ail complète, pour la cuisson, plus ½ gousse d'ail émincée (optionnel)

60 ml d'huile d'olive extra-vierge

4 c. à café de jus de citron frais

1 c. à café de moutarde de Dijon

¼ à ½ c. à café de sel de mer fin, selon votre goût

¼ de c. à café de graines de moutarde

½ c. à café de poivre noir fraîchement moulu

2 têtes de laitue romaine hachées, ou un mélange de laitue romaine et de feuilles de kale

Des croûtons aux herbes (voir p. 306)

Enfant, j'ai grandi en aidant mon père, les jours de fête, à préparer sa « fameuse » salade Caesar. Il lavait de nombreuses têtes de laitue romaine au-dessus de l'évier pendant que ma sœur et moi étions de corvée de séchage, et tamponnions méticuleusement chaque feuille avec des tas d'essuie-tout. Voyez-vous, quelqu'un qui fait la célèbre salade Caesar comme mon père, se méfie des essoreuses à salade, et insiste sur le fait que la laitue doit être séchée à la main pour être sûr que chacune des dernières gouttes d'eau soit enlevée. Même si je détestais ce long processus de séchage, je savais que j'allais savourer sa salade. Je suppose qu'il n'est pas surprenant que j'aie voulu créer ma propre version de la salade Caesar pour ce livre, une version qui n'aurait rien à envier à celle de mon père. Désolée papa, mais je pense que cette salade est même meilleure, et que les œufs crus ne sont pas nécessaires ! Dans ma version, les amandes crues trempées donnent une base crémeuse et saine qui remplace les œufs ou la mayonnaise. L'ail cuit au four rend l'assaisonnement encore plus crémeux et un peu plus moelleux. Oh, et ne vous inquiétez pas : je vous recommande fortement d'utiliser une essoreuse si vous en avez une, les feuilles de salade seront suffisamment sèches avec ce procédé.

Équivaut à 175 ml d'assaisonnement
(suffisamment pour 4 à 6 portions)
PRÉPARATION : 20 min • **CUISSON** : 35 à 40 min
Sans gluten, sans soja, sans sucre, sans céréales

1 – Préparez l'assaisonnement : mettez les amandes dans un bol et ajoutez suffisamment d'eau pour les recouvrir. Laissez tremper les amandes au moins 12 heures, ou toute une nuit. Égouttez-les et rincez-les. Ôtez la peau en pressant la base de chaque amande entre votre pouce et votre index. (Enlever la peau donne un assaisonnement plus onctueux, mais ce n'est pas absolument essentiel).

2 – Préchauffez le four à 220 °C.

3 – Coupez le dessus de la tête d'ail de manière à ce que toutes les gousses soient exposées. Enlevez toute peau restante. Enveloppez la tête dans un papier aluminium et mettez-la sur une plaque. Laissez cuire l'ail 35 à 40 minutes, ou jusqu'à ce que l'ail soit tendre et doré. Laissez refroidir 10 à 15 minutes, jusqu'à ce qu'il soit suffisamment froid pour que vous puissiez le prendre à la main. Enlevez la feuille d'aluminium et faites sortir les gousses d'ail de leur peau, puis mettez-les dans un mixeur.

4 – Ajoutez dans le mixeur les amandes trempées, l'huile, le jus de citron, la moutarde de Dijon, le sel, les graines de moutarde, le poivre et 60 ml d'eau puis mixez jusqu'à obtenir un mélange onctueux, en vous arrêtant autant que nécessaire pour racler les côtés. Goûtez et ajoutez plus de sel et de poivre si besoin. Ajoutez de l'ail cru émincé si vous voulez que l'assaisonnement ait un goût plus fort – autrement, laissez-le de côté.

5 – Mettez la laitue dans un grand saladier et versez la quantité d'assaisonnement que vous désirez. Mélangez jusqu'à ce que la salade soit entièrement recouverte. Saupoudrez la salade avec les croûtons aux herbes juste avant de servir.

Salade de betteraves aux noisettes et au thym et sa réduction de vinaigre balsamique

5 à 6 betteraves de taille moyenne, nettoyées

65 g de noisettes grillées

3 à 4 c. à soupe de réduction de vinaigre balsamique (voir p. 307)

1 c. à soupe d'huile de noisette grillée ou d'huile d'olive extra-vierge

6 à 8 brins de thym frais

Cette salade est inspirée par Millennium, un de mes restaurants végans préférés à San Francisco. Leur salade de betteraves, simple quoique très nutritive, est si savoureuse et nourrissante, que lorsque je l'ai goûtée, je savais que j'aurais à créer chez moi quelque chose de similaire. Savourez cette salade comme entrée parfaite pour n'importe quel repas d'automne ou d'hiver.

Équivaut à 3 portions
PRÉPARATION : 20 à 25 min • **CUISSON** : 1 h à 1 h 30
Sans gluten, sans soja, sans sucre, sans céréales

1 – Préchauffez le four à 200 °C.

2 – Enveloppez chaque betterave dans une feuille d'aluminium et disposez-les sur une plaque de cuisson. Faites cuire les betteraves 45 à 90 minutes – cela dépend de leur taille – jusqu'à ce qu'une fourchette glisse aisément dans la plus grosse betterave. Laissez refroidir environ 20 minutes, ou jusqu'à ce qu'elles soient assez froides pour que vous puissiez les prendre à la main.

3 – Réduisez la température du four à 150 °C. Faites cuire les noisettes au four pendant 12 à 15 minutes, ou jusqu'à ce que leur peau ait bruni et se soit presque enlevée. Mettez-les sur un linge humide et frottez-les vigoureusement jusqu'à ce que la majeure partie de leur peau se soit enlevée. Jetez la peau et hachez grossièrement les noisettes. Réservez.

4 – Sortez délicatement les betteraves de leur feuille d'aluminium et coupez leurs extrémités. Enlevez à l'eau froide la peau des betteraves avec vos doigts. Jetez la peau.

5 – Tranchez finement les betteraves en ronds de 3 mm et disposez 7 à 12 tranches sur chacune des 3 assiettes.

salades

6 – Saupoudrez chaque assiette d'une poignée de noisettes grillées. Ajoutez un filet de réduction de vinaigre balsamique et un filet d'huile, parsemez de thym et servez.

Astuces : pour gagner du temps, faites cuire les betteraves à l'avance et mettez-les au frais. Une fois que vous en avez besoin, tranchez les betteraves et servez-les froides ou à température ambiante.

Salade de légumes grillés pour le week-end

POUR LES LÉGUMES GRILLÉS :

6 épis de maïs

De l'huile de noix de coco ou de pépins de raisin, pour badigeonner

Sel de mer fin et poivre noir fraîchement moulu

3 poivrons (j'en utilise 1 rouge, 1 jaune et 1 orange), coupés en quatre dans le sens de la longueur

2 courgettes de taille moyenne, coupées en deux dans le sens de la longueur

POUR L'ASSAISONNEMENT :

3 c. à soupe d'huile d'olive extra-vierge

3 c. à soupe de jus de citron vert frais

1 petite gousse d'ail émincée

2 c. à soupe de feuilles de coriandre fraîche émincées

1 c. à café de sirop d'agave ou d'un autre édulcorant liquide

¼ de c. à café de sel de mer fin, davantage si besoin

Poivre noir fraîchement moulu, selon votre goût

POUR L'ASSEMBLAGE :

1 avocat, coupé en deux et dénoyauté

Sel de mer fin et poivre noir fraîchement moulu

Des feuilles de coriandre fraîche, pour la garniture (optionnel)

Cette salade est légère, fraîche, nourrissante et facile à faire lors de n'importe quelle réunion estivale. Vous pouvez la faire le jour précédent, mettez-la dans un récipient et laissez les saveurs se marier au frais toute la nuit. Elle se transporte facilement pour n'importe quel pique-nique ou réunion festive. Mais remuez-la avant de la servir afin que l'assaisonnement soit uniformément réparti.

Équivaut à 6 portions
PRÉPARATION : 20 min • **CUISSON** : 20 à 25 min
Sans gluten, sans noix, sans soja, sans sucre raffiné, sans céréales

1 – Faites les légumes grillés : mettez de l'huile de noix de coco sur chaque épi de maïs et assaisonnez avec du sel et du poivre noir. Enveloppez chaque épi dans une feuille d'aluminium, en entortillant les extrémités.

2 – Badigeonnez de l'huile de noix de coco sur chaque poivron et chaque courgette, puis assaisonnez avec du sel et du poivre noir.

3 – Préchauffez le gril sur feu moyen environ 10 minutes. Mettez le maïs sur le gril, les poivrons et les courgettes, à l'étage le plus haut, si possible. Faites griller 10 à 15 minutes, en tournant les légumes toutes les 5 minutes. Quand les poivrons et les courgettes sont bruns et tendres, enlevez-les et mettez-les de côté sur un plateau. Continuez à faire griller le maïs 10 à 15 minutes de plus (20 à 25 minutes au total). Mettez-les de côté jusqu'à ce qu'ils soient suffisamment froids pour que vous puissiez les prendre à la main.

4 – Préparez l'assaisonnement : dans un petit bol, fouettez ensemble l'huile d'olive, le jus de citron vert, l'ail, la coriandre, l'agave, le sel et le poivre noir selon votre goût.

5 – À l'aide d'un couteau de cuisine bien aiguisé enlevez les grains de l'épi de maïs de haut en bas.

salades

6 – Hachez les poivrons grillés et les courgettes, puis disposez-les dans un grand bol. Tranchez et ajoutez l'avocat. Ajoutez les grains de maïs ainsi que l'assaisonnement, et remuez pour mélanger. Assaisonnez généreusement avec du sel et du poivre noir. (Je finis habituellement en ajoutant aussi une autre poignée de coriandre hachée, mais c'est optionnel).

Astuce : si vous voulez augmenter la teneur en protéines de cette salade, n'hésitez pas à ajouter une conserve (425 g) d'haricots noirs, rincés et égouttés.

Salade de kale, millet et courge et son assaisonnement citron-tahini

2 courges delicata (env. 800 à 900 g), coupées en deux dans le sens de la longueur et épépinées

1 c. à soupe d'huile de pépins de raison ou de noix de coco fondue

Sel de mer fin et poivre noir fraîchement moulu

200 g de millet ou de quinoa cru

½ à 1 bouquet de kale, sans les tiges, les feuilles coupées en morceaux de 2,5 cm

50 g d'oignons rouges coupés en dés

1 branche de céleri haché

½ bouquet de persil frais, grossièrement haché

2 c. à soupe de canneberges séchées

2 c. à soupe de graines de courge crues ou grillées

Assaisonnement citron-tahini (voir p. 294)

La courge delicata est la courge que je préfère préparer parce qu'elle a une peau fine et comestible, et elle est facile à hacher. Dans cette salade idéale à la saison froide, le kale et le millet sont garnis avec de la courge cuite et un assaisonnement crémeux citron-tahini. Elle est consistante et réconfortante quoique toujours légère et pleine d'énergie. Ne désespérez pas si vous ne trouvez pas de delicata ; n'hésitez pas à la remplacer par une autre sorte de courge.

Équivaut à 3 portions
PRÉPARATION : 30 min • **CUISSON** : 30 min
Sans gluten, sans noix, sans soja, sans sucre

1 – Préchauffez le four à 220 °C. Mettez une feuille de cuisson sur une grande plaque de cuisson.

2 – Tranchez la courge en 2, puis en morceaux de 2,5 cm (ils devraient avoir la forme d'un U) et disposez-les en une seule couche sur la plaque de cuisson que vous avez préparée. Arrosez-les d'huile et remuez pour mélanger. Assaisonnez généreusement avec du sel et du poivre.

3 – Faites cuire la courge environ 30 minutes, en retournant les morceaux une fois au milieu de la cuisson. Elle sera prête une fois dorée et tendre sous la fourchette.

4 – Pendant ce temps, faites cuire le millet en suivant les instructions p. 312.

5 – Mettez le kale dans un grand bol avec 2 à 4 c. à soupe de l'assaisonnement citron-tahini. Incorporez l'assaisonnement avec vos mains jusqu'à ce que les feuilles de chou soient recouvertes. Laissez reposer sur le plan de travail au moins 10 à 15 minutes (ou plus longtemps, si vous le désirez) de manière à ce que l'assaisonnement attendrisse les feuilles de chou.

6 – Pour assembler la salade, mettez le chou assaisonné sur une grande assiette de service. Mettez le millet cuit par-dessus, et puis

l'oignon, le céleri, le persil, la courge cuite, les canneberges et les graines de courge. Arrosez avec le reste de l'assaisonnement.

Astuce : vous pouvez faire cuire l'oignon rouge avec la courge pour obtenir une légère saveur sucrée et caramélisée unique.

Salade festive kale et pomme, vinaigrette à la cannelle et parmesan de noix de pécan

POUR LE « PARMESAN » DE NOIX DE PÉCAN :

60 g de noix de pécan grillées

1 ½ c. à café de levure nutritionnelle

1 ½ à 3 c. à café d'huile d'olive extra-vierge

¼ de c. à café de sel de mer fin

POUR L'ASSAISONNEMENT :

3 c. à soupe de vinaigre de cidre

2 c. à soupe + 1 c. à café de jus de citron frais (½ citron)

2 c. à soupe de sirop d'érable

½ c. à café de cannelle moulue

¼ de c. à café de sel de mer fin

1 c. à soupe d'huile d'olive extra-vierge ou d'huile de pépins de raisin

2 c. à soupe de compote de pommes sans sucre ajouté

½ c. à café de gingembre frais, épluché et émincé

POUR DRESSER :

1 bouquet de kale, sans les tiges, les feuilles coupées à la taille d'une bouchée

1 pomme, épépinée et finement hachée

60 de canneberges séchées

Les graines d'environ ½ grenade

Cette salade, avec son assaisonnement cannelle-érable accompagné de pomme fraîche, de canneberges séchées et de pépins de grenade, est parfaite pour les vacances. Le kale est résistant, donc on peut l'emporter, il ne flétrira pas pendant le voyage. Vous pouvez même faire la salade veille et la laisser au frais, afin que le chou soit encore plus tendre. Je suggère d'ajouter le « parmesan » de noix de pécan juste avant de servir afin qu'il ne tombe pas au fond de la salade.

Équivaut à 4 à 6 portions
PRÉPARATION : 20 à 25 min • **CUISSON** : 7 à 9 min
Sans gluten, sans soja, sans sucre raffiné, sans céréales

1 – Préparez le « parmesan » aux noix de pécan : préchauffez le four à 150 °C. Disposez les noix de pécan en une seule couche sur une plaque de cuisson et faites-les cuire au four 7 à 9 minutes, jusqu'à ce qu'elles soient légèrement dorées et odorantes. Réservez 5 minutes pour qu'elles refroidissent.

2 – Dans un petit mixeur, mettez les noix cuites, la levure nutritionnelle, l'huile et le sel, puis mixez jusqu'à ce que les ingrédients soient réduits en un mélange granuleux. (Vous pouvez aussi hacher les noix de pécan à la main et tout mélanger dans un petit bol). Réservez.

3 – Faites l'assaisonnement : dans un petit récipient, fouettez ensemble le vinaigre, le jus de citron, le sirop d'érable, la cannelle, le sel, l'huile, la compote de pommes et le gingembre jusqu'à ce qu'ils soient mélangés.

4 – Mettez le chou dans un grand saladier et ajoutez l'assaisonnement que vous mélangerez avec vos mains, jusqu'à ce que les feuilles de chou soient bien imprégnées. Laissez reposer au moins 30 minutes. Pendant ce temps, le chou va légèrement s'attendrir.

5 – Garnissez avec la pomme, les canneberges et les graines de grenade. Saupoudrez de « parmesan » de noix de pécan juste avant de servir.

Astuce : si vous le souhaitez, vous pouvez garder les tiges de kale pour des jus ou des smoothies.

soupes

Soupe africaine réconfortante aux cacahuètes *139*

Soupe de la guérison kale-lentilles corail *141*

Soupe indienne chou-fleur-lentilles *143*

Potage d'été aux tortillas *145*

Soupe de légumes aux 10 épices et sa crème de noix de cajou *147*

Soupe detox « mange tes légumes » *149*

Crème de tomates et croûtons de pois chiches à l'italienne *151*

Je dis toujours que faire une soupe est facile, mais trouver la combinaison parfaite de saveurs peut se révéler être un vrai défi. C'est pourquoi je consacre autant de temps à tester ces recettes. Je veux que les saveurs enchantent vraiment mon palais, surtout parce que je mange beaucoup de soupe pendant les mois monotones et froids de l'hiver. Ces recettes vont sûrement égayer vos papilles et réconforter votre âme quand vous en aurez le plus besoin ! Ma crème de tomates et croûtons de pois chiches à l'italienne (p. 151) est l'une de mes préférées. Elle me rappelle le potage que j'aimais tant quand j'étais enfant, si ce n'est qu'elle est plus savoureuse et ne contient pas de produits d'origine animale. Une fois que vous aurez essayé mes croûtons de pois chiches, vous ne verrez probablement plus jamais les croûtons de la même manière !

Les soupes sont une excellente manière d'entretenir votre santé ; j'aime penser d'elles qu'elles sont des bols d'élixirs multivitaminés. Si vous cherchez quelque chose qui remette votre alimentation dans le droit chemin, essayez ma soupe detox « mange tes légumes » (p. 149) ou celle que mes lecteurs préfèrent : la soupe de la guérison kale-lentilles corail (p. 141). Toutes deux sont excellentes pour vous aider à faire un retour en force après un rhume et à vous sentir au mieux pour aller conquérir le monde.

Soupe africaine réconfortante aux cacahuètes

1 c. à soupe d'huile d'olive extra-vierge

1 oignon doux de taille moyenne, coupé en dés

3 gousses d'ail émincées

1 poivron rouge coupé en dés

1 jalapeño, épépiné (si vous le désirez) et coupé en dés (optionnel)

1 patate douce de taille moyenne, épluchée et coupée en morceaux d'1 cm

800 g de tomates épluchées et en morceaux (en conserve), avec leur jus

Sel de mer fin et poivre noir fraîchement moulu

90 g de beurre de cacahuète

1 l de bouillon de légumes, et davantage si besoin

1½ c. à café de poudre de piment

¼ de c. à café de poivre de Cayenne (optionnel)

425 g de pois chiches (cuits soi-même ou en conserve), rincés et égouttés

2 poignées de jeunes pousses d'épinards, ou de feuilles de kale coupées

De la coriandre fraîche ou des feuilles de persil, pour la garniture

Des cacahuètes grillées pour la garniture

Astuce : du riz déjà cuit sera un complément parfait à ajouter à ce plat.

Avec cette soupe crémeuse, nourrissante et légèrement épicée, vous découvrirez le paradis végan grâce à la combinaison du beurre de cacahuètes et de la patate douce. Si vous aimez la nourriture épicée, je vous encourage à ajouter du poivre de Cayenne afin de donner à cette recette un petit peu plus de piquant.

Équivaut à 6 portions
PRÉPARATION : 20 min • **CUISSON** : 25 à 35 min
Sans gluten, sans soja, sans sucre, sans céréales

1 – Faites chauffer l'huile dans une grande casserole, à feu moyen. Ajoutez l'oignon et l'ail et faites sauter environ 5 minutes, ou jusqu'à ce que l'oignon soit translucide.

2 – Ajoutez le poivron, le jalapeño (si vous l'utilisez), la patate douce et les tomates avec leur jus. Portez à ébullition puis laissez mijoter 5 minutes de plus. Assaisonnez les légumes avec du sel et du poivre noir.

3 – Dans un bol de taille moyenne, fouettez ensemble le beurre de cacahuètes et 250 ml de bouillon de légumes jusqu'à ce qu'il n'y ait plus de morceaux. Incorporez le mélange aux légumes avec les 750 ml de bouillon qui restent, la poudre de chili et le poivre de Cayenne (si vous en utilisez).

4 – Couvrez la casserole avec un couvercle et mettez sur feu moyen. Laissez mijoter 10 à 20 minutes, ou jusqu'à ce que la patate douce soit tendre sous la fourchette.

5 – Incorporez les pois chiches et les épinards, puis laissez cuire jusqu'à ce que les épinards soient cuits. Assaisonnez avec du sel et du poivre noir selon votre goût.

6 – Servez dans des bols et garnissez avec de la coriandre et des cacahuètes grillées.

Soupe de la guérison kale-lentilles corail

1 c. à café d'huile de noix de coco ou d'olive

1 oignon doux coupé en dés

2 grandes gousses d'ail émincées

3 tiges de céleri coupées en dés

1 feuille de laurier

1¼ c. à café de cumin moulu

2 c. à café de poudre de chili

½ c. à café de coriandre moulue

¼ à ½ c. à café de paprika fumé, selon votre goût

⅛ de c. à café de poivre de Cayenne, ou selon votre goût

400 g de tomates en dés (en conserve), avec leur jus

1,25 à 1,5 l de bouillon de légumes, davantage si besoin

200 g de lentilles corail, rincées et égouttées

Sel de mer et du poivre noir fraîchement moulu

2 poignées de feuilles de kale ou d'épinards coupés

Est-il normal d'avoir envie d'engloutir des litres de bouillon ? Eh oui, absolument mes amis ! La poudre de chili, le cumin, la coriandre, le paprika fumé et le poivre de Cayenne donnent un bouillon carrément irrésistible et savoureux, et nutritionnellement explosif. Il vous débouchera le nez en un rien de temps (mais je ne dirais pas qu'il est trop épicé, hormis, bien entendu, si vous avez la main lourde avec le poivre de Cayenne). Dans la mesure où la plupart des bouillons de légumes ne me rassasient jamais très longtemps, j'ai ajouté 200 g de lentilles corail pour rehausser la teneur en protéines et en fibres. Les lentilles corail ne demandent que 15 minutes de cuisson, et vous pouvez tout cuire dans une seule casserole, donc rien de plus facile. Grâce aux lentilles, cette soupe a plus de 10 grammes de protéines par portion. Ajoutez du pain, des crackers ou du riz pilaf et vous aurez un bon petit repas à savourer avec ceux que vous aimez.

Équivaut à 3 portions
PRÉPARATION : 20 à 30 min • **CUISSON** : 30 min
Sans gluten, sans noix, sans soja, sans sucre, sans céréales

1 – Dans une grande casserole, faites chauffer l'huile à feu moyen. Ajoutez l'oignon et l'ail et faites sauter 5 à 6 minutes, jusqu'à ce que l'oignon soit translucide. Ajoutez le céleri, assaisonnez avec le sel, et faites sauter quelques minutes de plus.

2 – Ajoutez la feuille de laurier, le cumin, la poudre de chili, la coriandre, le paprika et le poivre de Cayenne, puis remuez pour mélanger. Faites sauter deux minutes, jusqu'à ce que l'ensemble devienne odorant.

3 – Incorporez les tomates avec leur jus, le bouillon et les lentilles. Faites bouillir le mélange, ensuite mettez sur feu moyen et laissez mijoter, sans couvrir 20 à 25 minutes, jusqu'à ce que les lentilles soient tendres et floconneuses. Assaisonnez avec du sel et du poivre. Retirez et jetez la feuille de laurier.

4 – Incorporez le kale et laissez cuire quelques minutes de plus jusqu'à qu'il soit cuit. Servez immédiatement.

Soupe indienne chou-fleur-lentilles

1 c. à soupe d'huile de noix de coco, ou d'une autre huile

1 oignon jaune coupé en dés

2 grandes gousses d'ail émincées

1 c. à soupe de gingembre frais émincé

1 à 2 c. à soupe de poudre de curry, selon votre goût

1 c. à café ½ de coriandre moulue

1½ c. à café de cumin moulu

1,5 l de bouillon de légumes

200 g de lentilles corail, rincées et égouttées

1 chou-fleur de taille moyenne, haché en morceaux de la taille d'une bouchée

1 patate douce de taille moyenne, épluchée et coupée en dés

2 grosses poignées de jeunes pousses d'épinards

¾ de c. à café de sel de mer fin, ou selon votre goût

Poivre noir fraîchement moulu

De la coriandre fraîche hachée, pour la garniture (optionnel)

Comment se fait-il que les potages totalement improbables aient tant de succès ? Visuellement, ce potage n'attire pas vraiment mais ses arômes enchanteront vos papilles (ou peut-être comme moi, vous esquisserez quelques pas de danse dans votre cuisine après l'avoir gouté). Les ingrédients comme les lentilles et le chou-fleur en font un repas bon marché, et soyez sûrs que les épices indiennes comme la poudre de curry et le gingembre frais vont vous réchauffer par un jour frisquet. Quand la soupe a reposé, les saveurs sont meilleures, j'ai donc tendance à la savourer réchauffée.

Équivaut à 4 portions
PRÉPARATION : 30 min • **CUISSON** : 32 à 37 min
Sans gluten, sans noix, sans soja, sans sucre, sans céréales

1 – Dans une grande casserole, faites chauffer l'huile à feu moyen. Ajoutez l'oignon et l'ail et faites sauter 5 à 6 minutes, jusqu'à ce qu'ils soient translucides.

2 – Incorporez le gingembre 1 c. à soupe de poudre de curry, de la coriandre et du cumin, puis faites sauter 2 minutes de plus, jusqu'à ce que l'ensemble devienne odorant.

3 – Ajoutez le bouillon et les lentilles corail, remuez pour mélanger. Portez doucement le mélange à ébullition, réduisez ensuite la chaleur et faites mijoter 5 minutes de plus.

4 – Incorporez le chou-fleur et la patate douce. Couvrez et mettez sur feu moyen. Laissez mijoter 20 à 25 minutes, jusqu'à ce que le chou-fleur et la patate douce soient tendres. Assaisonnez avec du sel et du poivre, et ajoutez plus de poudre de curry, si vous le désirez. Incorporez les épinards et faites-les cuire quelques minutes.

5 – Servez la soupe dans des bols et garnissez avec de la coriandre, si vous le désirez.

Potage d'été aux tortillas

1 c. à soupe d'huile d'olive extra-vierge

1 oignon jaune, coupé en dés

3 grandes gousses d'ail émincées

Poivre noir fraîchement moulu

1 grand poivron rouge coupé en dés

1 jalapeño, épépiné (si vous le désirez) et coupé en dés (optionnel)

Les grains de 2 épis frais de maïs, ou 300 g de grains de maïs congelés

1 courgette de taille moyenne, hachée

600 g de tomates (fraîches ou en conserve) épluchées et coupées en dés

750 ml de bouillon de légumes

2 c. à café de cumin moulu

½ c. à café de poudre de chili

¼ de c. à café de poivre de Cayenne

1 c. à café de sel de mer fin, ou selon votre goût

425 g de haricots noirs (cuits soi-même ou en conserve), rincés et égouttés

GARNITURE OPTIONNELLE :

Un avocat tranché

Des bandes de tortillas grillées (voir les astuces ci-dessous)

Du jus de citron vert frais

De la coriandre fraîche

C'est un potage merveilleux pour vous aider à faire la transition entre la fin de l'été et l'automne. Il est plein de bons légumes d'été comme les courgettes, le maïs, les poivrons et les oignons, c'est donc une excellente manière d'utiliser les légumes de son propre jardin, d'un potager solidaire ou du marché. J'aime faire plusieurs portions de cette soupe à la fin de l'été et en congeler pour les mois d'hiver.

Équivaut à 4 portions

PRÉPARATION : 20 min • **CUISSON** : 25 à 30 min

Sans gluten, sans noix, sans soja, sans sucre, option sans céréales

1 – Dans une grande casserole, faites chauffer l'huile à feu moyen. Ajoutez les oignons et l'ail, puis faites sauter environ 5 minutes. Assaisonnez avec du sel et du poivre noir.

2 – Incorporez le poivron, le jalapeño (si vous en utilisez), les grains de maïs et la courgette. Faites sauter 10 minutes de plus sur feu moyen.

3 – Ajoutez les tomates broyées, le bouillon, le cumin, la poudre de chili et le poivre de Cayenne et remuez bien. Assaisonnez avec du sel et du poivre noir.

4 – Portez doucement la soupe à ébullition à feu moyen. Laissez mijoter, sans couvrir 10 à 15 minutes, jusqu'à ce que les légumes soient tendres. Incorporez les haricots noirs et laissez mijoter 2 minutes de plus.

5 – Servez la soupe dans des bols et garnissez-la avec les aliments de votre choix.

Astuces : pour faire des bandes de tortillas grillées, suivez la recette de chips pita épicées et grillées p. 101, mais utilisez des tortillas à la place du pain pita, et tranchez les tortillas en deux bandes fines de 5 cm avant de les griller. Pour une soupe plus consistante, essayez d'ajouter du riz complet ou sauvage.

Si vous voulez éviter les tomates en conserve, achetez des tomates en pots en verre.

Soupe de légumes aux 10 épices et sa crème de noix de cajou

100 g de noix de cajou crues, trempées (voir p. 22)

1,5 l de bouillon de légumes

2 c. à café d'huile d'olive extra-vierge

4 gousses d'ail émincées

1 oignon doux ou jaune, coupé en dés

3 carottes de taille moyenne, hachées

1 poivron rouge, haché

200 g de patates douces, de pommes de terre, ou de courge butternut épluchées et hachées

2 branches de céleri, hachées

800 g de tomates en conserve (épluchées et coupées en dés) avec leur jus

1 c. à soupe du mélange de 10 épices (voir p. 294)

Sel de mer fin et du poivre noir fraîchement moulu, selon votre goût

2 feuilles de laurier

1 à 2 poignées de jeunes pousses d'épinards ou des feuilles de kale sans les tiges et coupées (optionnel)

425 g de pois chiches ou d'autres légumes secs (en conserve ou cuits soi-même), rincés et égouttés

Ce potage gourmand et crémeux et relevé d'une pléiade d'épices dynamisantes, vous apportera sérénité et réconfort. Il est vraiment difficile de s'arrêter à une seule assiette ! Pensez à tremper les noix de cajou crues dans l'eau la nuit d'avant (ou au moins pendant 3 à 4 heures) de manière à ce qu'elles soient prêtes lorsque vous vous commencerez à faire la soupe.

Équivaut à 6 portions

PRÉPARATION : 30 min • **CUISSON** : 30 min

Sans gluten, sans soja, sans sucre, sans céréales

1 – Mélangez dans un blender les noix de cajou trempées et égouttées avec 250 ml de bouillon de légumes, puis mixez à la plus grande vitesse possible jusqu'à ce que le mélange soit onctueux. Réservez.

2 – Dans une grande casserole, faites chauffer l'huile à feu moyen. Ajoutez l'ail et l'oignon et faites sauter 3 à 5 minutes, ou jusqu'à ce que l'oignon soit translucide.

3 – Ajoutez les carottes, le poivron, les pommes de terre ou la courge, le céleri, les tomates coupées en dés avec leur jus, le reste de bouillon, la crème de noix de cajou et le mélange de 10 épices. Remuez bien. Porter à ébullition et réduisez ensuite la température à feu moyen. Assaisonnez avec du sel et du poivre noir, puis ajoutez les feuilles de laurier.

4 – Laissez mijoter doucement la soupe sans la couvrir, au moins 20 minutes, jusqu'à ce que les légumes soient tendres. Rectifiez l'assaisonnement. Pendant les 5 dernières minutes de cuisson, incorporez les épinards et les pois chiches, si vous le désirez. Retirez et jetez les feuilles de laurier avant de servir.

Astuce : si vous n'avez pas les ingrédients qu'il faut sous la main pour faire le mélange de 10 épices, n'hésitez pas à acheter dans le commerce votre mélange d'épices préféré, et ajoutez-en selon votre goût.

Soupe detox « mange tes légumes »

1 ½ c. à café d'huile de noix de coco ou d'olive

1 oignon doux coupé en dés

3 gousses d'ail émincées

250 g de champignons de Paris émincés

150 g de carottes hachées

70 g de fleurons de brocolis hachés

Sel de mer fin et poivre noir fraîchement moulu, selon votre goût

1 ½ à 3 c. à café de gingembre frais, épluché et râpé

½ c. à café de curcuma moulu

2 c. à café de cumin moulu

⅛ de c. à café de cannelle moulue

1,5 l de bouillon de légumes

2 feuilles d'algue nori, coupées en bandes de 2,5 cm (optionnel)

70 g de feuilles de kale coupées en petits morceaux

Du jus de citron frais, pour la garniture (optionnel)

Avis à tous les amateurs de légumes ! Cette soupe est idéale si vous voulez nettoyer et détoxifier votre organisme, surtout avant ou après des jours de fête où vous êtes laissé aller. Elle est composée d'ingrédients détoxifiants tels que le brocoli, le gingembre, les champignons, le kale, le nori et l'ail qui vont dynamiser votre système immunitaire et qui vous remettront dans le droit chemin d'une alimentation saine.

Équivaut à 3 portions
PRÉPARATION : 25 min • **CUISSON** : 20 à 30 min
Sans gluten, sans noix, sans soja, sans sucre, sans céréales

1 – Dans une grande casserole, faites chauffer l'huile à feu moyen. Ajoutez l'oignon et l'ail et faites sauter environ 5 minutes, jusqu'à ce que l'oignon soit tendre et translucide.

2 – Ajoutez les champignons, les carottes et le brocoli, puis remuez pour mélanger. Assaisonnez généreusement avec du sel et du poivre, puis faites sauter 5 minutes de plus.

3 – Incorporez le gingembre, le curcuma, le cumin et la cannelle, puis faites sauter 1 à 2 minutes, jusqu'à ce qu'ils deviennent odorants.

4 – Ajoutez le bouillon et remuez pour mélanger. Faites bouillir le mélange et mettez ensuite sur feu moyen, puis laissez mijoter 10 à 20 minutes jusqu'à ce que les légumes soient tendres.

5 – Juste avant de servir, incorporez le nori (si vous en utilisez) et le chou, puis laissez cuire quelques minutes de plus. Assaisonnez avec du sel et du poivre, ainsi que quelques gouttes de jus de citron frais, si vous le désirez.

Crème de tomates et croûtons de pois chiches à l'italienne

POUR LES CROÛTONS DE POIS CHICHES :

425 g de pois chiches (en conserve, ou cuits soi-même) rincés et égouttés

1 c. à café d'huile de pépins de raisin ou d'huile de noix de coco fondue

½ c. à café d'origan séché

⅛ de c. à café de poivre de Cayenne

1 c. à café de poudre d'ail

¼ de c. à café de poudre d'oignon

¾ de c. à café de sel de mer fin ou de sel aromatisé aux herbes

POUR LA SOUPE DE TOMATES :

1 c. à soupe d'huile d'olive extra-vierge

1 oignon jaune de taille petite à moyenne, coupé en dés

2 grandes gousses d'ail émincées

65 g de noix de cajou crues, trempées (voir p. 22)

500 ml de bouillon de légumes (voir p. 309)

800 g de tomates en conserve (épluchées et coupées) avec leur jus

35 g de tomates séchées au soleil, conservées dans l'huile, égouttées

3 à 4 c. à soupe de concentré de tomate

½ à 1 c. à café d'origan séché

¾ à 1 c. à café de sel de mer fin

½ c. à café de poivre noir du moulin, davantage si besoin

¼ à ½ c. à café de thym séché

POUR DRESSER :

Feuilles de basilic frais

Huile d'olive

Poivre noir fraîchement moulu

C'est une soupe crémeuse classique, revisitée pour qu'elle soit saine et sans produits d'origine animale. Une petite quantité de purée de noix de cajou trempées, mélangée à la soupe, transforme la soupe à la tomate basique en un velouté crémeux et savoureux, dans lequel les tomates séchées ajoutent de la saveur. Les croûtons de pois chiches à l'italienne, remplacent les traditionnels croûtons de pain très gras. Assurez-vous de tremper les noix de cajou crues dans l'eau la veille (ou au moins trois à quatre heures) de manière à ce qu'elles soient prêtes lorsque vous vous apprêterez à faire la soupe.

Équivaut 2 l

PRÉPARATION : 20 min • **CUISSON** : 30 à 40 min

Sans gluten, sans soja, sans sucre, sans céréales

1 – Préparez les croûtons de pois chiches : préchauffez le four à 220 °C. Mettez des essuie-tout sur une grande plaque de cuisson. Disposez-y les pois chiches et recouvrez avec deux autres essuie-tout. Faites faire des mouvements de va-et-vient aux pois chiches sur la plaque, jusqu'à ce que tout le liquide ait été absorbé. Jetez les essuie-tout.

2 – Mettez les pois chiches dans un grand bol et incorporez l'huile de pépins de raisin, l'origan, le poivre de Cayenne, la poudre d'ail, la poudre d'oignon et le sel. Mettez un papier sulfurisé sur la plaque de cuisson et disposez-y les pois chiches en une seule couche.

3 – Faites-les cuire 15 minutes. Secouez la plaque de cuisson d'un côté à l'autre et laissez cuire 15 à 20 minutes de plus, jusqu'à ce que les pois chiches soient légèrement bruns et dorés (surveillez attentivement votre four, afin que les pois chiches ne brûlent pas).

4 – Laissez-les refroidir sur la plaque au moins 5 minutes. Les pois chiches vont devenir plus croquants en refroidissant.

5 – Faites la crème de tomate : dans une grande casserole, faites chauffer l'huile d'olive à feu moyen. Ajoutez l'oignon et l'ail et faites sauter 5 à 6 minutes, ou jusqu'à ce que l'oignon soit translucide.

6 – Dans un blender, mélangez les noix de cajou trempées et le bouillon, puis mixez à grande vitesse jusqu'à ce que le mélange soit crémeux et onctueux. Ajoutez le mélange ail-oignon, les tomates et leur jus, les tomates séchées et le concentré de tomate, puis mixez à grande vitesse jusqu'à ce que le mélange soit onctueux.

7 – Versez le mélange dans la casserole où vous avez fait cuire les oignons et portez à ébullition à feu moyen, incorporez ensuite l'origan, le sel, le poivre et le thym, selon votre goût pour chacun.

8 – Faites mijoter doucement 20 à 30 minutes, sans couvrir, pour laisser se développer les saveurs.

9 – Servez la soupe dans les assiettes et garnissez chacune d'elle avec 4 à 6 c. à soupe de croûtons de pois chiches. Si vous le souhaitez, garnissez avec des feuilles de basilic frais émincées, un filet d'huile d'olive et du poivre noir fraîchement moulu.

Astuces : les pois chiches vont perdre de leur croustillance dans la soupe, donc assurez-vous de les ajouter juste avant de la servir – ou vous pouvez même ajouter les pois chiches lorsque vous êtes à table.

Si vous avez des restes de pois chiches, vérifiez qu'ils sont bien froids, mettez-les ensuite dans un petit sac ou un récipient, puis dans le congélateur. Surgeler les pois chiches semble préserver leur croustillance davantage qu'à température ambiante. Pour les réchauffer, mettez simplement les pois chiches surgelés au four chauffé à 220 °C pendant environ 5 minutes, jusqu'à ce qu'ils soient décongelés. Et voilà des pois chiches grillés instantanés !

plats principaux

Enchiladas de patates douces et de haricots,
crème d'avocat à la coriandre   *157*

Ragoût Tex-Mex du bonheur   *159*

Salade de pâtes aux deux sauces :
thaï aux arachides et orange-sirop d'érable-miso   *163*

Notre burger vegan préféré   *165*

Burrito quinoa-brocoli et son fromage de noix de cajou   *169*

Sauce fortifiante aux tomates et aux champignons   *171*

Chana masala rapide et facile   *173*

Rôti de lentilles et de noix   *177*

Burger de champignons portobello grillés
et son pesto de tomates séchées, graines de chanvre et kale   *179*

Pâtes « 15 minutes » à l'avocat   *183*

Cassolette riche en protéines   *185*

Assiette énergisante de miso   *187*

Pâtes riches tomate et basilic   *191*

Curry crémeux de légumes   *193*

Fajitas et steak de champignons portobello   *195*

Quand j'ai créé ces recettes, j'ai senti qu'il était important qu'elles plaisent aux amateurs de viande aussi bien qu'aux végans ; si tel n'était pas le cas, ou si elles ne faisaient pas l'affaire dans un cercle restreint, je travaillais avec application jusqu'à ce qu'elles passent le test. Je cuisine pour de nombreux mangeurs de viande, je suis donc confiante dans le fait que les plats de ce chapitre sont de ceux que quasiment tout le monde peut apprécier. Nous pouvons tous nous mettre d'accord sur une chose : nous aimons la bonne nourriture ! Vous trouverez un assortiment de plats sains pour le quotidien, comme la sauce fortifiante tomate et champignons (p. 171), les pâtes à l'avocat (p. 183) et le Chana masala rapide et facile (p. 173), aussi bien que des plats plus élaborés comme le rôti de lentilles et de noix (p. 177) et le ragoût Tex-Mex (p. 159). Si vous cherchez un burger qui fera l'unanimité, notre burger végan préféré (p. 165) sera parfait, ou pour une option plus rapide, l'alléchant burger de champignons portobello grillés (p. 179).

Enchiladas de patates douces et de haricots, crème d'avocat à la coriandre

POUR LES ENCHILADAS :

250 g de patates douces, épluchées et détaillées en petits morceaux

1 c. à s. d'huile d'olive extra-vierge

1 oignon rouge haché

2 grandes gousses d'ail émincées

Sel de mer fin et poivre noir fraîchement moulu

1 poivron, haché finement

425 g de haricots noirs, (cuits soi-même ou en conserve, rincés et égouttés)

2 grosses poignées d'épinards, grossièrement hachés

1 ½ portion de sauce enchilada (voir p. 310 ou issue du commerce)

1 c. à soupe de jus de citron vert

1 c. à café de poudre de chili, ou selon votre goût

½ c. à café de cumin moulu

½ c. à café de sel, selon votre goût

5 wraps de tortillas aux céréales germées ou des tortillas de maïs sans gluten

POUR LA SAUCE CRÉMEUSE AVOCAT-CORIANDRE :

½ bouquet de coriandre fraîche

1 avocat de taille moyenne, dénoyauté

2 c. à soupe de jus de citron vert

¼ de c. à café de sel de mer fin

½ c. à café (2 ml) de poudre d'ail

POUR LA DÉCORATION :

Des feuilles de coriandre fraîche
Un oignon vert tranché

Vous risquez de tout oublier du fromage lorsque vous prendrez votre première bouchée de ces enchiladas à la patate douce, aux haricots noirs et aux épinards. La sauce crémeuse à l'avocat aromatisée avec la coriandre, le citron vert, l'ail et le cumin propulsent ce plat au top de la liste des recettes. Qui aura encore besoin de fromage ? La sauce très saine, douce et épicée, est prête en 5 minutes, si savoureuse et facile à faire que vous n'aurez plus envie d'acheter des sauces toutes prêtes !

Équivaut à 5 portions

PRÉPARATION : 30 min • **CUISSON** : 20 à 25 min

Option sans gluten, sans noix, sans soja, sans sucre

1 – Préchauffez le four à 180 °C. Huilez légèrement un grand plat de cuisson rectangulaire (2,8 l).

2 – Préparez les enchiladas : mettez les patates douces dans une casserole de taille moyenne et ajoutez suffisamment d'eau pour les recouvrir. Portez l'eau à ébullition, mettez sur feu moyen et laissez mijoter 5 à 7 minutes, ou jusqu'à ce qu'elle soit tendre sous la fourchette. Égouttez et réservez.

3 – Dans une grande poêle, faites chauffer l'huile à feu moyen. Ajoutez l'oignon et l'ail, puis faites les sauter environ 5 minutes, jusqu'à ce que l'oignon soit translucide. Assaisonnez avec du sel de mer et du poivre noir.

4 – Ajoutez le poivron, les haricots, les épinards et les patates douces cuites. Mettez sur feu moyen et faites cuire quelques minutes de plus, ou jusqu'à ce que les épinards soient cuits.

5 – Enlevez la poêle du feu et incorporez 60 ml de sauce enchilada, le jus de citron vert, la poudre de chili, le cumin et le sel.

6 – Répandez uniformément 250 ml de sauce enchilada dans le fond du plat de cuisson que vous avez préparé. Avec une cuillère répartissez les patates douces sur chaque tortilla. Enroulez les tortillas et placez-les dans le plat de cuisson, la pliure vers le bas. Mettez le

plats principaux

reste de sauce enchilada sur les tortillas. S'il vous reste de la garniture, mettez-en également, avec une petite cuillère, sur le dessus des tortillas.

7 – Faites cuire les enchiladas sans couvrir 20 à 25 minutes, jusqu'à ce que la sauce soit d'un rouge profond et les enchiladas bien chauds.

8 – Pendant ce temps, faites la sauce crémeuse avocat-coriandre : mixez la coriandre finement. Ajoutez l'avocat, le jus de citron vert, le sel de mer, la poudre d'ail et 3 c. à soupe d'eau, puis mixez jusqu'à ce que le mélange soit crémeux, en vous arrêtant si besoin pour racler les bords.

9 – Une fois les enchiladas prêts à être servis, disposez-les chacun dans une assiette et nappez de sauce crémeuse par petites touches autour (ou sur) des enchiladas. Garnissez avec de la coriandre et de l'oignon vert, si vous le désirez.

Ragoût tex-mex du bonheur

POUR LE MÉLANGE D'ÉPICES TEX-MEX :

1 c. à soupe de poudre de chili

1 ½ c. à café de cumin moulu

1 c. à café de paprika doux fumé, ou ½ c. à café de paprika ordinaire

¼ de c. à café de poivre de Cayenne, davantage si besoin

1 ¼ c. à café de sel de mer fin

¼ de c. à café de coriandre moulue (optionnel)

POUR LE RAGOÛT :

1 ½ c. à café d'huile d'olive extra-vierge

1 oignon rouge coupé en dés

3 gousses d'ail émincées

1 poivron orange coupé en dés

1 poivron rouge coupé en dés

1 jalapeño épépiné, si vous le désirez, et coupé en dés

Sel de mer fin et poivre noir fraîchement moulu

100 g de maïs frais ou congelé

400 g de tomates en conserve épluchées, coupées en dés avec leur jus

250 ml de sauce tomate ou de purée de tomate

100-150 g de feuilles de kale hachées ou de jeunes épinards coupés

425 g de haricots noirs, rincés et égouttés (cuits soi-même ou en conserve)

500 g d'un mélange de riz sauvage ou du riz complet, cuit (voir p. 312)

50 g de fromage râpé végan

1 à 2 poignées de chips tortillas de maïs, en morceaux

GARNITURE OPTIONNELLE :

Des oignons verts tranchés

De la sauce salsa

Un avocat

Des chips de maïs

De la crème de noix de cajou (voir p. 291)

De tous les ragoûts que j'ai essayés pour ce livre, ce plat est celui qui aura eu du succès auprès de tous – hommes et enfants compris. Ce ragoût est le mélange parfait entre ingrédients savoureux et arômes. Je ne cesse jamais d'être surprise de la manière dont un plat, avec quelques simples ingrédients comme le riz, les haricots et des légumes, peut devenir un mets de fête. Bien que ce ragoût soit bon en lui-même, je trouve qu'il est encore meilleur avec une quantité généreuse de garniture comme un avocat, de la sauce salsa, des chips de maïs, un oignon vert et de la crème de noix de cajou (voir p. 291), donc n'hésitez pas faire des expérimentations.

Équivaut à 6 portions

PRÉPARATION : 30 min • **CUISSON** : 20 min (plus le temps de cuisson du riz)

Sans gluten, sans noix, sans soja, sans sucre

1 – Faites le mélange épicé tex-mex : dans un petit bol, mélangez la poudre de chili, le cumin, le paprika, le poivre de Cayenne, le sel et la coriandre (si vous en utilisez). Réservez.

2 – Préparez le ragoût : préchauffez le four à 190 °C. Huilez un grand plat à four en verre (4 à 5 l).

3 – Dans un grand wok, faites chauffer l'huile à feu moyen. Ajoutez l'oignon, l'ail, les poivrons et le jalapeño, puis faites sauter 7 à 8 minutes, jusqu'à ce que les ingrédients soient plus tendres. Assaisonnez avec du sel et du poivre noir.

plats principaux

4 – Incorporez le mélange d'épices tex-mex, le maïs, les tomates coupées en dés et leur jus, la sauce tomate, le chou, les haricots, le riz et 4 c. à soupe du fromage râpé végan. Faites sauter quelques minutes et assaisonnez avec plus de sel et de poivre noir, si vous le désirez.

5 – Versez le mélange dans la cocotte que vous avez préparée et lissez le dessus. Saupoudrez le mélange avec les chips émiettées et le reste du fromage. Couvrez avec un couvercle ou de l'aluminium et faites cuire 15 minutes.

6 – Enlevez le couvercle et laissez cuire 5 à 10 minutes de plus, jusqu'à que la préparation soit légèrement dorée.

7 – Servez sur les assiettes et ajoutez la garniture de votre choix.

Astuce : je suggère de cuire le riz à l'avance pour que la recette se fasse plus vite. Vous pouvez même utiliser du riz congelé précuit (il faut seulement le décongeler avant de l'utiliser).

Salade de nouilles aux deux sauces : thaï aux arachides et orange-sirop d'érable-miso

POUR LA SAUCE THAÏ AUX ARACHIDES :

1 grande gousse d'ail

2 c. à soupe d'huile de sésame grillé

3 c. à soupe de beurre de cacahuètes onctueux, ou du beurre d'amandes

2 c. à soupe de gingembre frais râpé (optionnel)

3 c. à soupe de jus de citron vert frais, davantage si besoin

2 c. à soupe + 1 c. à café de sauce soja tamari

1 à 2 c. à café de pur sucre de canne

POUR L'ASSAISONNEMENT ORANGE-SIROP D'ÉRABLE-MISO :

3 c. à soupe de pâte miso légère

2 c. à soupe de vinaigre de riz

1 c. à soupe d'huile de sésame grillé

1 c. à soupe de tahini

60 ml de jus d'orange frais

1 c. à soupe d'eau

1 c. à café de sirop d'érable

POUR LA SALADE :

115 g de nouilles soba (au sarrasin) sans gluten

De l'huile d'olive extra-vierge

454 g de fèves edamame, décortiquées
(si elles sont surgelées, les faire décongeler au préalable)

1 poivron rouge coupé en dés

½ concombre épépiné coupé en dés

1 carotte coupée en julienne

4 oignons verts hachés, et davantage pour la garniture

4 c. à soupe de feuilles de coriandre fraîche, hachées

Des graines de sésame pour la garniture

Devoir choisir entre mes sauces, thaï aux arachides et orange-sirop d'érable-miso, me donnerait l'impression de donner ma préférence à l'un de mes enfants. Je n'avais pas d'autre choix que d'inclure les deux recettes dans ce livre. C'est toujours bien d'avoir plusieurs options, n'est ce pas ? L'assaisonnement orange-sirop d'érable-miso est une excellente option si vous cherchez un assaisonnement sans noix, et l'assaisonnement thaï aux arachides est parfait si vous aimez le beurre de cacahuètes crémeux.

Équivaut à 4 portions
PRÉPARATION : 25 min • **CUISSON** : 5 à 9 min
Sans gluten, option sans noix (l'assaisonnement orange-sirop d'érable-miso), option sans soja

1 – Faites la sauce thaï aux arachides : dans un petit mixeur, mélangez l'ail, l'huile de sésame, le beurre de cacahuètes, le gingembre (si vous en utilisez), le jus de citron vert, le tamari, le sucre (si vous en utilisez) et 2 à 3 c. à soupe d'eau. Mixez jusqu'à ce que tout soit mélangé.

OU

Faites l'assaisonnement orange-sirop d'érable-miso : dans un mixeur, mélangez le miso, le vinaigre, l'huile de sésame, le tahini, le jus d'orange, l'eau et le sirop d'érable.

2 – Préparez la salade : faites cuire les nouilles soba en suivant les instructions sur l'emballage. Prenez garde de ne pas trop les faire cuire – cela ne devrait prendre que 5 à 9 minutes, selon la marque. Égouttez et rincez à l'eau froide. Mettez les nouilles dans un grand

plats principaux

saladier, ajoutez un filet d'huile d'olive extra-vierge et mélangez (cela évitera aux nouilles de coller les unes aux autres).

3 – Ajoutez les fèves edamame, le poivron, le concombre, la carotte, les oignons verts et la coriandre dans le saladier qui contient les nouilles, puis remuez jusqu'à ce que le tout soit bien mélangé.

4 – Versez la quantité d'assaisonnement que vous désirez sur la salade, et remuez. (Tout reste de l'assaisonnement pourra se conserver au frais dans un récipient hermétique, jusqu'à 1 semaine).

5 – Partagez la salade dans 4 bols et garnissez chacun d'eux avec une pincée de graines de sésame et quelques oignons verts. S'il reste de l'assaisonnement, laissez-en à disposition sur la table.

Astuces : pour une sauce thaï aux arachides sans soja, remplacez le tamari par de l'aminos de coco. Pour que ce plat soit absolument sans soja, enlevez également les edamames.

Si vous avez besoin d'un miso sans soja et sans gluten, utilisez un miso de pois chiches.

Pour une version crue, utilisez des courgettes coupées en spirales ou en julienne (voir p. 33), plutôt que des nouilles soba de sarrasin.

Notre burger végan préféré

3 c. à soupe de graines de lin moulues

425 g de haricots noirs (cuits soi-même ou en conserve) rincés et égouttés

200 g de carottes râpées ou de patates douces

½ bouquet de persil frais finement haché ou de coriandre

2 grandes gousses d'ail émincées

100 g d'oignons hachés finement

70 g de graines de tournesol, grillées, si vous les préférez ainsi

75 g de flocons d'avoine sans gluten, moulus

75 g de chapelure d'épeautre ou de pain aux céréales germées (voir p. 289), optionnel

½ c. à soupe d'huile d'olive extra-vierge

1 à 2 c. à soupe de sauce soja-tamari ou d'aminos de coco, selon votre goût

1 c. à café de poudre de chili

1 c. à café d'origan séché

1 c. à café de cumin moulu

¾ à 1 c. à café de sel de mer fin

Poivre noir fraîchement moulu

Ce burger végan moelleux à souhait et aromatique possède tous les critères que nous apprécions dans un burger – et il reste bien formé pendant la cuisson. S'il devait y avoir des restes, ce burger peut être congelé après cuisson et être ainsi utilisé pour d'autres repas. Servez-les avec des petits pains multi-céréales grillés, des wraps de laitue, ou émiettés sur des salades. Franchement, vous ne pouvez pas vous tromper, peu importe la manière dont vous les servirez. Cette recette est inspirée par Shelley Adams, l'auteur de la série de livres de recettes Whitewater Cooks. Vous pouvez retrouver Shelley sur whitewatercooks.com – Merci Shelley !

Équivaut à 8 portions
PRÉPARATION : 25 min • **CUISSON** : 30 à 35 min
Sans noix, sans sucre, option sans gluten, option sans soja

1 – Préchauffez le four à 180 °C. Mettez du papier sulfurisé sur une plaque de cuisson.

2 – Dans un petit bol, mélangez les graines de lin avec 75 ml d'eau chaude et mettez-les de côté 5 à 10 minutes, jusqu'à ce qu'elles épaississent.

3 – Dans un grand saladier, faites une purée grossière avec les haricots noirs, épargnez-en quelques-uns pour la texture. Incorporez le reste des ingrédients et le mélange de graines de lin. Ajustez l'assaisonnement selon votre goût, si vous le désirez. Remuez bien jusqu'à ce que tout soit mélangé.

4 – Avec vos mains légèrement mouillées, formez 8 petites galettes avec la purée. Tassez-les bien pour qu'elles restent compactes pendant la cuisson, et placez-les sur la plaque que vous avez préparée.

5 – Faites cuire ces galettes pendant 15 minutes, retournez-les doucement, faites-les cuire 15 à 20 minutes de plus, jusqu'à ce qu'elles soient fermes et dorées. Vous pouvez aussi, après 15 minutes de

cuisson au four, les placer sous le gril quelques minutes de chaque côté, jusqu'à ce qu'elles soient légèrement dorées.

6 – Servez-les avec des petits pains aux graines ou dans des « wraps » de feuilles de laitue.

Astuces : pour que ces burgers soient sans gluten, utilisez de l'avoine certifiée sans gluten, du tamari sans gluten et n'utilisez pas de chapelure.

Pour que ces burgers soient sans soja, utilisez un tamari sans soja (comme le tamari à base de riz complet) ou de l'aminos de coco.

Burrito quinoa-brocoli et son fromage de noix de cajou

POUR LA SAUCE AU FROMAGE DE NOIX DE CAJOU :

100 g de noix de cajou crues

1 gousse d'ail

125 ml de lait d'amande non aromatisé et sans sucre ajouté

4 c. à soupe de levure nutritionnelle

1 ½ c. à café de moutarde de Dijon

1 c. à café de vinaigre de vin blanc ou de jus de citron

¼ de c. à café de poudre d'oignon

½ c. à café de sel de mer fin

POUR LE BURRITO :

200 g de quinoa non cuit

1 c. à café d'huile d'olive extra-vierge

1 gousse d'ail émincée

150 g d'oignons doux coupés en dés

Sel de mer fin et poivre noir fraîchement moulu

100 g de céleri-branche coupé en dés

150 g de fleurons de brocolis coupés en dés

3 à 4 c. à soupe de tomates séchées au soleil et conservées à l'huile, hachées, ou plus ou moins selon votre goût

¼ de c. à café de flocons de piment rouge (optionnel)

4 tortillas souples sans gluten ou 4 grandes feuilles de salade

Ce burrito me rappelle un gratin de brocolis et de fromage, si ce n'est qu'il est préparé avec du quinoa sans gluten et riche en protéines, plutôt qu'avec des pâtes, et avec ma sauce veloutée au « fromage » sans produits laitiers. Dans des tortillas ou dans des feuilles de salade, cette garniture vous permettra de composer un véritable repas rassasiant.

Équivaut à 4 portions
PRÉPARATION : 25 min • **CUISSON** : 20 à 30 min
Sans gluten, sans soja, sans sucre

1 – Préparation de la sauce au fromage de noix de cajou : mettez les noix de cajou dans un bol et ajoutez de l'eau afin de les recouvrir. Laissez-les tremper au moins 3 à 4 heures, plus longtemps de préférence, si vous avez le temps. Égouttez et rincez les noix de cajou.

2 – Dans un mixeur ou un blender, mélangez les noix de cajou, l'ail, le lait d'amande, la levure nutritionnelle, la moutarde, le vinaigre, la poudre d'oignons et le sel puis mixez jusqu'à ce que le mélange soit onctueux. La sauce doit être épaisse.

3 – Préparation du burrito : faites cuire le quinoa en suivant les instructions de la p. 312. Réservez.

4 – Dans un grand wok, faites chauffer l'huile à feu moyen. Ajoutez l'ail et l'oignon, puis faites sauter environ 5 minutes, jusqu'à ce que l'oignon soit translucide. Assaisonnez avec du sel et du poivre.

5 – Incorporez le céleri, le brocoli et les tomates séchées. Faites sauter 10 à 15 minutes à feu moyen jusqu'à ce que le brocoli soit tendre.

6 – Ajoutez le quinoa cuit et la sauce puis remuez pour mélanger avec les légumes. Ajoutez les flocons de piment rouge, si vous le désirez. Faites cuire 5 à 10 jusqu'à ce que tout soit bien chaud. Avec une cuillère, déposez le mélange dans des tortillas ou des feuilles de salade, roulez et servez. Vous pouvez aussi passer rapidement le burrito sous le gril avant de le servir, si vous le désirez.

Sauce fortifiante aux tomates et aux champignons

1 c. à soupe d'huile d'olive extra-vierge

1 oignon doux coupé en dés

4 gousses d'ail émincées

250 g de champignons de Paris émincés

½ bouquet de basilic frais, haché

800 g de tomates en conserve entières épluchées ou coupées en dés, avec leur jus

6 à 8 c. à soupe de tomates en purée

½ à 1 c. à café de sel de mer fin, selon votre goût

1 ½ c. à café d'origan séché

½ c. à café de thym séché

¼ c. à café de flocons de piment rouge ou de poivre de Cayenne

2 c. à soupe de graines de chia (optionnel)

250 ml de lentilles cuites (optionnel)

C'est ma recette de référence pour une sauce à servir avec des spaghettis, celle sur laquelle je compte pour garnir les pâtes, les nouilles de courgettes et les courges spaghetti. Les champignons sont optionnels, mais ils ajoutent à la sauce une texture consistante, proche de celle de la viande, et des nutriments anti-inflammatoires qui dynamisent le système immunitaire. J'aime incorporer deux cuillères à soupe de graines de chia pour faciliter l'épaississement de la sauce et en rehausser la teneur en acides gras oméga-3. C'est assurément une des sauces les plus saines et les plus consistantes de ma cuisine !

Équivaut à 1,25 l à 1,5 l

PRÉPARATION : 20 min • **CUISSON** : 30 min

Sans gluten, sans noix, sans soja, sans sucre, sans céréales

1 – Dans une grande casserole, faites chauffer l'huile à feu moyen. Ajoutez l'oignon et l'ail. Faites sauter 5 à 6 minutes, jusqu'à ce que l'oignon soit translucide. Assaisonnez avec du sel et du poivre.

2 – Incorporez les champignons et faites chauffer à feu élevé. Faites sauter 5 à 10 minutes, jusqu'à ce que la majeure partie de l'eau provenant des champignons se soit évaporée.

3 – Ajoutez le basilic, les tomates et leur jus, la purée de tomate, le sel, l'origan et le thym. Remuez. Avec une cuillère en bois, réduisez plus ou moins les tomates en morceaux, selon la texture de sauce que vous aimez (passez cette étape si vous utilisez des tomates déjà coupées en dés). Ajoutez les flocons de piment rouge, les graines de chia et les lentilles, si vous le désirez, puis remuez pour mélanger.

4 – Mettez sur feu moyen. Laissez mijoter la sauce 15 à 20 minutes, en remuant de temps en temps.

5 – Servez-la sur les pâtes et savourez !

Astuce : j'aime ajouter 180 g de lentilles cuites (ou bien du tofu ou du tempeh émietté) dans la sauce pour rehausser sa teneur en protéines. Si vous avez des enfants et qu'ils n'aiment pas la texture des lentilles, mixez-les un peu avant de les ajouter à la sauce. Elles auront une texture très similaire à celle du bœuf haché et seront de plus un excellent épaississant pour la sauce.

Chana masala rapide et facile

1 c. à soupe d'huile de noix de coco ou d'huile d'olive

1 ½ c. à café de graines de cumin

1 oignon haché

1 c. à soupe d'ail frais haché

1 c. à soupe de gingembre frais, épluché et haché

1 piment Serrano (épépiné si vous le souhaitez), haché

1 ½ c. à café de garam masala

1 ½ c. à café de coriandre, moulue

½ c. à café de curcuma moulu

¾ de c. à café de sel de mer fin, ou plus si vous le souhaitez

¼ de c. à café de poivre de Cayenne (optionnel)

800 g de tomates en conserve, entières ou en dés, avec le jus

800 g de pois chiches cuits (en conserve ou cuits soi-même) rincés et égouttés

POUR LA PRÉSENTATION :

225 g de riz Basmati cru (voir conseil de cuisson p. 312)

Jus de citron (frais)

Coriandre fraîche, hachée

J'adore vraiment le chana masala, un repas indien épicé aux pois chiches, mais j'ai toujours pensé qu'il demanderait trop de temps pour être fait à la maison, à cause de la longue liste d'épices que sa recette exige. Après avoir complété mon étagère à épices, je n'avais plus aucune excuse pour ne pas faire ce repas facile et bon marché, car comme j'ai pu le constater, il suffit en gros de mettre les ingrédients les uns après les autres dans le wok ou la casserole ! Comme moi, vous vous demanderez pourquoi vous ne l'avez pas fait plus tôt. Pour simplifier la confection de cette recette, assurez-vous que tous les ingrédients soient prêts et à portée de main.

Équivaut à 4 portions

PRÉPARATION : 15 à 20 min • **CUISSON** : 20 min

Sans gluten, sans noix, sans soja, sans sucre, option sans céréales

1 – Dans un grand wok ou une grande casserole, faites chauffer l'huile à feu moyen. Sitôt qu'une goutte d'eau grésille lorsqu'elle touche la casserole, mettez sur feu doux et ajoutez les graines de cumin. Remuez et faites griller les graines pendant une minute ou deux jusqu'à ce qu'elles dorent et soient odorantes, tout en les surveillant attentivement pour qu'elles ne brûlent pas.

2 – Mettez sur feu moyen et incorporez l'oignon, l'ail, le gingembre et le piment serrano. Faites cuire à peu près quelques minutes, incorporez ensuite le garam masala, la coriandre, le curcuma, le sel et le poivre de Cayenne (si vous en utilisez), et laissez cuire 2 minutes de plus.

3 – Ajoutez les tomates épluchées entières et leur jus, puis écrasez-les avec une cuillère en bois (passez cette étape si vous utilisez des tomates coupées en dés). Vous pouvez laisser quelques morceaux de tomate pour la texture.

4 – Mettez sur feu élevé et ajoutez les pois chiches. Portez à ébullition et laissez cuire 10 minutes ou davantage pour permettre aux saveurs de se développer.

5 – Servez sur du riz basmati cuit, et garnissez avec quelques gouttes de jus de citron frais ainsi que de la coriandre hachée juste avant de servir.

Astuces : pour épaissir la sauce tomate, mettez une louche de sauce dans un mixeur et réduisez en purée onctueuse puis et incorporez ce mélange au reste de la sauce. Pour un plat sans céréales, servez la sauce avec des pommes de terre cuites au four.

Rôti de lentilles et de noix

POUR LE RÔTI :

180 g de lentilles vertes non cuites

100 g de noix décortiquées finement hachées

3 c. à soupe de graines de lin moulues

1 c. à café d'huile d'olive extra-vierge

3 gousses d'ail émincées

1 oignon jaune de taille moyenne, finement haché

1 c. à café de sel de mer, ou plus selon votre goût

¼ de c. à café de poivre noir fraîchement moulu ou plus selon votre goût

125 g de céleri branche finement haché

200 g de carottes râpées

50 g de pomme sucrée, épluchée et râpée (optionnel)

40 g de raisins secs

50 g de farine d'avoine sans gluten

75 g de chapelure de pain d'épeautre ou de chapelure de pain aux céréales germées (p. 289)

1 c. à café de thym séché, ou 2 c. à café de thym frais

1 c. à café d'origan séché

¼ de c. à café de flocons de piment rouge (optionnel)

POUR LE GLAÇAGE POMME-VINAIGRE BALSAMIQUE :

4 c. à soupe de ketchup

2 c. à soupe de compote de pommes sans sucre

2 c. à soupe de vinaigre balsamique

1 c. à soupe de sirop d'érable

Du thym frais, pour la garniture (optionnel)

Ce rôti lentilles-noix est adapté d'une recette de Terry Walters – un auteur de livres de cuisine aux talents multiples, conférencier populaire et coach alimentaire. Lecteurs de blog, grands-parents, parents, enfants et petits-enfants se sont extasiés sur cette recette, et bien des personnes l'ont dite meilleure que celle du pain de viande traditionnel. Je suis évidemment d'accord avec eux ! C'est une recette un peu difficile, mais elle en vaut toujours la peine et le temps qu'on y passe n'est pas vain. Assurez-vous de hacher finement tous les légumes afin que le rôti se tienne bien. J'adore le servir avec de la purée de pommes de terre au chou-fleur (voir p. 217), de la compote de pommes et/ou des légumes cuits à la vapeur. Terry, merci de m'avoir inspirée !

Équivaut à 8 portions

PRÉPARATION : 40 à 45 min • **CUISSON** : 55 à 60 min
Sans soja, sans sucre raffiné, option sans gluten

1 – Préparation du rôti : faites cuire les lentilles en suivant les instructions de la p. 312. Mettez les lentilles cuites dans un mixer, quelques secondes pour en faire une pâte grossière, en laissant quelques lentilles entières pour la texture. Réservez.

2 – Préchauffez le four à 160 °C. Disposez les noix sur une plaque de cuisson et faites-les griller 9 à 11 minutes, sortez-les du four et réservez-les. Mettez le four sur 180 °C. Tapissez un moule à cake avec du papier à cuisson.

3 – Dans un grand wok, faites chauffer l'huile à feu moyen. Ajoutez l'ail et l'oignon, puis faites-les sauter environ 5 minutes, ou jusqu'à

plats principaux

ce que les oignons soient translucides. Assaisonnez avec du sel et du poivre noir. Ajoutez le céleri, la carotte, la pomme (si vous l'utilisez) et les raisins secs. Faites sauter environ 5 minutes de plus.

4 – Incorporez avec précaution les lentilles mixées, les graines de lin, les noix, la farine d'avoine, la chapelure, le thym, l'origan 1 c. à café de sel, ¼ de c. à café de poivre noir et des flocons de piment rouge, si vous en utilisez. Remuez jusqu'à ce que tout soit bien mélangé et ajustez l'assaisonnement selon votre goût.

5 – Pressez ce mélange fermement et uniformément dans le moule à cake que vous avez préparé. Utilisez un rouleau à pâtisserie pour répartir, lisser le mélange et le rendre plus compact.

6 – Faites le glaçage pomme-vinaigre balsamique : dans un petit bol, fouettez ensemble le ketchup, la compote de pommes, le vinaigre balsamique et le sirop d'érable. Avec une cuillère ou un pinceau à pâtisserie, répandez le glaçage sur le rôti.

7 – Mettez-le au four 50 à 60 minutes sans couvrir, jusqu'à ce que les côtés soient légèrement brunis. Laissez refroidir le pain dans le moule pendant 10 minutes. Glissez un couteau le long des parois du moule, puis démoulez doucement le pain (en utilisant le papier de cuisson) et mettez-le sur une grille de refroidissement pendant 30 minutes. Laissez-le bien refroidir avant de le trancher. Si vous tranchez le pain pendant qu'il est encore chaud, il risque de s'émietter légèrement, tandis qu'il se tient bien lorsqu'il a complètement refroidi. Garnissez avec du thym frais avant de servir si vous le désirez.

Astuce : pour un rôti de lentilles et noix sans gluten, utilisez de la chapelure sans gluten au lieu de la chapelure d'épeautre.

Burger de champignons portobello grillés et son pesto de tomates séchées, graines de chanvre et kale

POUR LES CHAPEAUX DE CHAMPIGNONS PORTOBELLO :

2 champignons portobello

2 c. à soupe de vinaigre balsamique

2 c. à soupe + 1 ½ c. à café de jus de citron frais

2 c. à soupe d'huile d'olive extra-vierge

1 gousse d'ail émincée

1 c. à café d'origan séché

1 c. à café de basilic séché

¼ de c. à café de sel de mer fin

¼ de c. à café de poivre noir fraîchement moulu

POUR LE PESTO :

1 gousse d'ail

35 g de feuilles de kale

35 g de tomates séchées au soleil et conservées dans l'huile, égouttées à l'huile

4 c. à soupe de graines de chanvre

1 c. à soupe de jus de citron frais

1 c. à soupe d'huile d'olive

¼ de c. à café de sel de mer fin

GARNITURE OPTIONNELLE :

Des oignons caramélisés (voir les Astuces p. 180)

Des tranches d'avocat

Des feuilles de kale ou de salade

Des tomates tranchées

Le burger de l'été ! Si vous aimez les champignons portobello, vous deviendrez fan de cette recette de burger, simple mais épatante. Le vinaigre balsamique acidulé et la marinade d'herbes et de citron rehaussent le goût des champignons, lesquels sont accompagnés d'un pesto savoureux de graines de chanvre et de kale, de tomates séchées et de succulents oignons caramélisés. *Oh mamma mia !* Servez cette préparation dans un petit pain grillé ou réduisez-la en petites tranches pour la glisser dans des feuilles de salade.

Équivaut à 2 portions, (il y a plus de pesto que nécessaire)
PRÉPARATION : 15 à 20 min • **CUISSON** : 10 min
TEMPS DE MARINADE : 1 h
Sans gluten, sans noix, sans soja, sans sucre, sans céréales

1 – Enlevez les pieds des champignons en les tordant délicatement jusqu'à ce qu'ils se détachent. Jetez les pieds ou gardez-les pour un autre usage, comme un sauté de légumes par exemple. Avec une petite cuillère, enlevez les lamelles noires en grattant doucement, et jetez-les. Frottez les chapeaux avec un linge humide pour les nettoyer. Dans un grand bol, mélangez bien le vinaigre, le jus de citron, l'huile, l'ail, l'origan, le basilic, le sel et le poivre. Ajoutez les chapeaux et remuez pour qu'ils soient bien recouverts par cette marinade. Faites mariner les champignons 30 à 60 minutes en les remuant toutes les 15 minutes. (Si vous le désirez, vous pouvez également les faire mariner toute une nuit).

2 – Préparez le pesto : mixez ensemble l'ail, les feuilles de chou, les tomates séchées, les graines de chanvre, le jus de citron, l'huile d'olive, le sel et 2 c. à soupe d'eau, jusqu'à ce que le mélange soit onctueux, en arrêtant le mixeur pour racler les côtés lorsque c'est nécessaire.

plats principaux

3 – Préchauffez une poêle à frire ou un gril électrique à feu moyen. Faites griller les chapeaux de champignons 4 à 5 minutes de chaque côté, jusqu'à ce qu'ils soient tendres et légèrement grillés.

4 – Déposez les chapeaux de portobello sur un petit pain grillé (ou tranchés dans un wrap de laitue), garnissez avec une quantité généreuse de pesto, ainsi que la garniture supplémentaire de votre choix. Tout reste de pesto pourra se conserver au frais, dans un récipient hermétique, au moins 1 semaine. Il est excellent dans les sandwichs, les wraps, sur les pâtes et bien d'autres choses !

Astuces : pour faire caraméliser les oignons, tranchez finement un oignon et faites-le sauter à feu moyen avec 1 cuillère à soupe d'huile jusqu'à ce qu'il soit doré et légèrement bruni, mais pas brûlé. Cela prend généralement 30 minutes pour faire ressortir le sucre naturel des oignons.

Pour une option sans céréales, servez les champignons sans pain ou émincez les champignons, puis servez-les dans des wraps de laitue.

Utilisez un petit pain sans gluten pour une recette sans gluten.

Pâtes « 15 minutes » à l'avocat

250 g de pâtes crues (sans gluten si vous le désirez)

1 à 2 gousses d'ail, selon votre goût

4 c. à soupe de feuilles de basilic frais, et davantage pour la garniture

4 à 6 c. à café de jus de citron frais, ou plus ou moins (selon votre goût)

1 c. à soupe d'huile d'olive extra-vierge

1 avocat mûr de taille moyenne, dénoyauté

¼ à ½ c. à café de sel de mer fin

Poivre noir fraîchement moulu

Des zestes de citron pour la garniture

Cette recette est l'une des plus appréciées sur mon site, pour sa préparation facile et sa sauce crémeuse à l'avocat sans produit laitier. Les avocats sains et consistants sont mixés avec de l'ail, une touche d'huile d'olive, du basilic frais, du jus de citron et du sel de mer, afin de créer une extraordinaire sauce crémeuse pour des pâtes, que vous n'oublierez pas de sitôt.

Équivaut à 3 portions
PRÉPARATION : 5 à 10 min • **CUISSON :** 8 à 10 min
Sans gluten, sans noix, sans soja, sans sucre, option sans céréales

1 – Faites bouillir de l'eau salée dans une grande casserole pour cuire les pâtes en suivant les instructions sur l'emballage.

2 – Pendant que les pâtes cuisent, faites la sauce : dans un mixeur, émincez l'ail et le basilic.

3 – Ajoutez le jus de citron, l'huile, la chair de l'avocat et 1 cuillère à soupe d'eau, puis mixez jusqu'à ce que le mélange soit onctueux, en vous arrêtant pour racler les côtés lorsque c'est nécessaire. Si la sauce est trop épaisse, ajoutez une 1 autre cuillère à soupe d'eau. Assaisonnez avec le sel et le poivre selon votre goût.

4 – Égouttez les pâtes et remettez-les dans la casserole. Ajoutez la sauce à l'avocat et remuez pour mélanger. Vous pouvez faire réchauffer doucement les pâtes si elles ont un peu refroidi, ou les servir tout simplement à température ambiante.

5 – Garnissez avec des zestes de citron, du poivre et des feuilles de basilic frais, si vous le désirez.

Astuces : les avocats s'oxydant vite après avoir été tranchés, il est préférable de servir la sauce immédiatement. S'il vous en reste, mettez-la dans un récipient hermétique et conservez-la au frais 1 jour tout au plus.

Pour une version sans céréales, servez la sauce à l'avocat avec des courgettes coupées en spirales ou en julienne (voir p. 33) ou sur un lit de courge spaghetti.

plats principaux

Cassolette riche en protéines

POUR L'ASSAISONNEMENT CITRON-TAHINI :

4 c. à soupe de tahini

1 grande gousse d'ail

125 ml de jus de citron frais (d'environ 2 citrons)

4 c. à soupe de levure nutritionnelle

2 à 3 c. à soupe d'huile d'olive extra-vierge, selon votre goût

½ c. à café de sel de mer fin, ou plus selon votre goût

Poivre noir fraîchement moulu

POUR LE MÉLANGE DE LENTILLES :

180 g de lentilles vertes non cuites ou un mélange de lentilles vertes et noires

160 g de graines d'épeautre ou de blé crues, trempées pendant une nuit (optionnel)

1 ½ c. à café d'huile d'olive

1 petit oignon rouge haché

3 gousses d'ail émincées

1 poivron rouge haché

1 grande tomate hachée

3 poignées d'épinards ou de kale, grossièrement hachées

½ bouquet de persil frais, haché

Cette recette est inspirée par l'un de mes restaurants végétariens favoris, The Coup, à Calgary (Alberta). Une sauce citron-tahini, riche et acidulée, recouvre des lentilles tendres et des légumes croquants. Cette recette donne plusieurs portions, elle convient donc parfaitement si vous voulez garder des restes au frais pour de prochains repas.

Équivaut à 4 à 6 portions
PRÉPARATION : 30 min • **CUISSON :** 50 à 60 min
Sans noix, sans soja, sans sucre, option sans gluten, option sans céréales

1 – Préparez l'assaisonnement citron-tahini : dans un mixeur, mélangez le tahini, l'ail, le jus de citron, la levure nutritionnelle, l'huile d'olive extra-vierge, ½ c. à café de sel et du poivre noir selon votre goût, puis mixez jusqu'à ce que le mélange soit onctueux. Réservez.

2 – Faites cuire les lentilles en suivant les instructions de la p. 312. Réservez.

3 – Faites cuire les graines d'épeautre en suivant les instructions de la p. 312. Réservez.

4 – Dans une grande poêle, faites chauffer l'huile d'olive à feu moyen. Ajoutez l'oignon et l'ail, puis faites sauter quelques minutes, jusqu'à ce que l'oignon soit translucide.

5 – Ajoutez le poivron et la tomate, faites sauter 7 à 8 minutes de plus, jusqu'à ce que la majeure partie du liquide se soit évaporée.

6 – Incorporez les épinards et faites sauter quelques minutes de plus, jusqu'à ce qu'ils soient tendres.

7 – Incorporez tout l'assaisonnement citron-tahini, ainsi que les lentilles cuites et les graines d'épeautre. Mettez sur feu doux et laissez mijoter quelques minutes de plus. Enlevez la poêle du feu et ajoutez le persil éміncé.

8 – Assaisonnez avec le sel et le poivre noir selon votre goût.

plats principaux

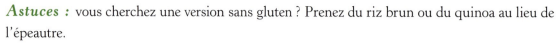

Astuces : vous cherchez une version sans gluten ? Prenez du riz brun ou du quinoa au lieu de l'épeautre.

Pour l'option sans céréales, n'utilisez pas d'épeautre.

Assiette énergisante de miso

1 patate douce, coupée en rondelles d'1 cm

1 ½ c. à café d'huile d'olive ou d'huile de noix de coco

Sel de mer fin et poivre noir fraîchement moulu

210 g de quinoa cru

POUR LE DRESSAGE :

225 g de fèves edamame décortiquées (si elles sont surgelées, les décongeler)

1 carotte de taille moyenne, émincée

2 oignons verts finement tranchés

¼ de bouquet de coriandre fraîche hachée

1 c. à café de graines de sésame (optionnel)

1 c. à soupe de graines de chanvre (optionnel)

8 c. à soupe de pousses divers (optionnel)

L'assaisonnement orange-sirop d'érable-miso (voir p. 163)

C'est une recette amusante qui vous apportera durablement de l'énergie. Le miso est un aliment fermenté qui aide à la digestion et ajoute une merveilleuse saveur aux autres ingrédients. Si vous ne connaissez pas encore le miso, l'assaisonnement orange-sirop d'érable et miso est une excellente manière de l'incorporer à votre alimentation.

Équivaut à 2 portions

PRÉPARATION : 20 min • **CUISSON :** 28 à 30 min

Sans gluten, sans noix, sans sucre raffiné, option sans soja

1 – Préchauffez le four à 200 °C. Mettez du papier à cuisson sur une grande plaque de cuisson. Disposez les rondelles de patate douce sur la plaque et arrosez-les d'huile des deux côtés pour qu'elles en soient recouvertes. Parsemez-les de sel et de poivre. Faites-les cuire 20 minutes, retournez-les et faites-les cuire 8 à 10 minutes de plus, jusqu'à ce qu'ils soient tendres et légèrement brunis.

2 – Pendant ce temps, faites cuire le quinoa en suivant les instructions de la p. 312.

3 – Répartissez de manière égale le quinoa cuit dans 2 assiettes ou 2 bols, et assaisonnez avec du sel et du poivre. Garnissez avec les rondelles de patate douce, les edamame, les carottes, l'oignon vert, la coriandre et, si vous en utilisez, les graines de sésame et de chanvre, ainsi que les germes. Arrosez avec l'assaisonnement orange-sirop d'érable-miso et savourez !

plats principaux

Astuces : ne mélangez l'assaisonnement à la salade qu'au moment de la servir, pour que les saveurs et les arômes se développent.

Pour l'option sans soja, omettez les edamame et utilisez un miso sans soja, comme le miso de pois chiches South River.

Pâtes riches tomate et basilic

- 65 g de noix de cajou crues
- 125 ml de lait d'amande non aromatisé et sans sucre ajouté
- 250 g de pâtes non cuites (utilisez des pâtes sans gluten si vous le désirez)
- 1 c. à café d'huile d'olive extra-vierge
- 1 petit oignon coupé en dés
- 2 gousses d'ail émincées
- 300 g de tomates coupées en dés (fraîches ou en conserve) et égouttées
- 3 poignées d'épinards
- 1 à 3 c. à soupe de levure nutritionnelle, selon votre goût (optionnel)
- 1 bouquet de basilic frais finement haché
- 2 à 3 c. à soupe de concentré de tomate, selon votre goût
- 1 c. à café d'origan séché
- ½ c. à café de sel de mer fin, ou plus ou moins selon votre goût
- ¼ de c. à café de poivre noir fraîchement moulu, ou plus ou moins selon votre goût

Astuce : si à n'importe quel moment la sauce ou les pâtes s'assèchent, détendez-les avec un peu de lait d'amande.

C'est l'une des recettes favorites de mon mari et il le prépare souvent en s'exclamant : « C'est si facile, même moi je peux faire un plat gastronomique ! » C'est la sauce crémeuse, faite à partir de noix de cajou crues et trempées, qui transforme ces pâtes traditionnelles à la tomate et au basilic en un plat gourmand. Si vous êtes las des sauces ordinaires à la tomate, essayez cette version, mais vous êtes prévenus : vous risquez de ne plus revenir en arrière !

Équivaut à 3 portions
PRÉPARATION : 20 min • **CUISSON** : 30 min
Sans gluten, sans soja, sans sucre

1 – Mettez les noix de cajou dans un bol et ajoutez suffisamment d'eau pour les recouvrir. Laissez les noix tremper au moins 2 heures, ou toute une nuit. Égouttez et rincez. Mettez-les dans un blender avec le lait d'amande et mixez à grande vitesse jusqu'à ce que le mélange soit onctueux. Réservez.

2 – Faites bouillir de l'eau salée dans une grande casserole. Préparez les pâtes en suivant les instructions sur l'emballage, pour une cuisson al dente.

3 – Dans un grand wok, faites chauffer l'huile à feu moyen. Ajoutez l'oignon et l'ail, faites sauter 5 à 10 minutes, ou jusqu'à ce que l'oignon soit translucide. Ajoutez les tomates coupées en dés et les épinards, laissez cuire 7 à 10 minutes à feu moyen, jusqu'à ce que les épinards soient cuits.

4 – Incorporez la crème de noix de cajou, la levure nutritionnelle (si vous en faites usage), le basilic, le concentré de tomate, l'origan, le sel, le poivre, et laissez cuire 5 à 10 minutes de plus, ou jusqu'à ce que l'ensemble soit entièrement chaud.

5 – Égouttez les pâtes et mettez-les dans le wok. Remuez pour mélanger les pâtes à la sauce. Laissez cuire quelques minutes, ou jusqu'à ce que l'ensemble soit bien chaud. Assaisonnez avec du sel et du poivre selon votre goût et servez immédiatement.

plats principaux

Curry crémeux de légumes

65 g de noix de cajou crues, trempées (voir p. 22)

1 c. à soupe d'huile de noix de coco

1 petit oignon coupé en dés

3 gousses d'ail émincées

1 ½ c. à café de gingembre frais, épluché et râpé

1 piment vert ou 1 jalapeño (épépiné, si vous le désirez) et coupé en dés (optionnel)

2 pommes de terre de taille moyenne ou 1 patate douce de taille moyenne, épluchées et coupées en dés

2 carottes de taille moyenne coupées en dés

1 poivron rouge haché

1 grande tomate épépinée et hachée

2 c. à soupe de poudre de curry jaune et doux, ou plus ou moins selon votre goût

½ à ¾ de c. à café de sel de mer fin, et davantage si nécessaire

120 g de petits pois surgelés ou frais

GARNITURE :

Du riz basmati (optionnel)

Des feuilles de coriandre fraîche

Des noix de cajou grillées

Astuce : pour l'option sans céréales, omettez le riz basmati.

Quand j'ai besoin d'un plat réconfortant, je songe à ce doux curry de légumes. Sa sauce crémeuse et riche faite à partir de noix de cajou trempées, est équilibrée par un beau bouquet de légumes. Cette recette est polyvalente et peut être faite avec une grande variété de légumes – brocoli, chou-fleur et patates douces, etc. Pour que ce plat soit encore plus consistant, servez-le sur un lit de riz à long grains, comme le basmati, ou pour rehausser la teneur en protéines, essayez d'ajouter du tofu. C'est un repas légèrement épicé et doux, donc si vous aimez la nourriture épicée, utilisez de la poudre de curry piquant. Assurez-vous de tremper les noix de cajou toute une nuit, ou au moins 3 à 4 heures, de manière à ce qu'elles soient prêtes quand vous en aurez besoin.

Équivaut à 4 portions

PRÉPARATION : 25 min • **CUISSON** : 25 min

Sans gluten, sans soja, sans sucre, option sans céréales

1 – Dans un blender, mélangez les noix de cajou avec 175 ml d'eau et mixez jusqu'à ce que ce soit onctueux et crémeux. Réservez.

2 – Dans une grande poêle, faites chauffer l'huile à feu moyen. Ajoutez l'oignon, l'ail et le gingembre, faites sauter environ 5 minutes, jusqu'à ce que l'oignon soit translucide. Incorporez le piment vert (si vous en utilisez), les pommes de terre, les carottes, le poivron, la tomate, la poudre de curry et le sel. Faites sauter 5 minutes de plus.

3 – Incorporez la crème de noix de cajou et les petits pois. Mettez sur feu moyen et couvrez avec un couvercle. Laissez mijoter environ 20 minutes à feu moyen, ou jusqu'à ce que les pommes de terre soient tendres sous la fourchette. Pendant la cuisson, remuez toutes les 5 minutes. Si le mélange commence à s'assécher, réduisez le feu et ajoutez quelques gouttes d'eau ou d'huile, puis remuez pour mélanger.

4 – Servez le curry sur un lit de riz basmati, si vous le désirez, et parsemez-le de feuilles de coriandre et de noix de cajou grillées.

plats principaux

Fajitas et steak de champignons portobello

POUR LES « STEAKS » DE CHAMPIGNONS PORTOBELLO :

4 à 6 grands champignons portobello

2 c. à soupe + 1 c. à café ½ d'huile de pépins de raisin

2 c. à soupe de jus de citron vert frais

1 c. à café d'origan séché

1 c. à café de cumin moulu

¾ de c. à café de poudre de chili

½ c. à café de sel de mer fin

Poivre noir fraîchement moulu

POUR LA FARCE :

1 c. à soupe d'huile soit de : pépins de raisin, d'olive ou de noix de coco

1 grand poivron rouge, tranché finement

1 grand poivron orange, tranché finement

1 oignon de taille moyenne, tranché finement

POUR L'ASSEMBLAGE :

4 à 6 petites tortillas ou des feuilles de laitue

GARNITURES :

Un avocat tranché

De la crème de noix de cajou (voir p. 291)

De la sauce salsa

Du jus de citron vert frais

De la sauce piquante

De la coriandre

De la salade hachée

Les champignons portobello marinés et assaisonnés avec des épices à tacos font une fantastique garniture sans viande pour les fajitas ou les tacos. Mon mari qui n'est pas un grand amateur de champignons, apprécie ces fajitas, probablement du fait qu'il peut puiser à volonté dans les garnitures et créer ainsi à chaque fois, une autre variante du plat. En été, lorsque nous voulons manger « plus léger », nous utilisons des feuilles de salade, à la place des tortillas, ce qui est de toute façon une bonne astuce pour un repas sans gluten. Cela va sans dite que l'on peut aussi utiliser des tortillas de maïs comme alternative pour un plat sans gluten et sans céréale.

Équivaut à 4-6 fajitas

PRÉPARATION : 30 min • **CUISSON :** 20-25 min

Option sans gluten, sans soja, sans sucre, option sans céréales

1 – Préparation des « steaks » de champignons : retirez précautionneusement le pied des champignons, jetez-les ou conservez-les pour une autre recette, par exemple pour un sauté de légumes. Retirez les lamelles de champignons à l'aide d'une petite cuillère, jetez les restes. Essuyez les champignons avec un linge humide puis détaillez-les en lamelles de 1 cm de large.

2 – Dans un grand saladier, mélangez l'huile, le jus de citron vert, l'origan, le cumin, la poudre de chili, le sel et le poivre. Ajoutez les champignons, mélangez et laissez mariner 20-30 minutes tout en remuant toutes les 10 minutes.

3 – Pendant ce temps, préparez la farce : dans une casserole, chauffez l'huile à feu moyen, ajoutez les oignons et les poivrons, faites sauter 10 minutes, jusqu'à ce que les légumes soient tendres.

4 – Chauffez une poêle-gril à feu moyen et déposez-y les champignons marinés pendant 3 à 5 minutes par côté, jusqu'à faire apparaître les jolis quadrillages du gril. Vous pouvez faire de même avec les tortillas, si vous le souhaitez.

plats principaux

5 —Posez une tortilla sur une assiette et garnissez avec un sixième de la quantité de champignons grillés, de légumes sautés et de garniture de votre choix. Répétez l'opération avec les autres tortillas ou laissez vos invités créer leur propre assortiment. Bon appétit !

Astuce : comme alternative aux champignons, vous pouvez essayer la « viande » de lentilles et de noix ; dans un mixeur, réduisez en purée grossière 1 gousse d'ail, 300 g de lentilles cuites, 100 g de noix grillées, 1 ½ c. à café d'origan séché, 1 ½ c. à café de cumin moulu, 1 ½ c. à café de poudre de chili, ½ c. à café de sel de mer fin, 4 à 6 c. à café d'huile et 2 c. à soupe d'eau.

accompagnements

Carottes arc-en-ciel grillées
et la sauce cumin-coriandre tahini   *201*

Champignons marinés à l'italienne   *203*

Tofu poêlé à l'ail   *207*

Tempeh mariné à l'ail,
au sirop d'érable et au vinaigre balsamique   *209*

Chips parfaites de kale   *211*

Potatoes croustillantes et légères   *213*

Choux de Bruxelles cuits au four
et les pommes de terre Fingerling au romarin   *215*

Purée de chou-fleur et de pommes de terre
et sa petite sauce aux champignons   *217*

Courge butternut et son « parmesan » amandes-noix de pécan   *219*

Les accompagnements sont les héros méconnus de la cuisine végane. Je ne compte pas les fois où, dans les restaurants qui ne pratiquent pas de cuisine végane, j'ai composé mon menu à partir des accompagnements proposés, tels que les champignons sautés, le riz brun, les haricots et cela sous les yeux attristés des autres convives. Ce qu'ils ne savent pas, c'est que c'est ainsi que je mange chez moi !

Préparer un repas végétal simple, ne doit pas être laborieux. Parfois, il suffit de combiner divers accompagnements pour réaliser un repas nourrissant et original. Ma règle est de toujours choisir en premier une source de protéines, par exemple le tempeh mariné à l'ail (p. 209), ou le tofu poêlé (p. 207). Ensuite, j'ajoute une céréale, par exemple du riz brun et un légume tel que les chips de kale (p. 211) ou les champignons marinés à l'italienne (p. 203). Je prépare volontiers les céréales à l'avance et je les congèle, pour en avoir toujours à disposition en semaine. Il n'y a rien de plus simple que de sortir un sachet de céréales du congélateur et de chauffer son contenu dans le l'eau bouillante ou à la poêle. Si vous cherchez un accompagnement pour un burger végan, essayez mes chips de kale ou mes potatoes croustillantes et légères (p. 213). En hiver, la purée de chou-fleur et de pommes de terre et sa sauce aux champignons (p. 217) ou la courge butternut et son « parmesan » d'amandes et noix de pécan sont parfaits. C'est dans ce chapitre que vous trouverez de nouvelles idées à adapter en toutes occasions !

Carottes arc-en-ciel grillées et la sauce cumin-coriandre-tahini

POUR LES CAROTTES ARC-EN-CIEL GRILLÉES :

2 bouquets de carottes arc-en-ciel (800 g environ)

1 c. à soupe d'huile de pépins de raisin

¾ de c. à café de sel de mer fin

½ c. à café de graines de cumin

½ c. à café de graines de coriandre

¼ de c. à café de poivre noir fraîchement moulu

POUR LA SAUCE CUMIN-CORIANDRE-TAHINI :

2 c. à soupe de tahini

4 c. à café de jus de citron frais

1 c. à soupe d'huile d'olive extra-vierge

1 c. à café de cumin moulu

½ c. à café de coriandre moulue

¼ de c. à café de sel de mer fin

Les carottes arc-en-ciel font partie de ce que la cuisine végétale offre de plus agréable visuellement. Violet, jaune, rouge, orange : c'est fascinant de constater que la nature produit toute seule ces couleurs, sans l'aide de colorants alimentaires ! Dans cette recette, les carottes multicolores sont grillées avec des graines de cumin et de coriandre et accompagnées d'une délicieuse sauce citron-tahini, un régal avec la première récolte printanière ! Et je dois avouer que je suis connue pour dévorer tout ce que j'ai préparé… Si vous ne trouvez pas de carottes arc-en-ciel, pas de souci, vous pouvez préparer ce plat avec les carottes habituelles.

Équivaut à 4 portions

PRÉPARATION : 10 min • **CUISSON** : 15-20 min

Sans gluten, sans noix, sans soja, sans sucre, sans céréales

1 – Préparation des carottes grillées : préchauffez le four à 220 °C. Recouvrir une plaque de cuisson avec du papier sulfurisé.

2 – Coupez partiellement la verdure des carottes, en conservant environ 5 cm.

3 – Déposez les carottes sur la plaque de cuisson.

4 – Badigeonnez les carottes avec l'huile et faites des mouvements de va-et-vient à l'aide de la feuille de cuisson pour bien répartir l'huile. Saupoudrez de sel, de graines de coriandre et de graines de cumin ainsi que de poivre. Espacez les carottes entre elles (1 cm environ).

5 – Grillez les carottes pendant 15-20 mn, jusqu'à qu'elles soient tendres quand vous y piquez une fourchette avec toutefois le cœur encore ferme. Ne les laissez pas devenir trop molles.

6 – Préparation de la sauce : dans un petit saladier, mélangez bien le tahini, le jus de citron, l'huile, le cumin la coriandre et le sel.

7 – Déposez les carottes sur une assiette et nappez d'un peu de sauce. Laissez le reste de la sauce à disposition sur la table.

Astuce : en règle générale, je ne me donne pas la peine d'éplucher les carottes arc-en-ciel, leur peau étant fine et tendre. Si vous utilisez les carottes habituelles, il se peut, en fonction de leur grosseur, qu'il soit utile de les éplucher avant de les utiliser.

Champignons marinés à l'italienne

900 g de champignons de Paris (bruns ou blancs)

4 c. à soupe d'huile d'olive extra-vierge

2 grandes gousses d'ail émincées

3 échalotes finement tranchées

½ bouquet de persil frais à feuilles plates, haché

½ c. à café de thym séché

½ c. à café d'origan séché

¼ de c. à café de sel de mer fin

¼ de c. à café de poivre noir fraîchement moulu

3 à 4 c. à soupe de vinaigre balsamique, plus ou moins selon votre goût

Pendant 35 ans, je pensais ne pas pouvoir supporter les champignons et ce n'est que récemment que j'ai découvert qu'en fait je les aime bien ! J'ai donc du temps à rattraper ! Non seulement les champignons sont pleins de nutriments anti-cancer mais leur consistance agréable et leur goût délicieux en font un complément agréable à toute alimentation végétale. Les champignons marinés sont vite prêts mais plus longtemps ils marineront, meilleurs ils seront. Ne vous laissez pas décourager par la quantité à préparer 900 g semble beaucoup mais n'oubliez pas que les champignons lorsqu'ils sont sautés, perdent énormément en volume. Si comme moi, vous hésitez un peu au vu de la quantité, soyez sûrs que la prochaine fois vous en préparerez un peu plus !

Équivaut à 3-4 portions
PRÉPARATION : 10-15 min • **CUISSON** : 10-15 min
TEMPS DE MARINADE : 2 h ou toute une nuit
Sans gluten, sans noix, sans soja, sans sucre, sans céréales

1 – Retirez précautionneusement le pied des champignons, jetez-les ou conservez-les pour une autre recette, par exemple pour un sauté de légumes. Essuyez les champignons avec un linge humide.

2 – Dans un grand wok, chauffez à feu moyen 2 c. à soupe d'huile. Ajoutez l'ail et l'échalote et faites sauter 2-3 minutes. Montez la température et ajoutez les chapeaux des champignons. Continuez à faire sauter l'ensemble en remuant constamment.

3 – À l'aide d'une écumoire, sortez les champignons et mettez-les dans un grand saladier. Jetez le liquide restant dans le wok. Ajoutez aux champignons, le persil, le thym, l'origan, le sel et le poivre, le vinaigre et les deux cuillères à soupe d'huile restantes. Bien |mélanger.

4 – Laissez refroidir les champignons 20-30 minutes, puis couvrez le saladier et mettez au moins 2 heures au réfrigérateur (ou toute une nuit) pour laisser se développer tous les arômes. Remuez de temps en temps.

5 – Servez les champignons froids ou à température ambiante.

Tofu poêlé à l'ail

450 g de tofu ferme

1 c. à café de poudre d'ail

¼ de c. à café de sel de mer fin

¼ de c. à café de poivre noir fraîchement moulu

1 c. à soupe d'huile de noix de coco fondue, ou d'huile de pépins de raisin

Cette méthode vous donnera un tofu poêlé, croustillant et légèrement épicé. Utilisez une poêle en fonte si vous en avez une sous la main, car elle augmentera la croustillance du tofu (mais une poêle normale fera également l'affaire).

Équivaut à 4 portions

PRÉPARATION : 5 à 10 min • **CUISSON** : 6 à 10 min

Sans gluten, sans noix, sans sucre, sans céréales

1 – Pressez le tofu toute une nuit, ou au moins 25 à 30 minutes et suivez pour cela les conseils p. 295.

2 – Tranchez le tofu pressé en 9 à 10 tranches épaisses de 1 cm et coupez ensuite chaque rectangle en carrés, pour obtenir un total de 54 à 60 morceaux de tofu.

3 – Préchauffez la poêle en fonte (ou la poêle normale) à feu moyen pendant plusieurs minutes.

4 – Dans un grand bol, mélangez les carrés de tofu, la poudre d'ail, le sel et le poivre, puis remuez jusqu'à ce qu'ils soient entièrement recouverts.

5 – Lorsqu'une goutte d'eau grésille dans la poêle, c'est que la poêle est prête. Ajoutez l'huile et inclinez la poêle pour la recouvrir uniformément d'huile. Ajoutez le tofu avec précaution (attention, l'huile risque d'éclabousser : utilisez une grille anti-éclaboussure si nécessaire), faites une seule couche, pour être sûr que tous les morceaux soient à plat.

6 – Laissez cuire 3 à 5 minutes, jusqu'à ce qu'une croûte dorée se forme. Retournez chaque morceau et laissez cuire 3 à 5 minutes de plus, jusqu'à ce qu'ils soient dorés. Servez immédiatement.

accompagnements

Tempeh mariné à l'ail, au sirop d'érable et au vinaigre balsamique

250 g de tempeh

125 ml de vinaigre balsamique

2 gousses d'ail émincées

4 c. à soupe de sauce soja-tamari

1 c. à soupe de sirop d'érable pur

1 c. à soupe d'huile d'olive extra-vierge

Je croyais ne pas aimer le tempeh et que ce n'était pas pour moi. Après plusieurs essais désespérés pour essayer d'aimer le tempeh – sans succès – je l'avais quasiment rayé de ma liste pour toujours. Cependant, cette recette a tout changé, et a fait immédiatement du tempeh un nouveau favori dans mon alimentation. Je remercie particulièrement mon amie Meghan Telpner, qui tient un blog à cette adresse meghantelpner.com, de m'avoir inspiré cette recette délicieuse ! Si jamais vous avez eu une mauvaise expérience avec le tempeh, je vous recommande (non, je vous supplie !) d'essayer cette recette. Elle pourrait tout simplement changer votre vie !

Équivaut à 3 portions

PRÉPARATION : 5 min • **CUISSON** : 30 à 35 min

TEMPS DE MARINADE : 2 h ou toute une nuit

Sans gluten, sans noix, sans sucre raffiné

1 – Rincez le tempeh et séchez-le en le tapotant. Coupez le tempeh en 8 tranches fines (6 à 8 mm), coupez-les ensuite en deux dans le sens de la diagonale pour faire un total de 16 triangles. Ou tranchez-les simplement dans la forme que vous souhaitez.

2 – Dans un grand plat à four en verre, fouettez ensemble le vinaigre balsamique, l'ail émincé, le tamari, le sirop d'érable et l'huile.

3 – Mettez le tempeh dans le plat en une seule couche et remuez doucement pour qu'il soit recouvert par la marinade. Couvrez le plat et laissez le tempeh mariner au frais pendant 2 heures au moins, ou toute la nuit, en le remuant doucement de temps en temps.

4 – Préchauffez le four à 180 °C.

5 – Couvrez le plat contenant le tempeh mariné avec de l'aluminium. Faites cuire le tempeh dans la marinade pendant 15 minutes. Enlevez l'aluminium et retournez le tempeh. Laissez cuire 15 à 20 minutes de plus sans couvrir, jusqu'à ce que ce le tempeh ait absorbé la majeure partie de la marinade.

Chips parfaites de kale

1 bouquet de kale, sans les tiges, les feuilles coupées en petits morceaux (voir les conseils p. 132)

1 c. à soupe d'huile d'olive extra-vierge

¼ à ½ c. à café de sel de mer fin

¼ de c. à café de poivre noir fraîchement moulu

Des épices ou un assaisonnement de votre choix (optionnel)

Du ketchup, de la sriracha ou une vinaigrette

Après avoir tâtonné en essayant plusieurs recettes de chips de kale, je me suis donné pour mission de faire des chips parfaites pour ce livre. J'ai essayé toutes les températures possibles pour la cuisson au four – d'élevée à très basse, et j'ai découvert que les faire cuire à une température plus basse (150 °C) pendant un peu plus de temps donne le meilleur résultat. Quand vous les faites cuire à une température plus basse, vous ne vous retrouvez pas avec des chips cuites inégalement (ni avec celles qui sont brûlées !). N'hésitez pas à les saupoudrer avec vos épices préférées et à les assaisonner avant de les faire cuire. J'adore les manger avec un tout petit peu d'huile d'olive, de l'ail et du sel de mer ; et si je veux du sucré, je les trempe dans du ketchup bio. Si jamais vous avez été déçus par des chips de kale, je vous encourage à essayer cette recette.

Équivaut à 3 portions

PRÉPARATION : 5 à 10 min • **CUISSON** : 17 à 20 min

Sans gluten, sans noix, sans soja, sans sucre

1 – Préchauffez le four à 150 °C. Mettez du papier à cuisson sur deux grandes plaques de cuisson. Lavez les feuilles de chou et séchez-les complètement dans une essoreuse à salade.

2 – Mettez les feuilles de chou dans un grand bol et arrosez-les d'huile. Malaxez les feuilles avec vos mains jusqu'à ce que l'huile les recouvre complètement.

3 – Disposez les feuilles en une seule couche sur les plaques de cuisson. Saupoudrez avec du sel, du poivre et d'autres épices et assaisonnements, si vous le désirez. Faites cuire 10 minutes, tournez ensuite la plaque et laissez cuire 7 à 10 minutes de plus, jusqu'à ce que les feuilles soient croustillantes mais pas brûlées. Servez les chips avec du ketchup, de la sauce sriracha ou votre assaisonnement de salade préféré. Les restes de chips ne gardent pas leur croustillance, il est donc préférable de les manger immédiatement. Généralement, je les laisse sur la plaque de cuisson et en picore tout au long de la journée !

Potatoes croustillantes et légères

2 grandes pommes de terre à frites (environ 450 g)

1 c. à soupe de poudre d'arrow-root

1 c. à soupe d'huile de pépins de raisin

½ c. à café de sel de mer fin

Poivre noir fraîchement moulu

Des assaisonnements (comme la poudre d'ail, la poudre de chili, etc.) si vous le désirez

Cela ne prend que 5 à 10 minutes de préparer 2 pommes de terre et d'en faire des potatoes, croustillantes et délicieuses. Avec ma méthode, vous évitez la friture et vous grillez plutôt les pommes de terre enduites d'une fine couche de poudre d'arrow-root et d'huile. Ce qui donne des potatoes parfaitement croustillantes, légèrement dorées. Elles sont l'accompagnement parfait de notre burger végan préféré (voir p. 165).

Équivaut à 2 portions

PRÉPARATION : 10 min • **CUISSON** : 30 à 35 min

Sans gluten, sans noix, sans soja, sans sucre, sans céréales

1 – Préchauffez le four à 220 °C. Mettez une feuille de papier sulfurisé dans une plaque de cuisson.

2 – Coupez les pommes de terre en quatre dans le sens de la longueur. Tranchez chaque quartier en deux (ou en trois, si les pommes de terre sont très grosses).

3 – Mettez la poudre d'arrow-root et les parts de pomme de terre dans un petit sac de congélation. Fermez bien le dessus du sac et secouez-le vigoureusement jusqu'à ce que les pommes de terre soient recouvertes par la poudre.

4 – Mettez de l'huile dans le sac, fermez-le de nouveau, et secouez-le jusqu'à ce que les pommes de terre soient complètement recouvertes. Je sais que ça peut sembler bizarre, mais ça marche !

5 – Mettez les pommes de terre sur la plaque de cuisson que vous avez préparée, en laissant un espace d'au moins 2 cm entre chacune d'elles. Assaisonnez-les avec du sel et du poivre, et des assaisonnements supplémentaires, si vous le désirez.

6 – Faites-les cuire 15 minutes, retournez-les et laissez-les cuire 10 à 20 minutes de plus, jusqu'à ce qu'elles soient dorées et croustillantes. Servez-les immédiatement, car elles perdront de leur croustillance avec le temps.

Choux de Bruxelles cuits au four et les pommes de terre Fingerling au romarin

800 g de pommes de terre Fingerling

350 g de choux de Bruxelles, nettoyés

3 gousses d'ail émincées

2 c. à soupe de romarin frais haché

4 c. à café d'huile d'olive extra-vierge

1 ½ c. à café de sucre de canne

¾ de c. à café de sel de mer fin, et davantage si nécessaire

¼ de c. à café de poivre noir fraîchement moulu, et davantage si nécessaire

¼ de c. à café de flocons de piment rouge (optionnel)

Petite, je boudais les choux de Bruxelles, comme la plupart des enfants. Mais plus tard, je leur ai donné une autre chance, et je les ai appréciés petit à petit. J'en mettais un ou deux au bord de mon assiette « juste pour goûter », et j'ai fini par aimer leur texture proche de celle de la viande. Oui, j'ai utilisé « proche de la viande » et « choux de Bruxelles » dans la même phrase ! Cette recette est faite avec mes pommes de terre préférées, ce sont des Fingerling (grelots) cuits au four et accompagnées d'une quantité généreuse de romarin frais et d'ail. Essayez-la et vous comprendrez pourquoi cette recette a transformé de nombreux détracteurs de choux en Bruxelles en inconditionnels de ce légume !

Équivaut à 4 à 5 portions

PRÉPARATION : 20 min • **CUISSON** : 35 à 38 min

Sans gluten, sans noix, sans soja, sans sucre raffiné, sans céréales

1 – Préchauffez le four à 200 °C. Mettez une feuille de cuisson sur une grande plaque de cuisson.

2 – Nettoyez les pommes de terre et séchez-les en les tapotant. Coupez-les en deux dans le sens de la longueur et mettez-les dans un très grand saladier.

3 – Coupez les tiges des choux de Bruxelles et enlevez les feuilles flétries. Rincez-les et séchez-les en les tapotant. Coupez-les en deux dans la longueur et ajoutez-les aux pommes de terre.

4 – Ajoutez l'ail, le romarin, l'huile, le sucre, le sel, le poivre, les flocons de piment rouge (si vous en utilisez) et remuez jusqu'à ce que les pommes de terre et les choux soient bien imprégnés. Répartissez le mélange dans la plaque de cuisson que vous avez préparée.

5 – Faites-les cuire 35 à 38 minutes, remuez une fois au milieu de la cuisson, jusqu'à ce que les pommes de terre soient dorées et les choux légèrement bruns. Assaisonnez avec plus de sel et de poivre, si vous le désirez, et servez immédiatement.

Purée de chou-fleur et de pommes de terre et sa petite sauce aux champignons

900 g de pommes de terre à purée, épluchées ou non, coupées en morceaux de 2,5 cm

1 petite tête de chou-fleur (650 g environ), haché en fleurons de la taille d'une bouchée

2 c. à soupe de margarine végane

1 c. à café de sel de mer fin, ou plus ou moins selon votre goût

Poivre noir fraîchement moulu

1 gousse d'ail émincée

Du lait végétal, si vous le désirez

1 portion de sauce aux champignons (voir p. 292)

Astuce : n'hésitez pas à augmenter la quantité de chou-fleur au fur et à mesure que vous vous habituerez au goût.

Ce plat de purée de pommes de terre avec du chou-fleur est une manière amusante de faufiler un super-aliment dans une purée de pommes de terre normale, sans que personne ne s'en avise. Lorsque vous faites cuire doucement le chou-fleur et l'écrasez avec les pommes de terre, vous ajoutez du volume, faites baisser la teneur en calories et, bien entendu, vous apportez au plat une belle quantité d'éléments nutritifs supplémentaires. J'accompagne cette purée d'une sauce aux champignons riche mais saine, bien sûr cette purée est aussi délicieuse avec de la margarine végan. Un peu de romarin frais émincé est également excellent dans ce plat.

Équivaut à 6 portions

PRÉPARATION : 30 min • **CUISSON** : 20 à 30 min

Sans gluten, sans noix, sans soja, sans sucre, sans céréales

1 – Mettez les pommes de terre dans une très grande casserole et ajoutez de l'eau pour les recouvrir. Portez à ébullition et laissez cuire les pommes de terre 10 minutes sans les couvrir.

2 – Après les 10 minutes, ajoutez le chou-fleur. Continuez la cuisson 10 minutes de plus, sans couvrir, jusqu'à ce que les légumes soient tendres sous la fourchette.

3 – Égouttez les pommes de terre et le chou-fleur, puis remettez-les dans la casserole. Avec un pilon presse-purée, écrasez les pommes de terre jusqu'à ce qu'elles soient onctueuses, tout en ajoutant la margarine végan, le sel, le poivre et l'ail. Résistez à la tentation d'ajouter du lait végétal dès le départ, en effet quand vous écraserez le chou-fleur, il exprimera de l'eau et rendra la purée plus liquide. Si vous voulez, vous pourrez ajouter du lait végétal à la fin pour rectifier une consistance trop épaisse.

4 – Servez avec la sauce aux champignons.

Courge butternut et son « parmesan » amandes-noix de pécan

POUR LA COURGE :

1 courge butternut (900 g à 1,3 kg), épluchée et hachée en dés

2 grandes gousses d'ail émincées

½ bouquet de persil frais, haché finement

1 ½ c. à café d'huile d'olive extra-vierge

½ c. à café de sel de mer fin

POUR LE « PARMESAN » AMANDES-NOIX DE PÉCAN :

40 g d'amandes

40 g de noix de pécan

1 c. à soupe de levure nutritionnelle

1 ½ c. à café d'huile d'olive extra-vierge

⅛ de c. à café de sel de mer fin

40 g de feuilles égrappées de chou palmier, hachées grossièrement

Dans ce succulent plat d'automne, la courge cuite au four et caramélisée et les feuilles de chou palmier, sont recouvertes d'un « parmesan » amandes-noix de pécan grillées. Ce n'est pas étonnant que cet accompagnement soit l'un des plus populaires sur mon blog. La partie la plus difficile de cette recette est de hacher la courge en dés, mais le reste est facile. Lorsque j'ai peu de temps, il m'arrive d'acheter de la courge fraîche et prédécoupée dans le supermarché d'à côté, afin de pouvoir faire cette recette en un clin d'œil. Cela reste entre nous ?

Équivaut à 4 portions

PRÉPARATION : 30 min • **CUISSON** : 45 à 55 min

Sans gluten, sans soja, sans sucre, sans céréales

1 – Préparez la courge : préchauffez le four à 200 °C. Huilez légèrement un plat à gratin (2,5 à 3 l).

2 – Épluchez la courge. Tranchez les extrémités, puis coupez-la en deux dans le sens de la longueur. Enlevez les graines avec une cuillère à pamplemousse ou à glace. Coupez la courge en dés de 2,5 cm et mettez-les dans le plat à gratin.

3 – Ajoutez l'ail, le persil, l'huile, le sel et remuez jusqu'à ce que tout soit bien mélangé à la courge.

4 – Couvrez le plat avec un couvercle ou de l'aluminium et laissez cuire 35 à 40 minutes, ou jusqu'à ce que la courge soit tendre sous la fourchette.

5 – Pendant ce temps, faites le « parmesan » amandes-noix de pécan : dans un mixeur, mélangez rapidement et grossièrement les amandes, les noix de pécan, la levure nutritionnelle, l'huile, le sel (vous pouvez aussi hacher les noix et les amandes à la main et mélanger avec les autres ingrédients dans un grand récipient).

6 – Quand la courge est tendre sous la fourchette, retirez-la du four et réduisez la chaleur à 180 °C. Incorporez avec précaution les feuilles de chou hachées et répartissez le « parmesan » amandes-noix de pécan sur le dessus. Laissez cuire 6 à 8 minutes de plus sans couvrir, jusqu'à ce que les noix soient légèrement grillées et que le chou soit cuit.

Astuce : si vous voulez faire de cet accompagnement un plat principal, servez-le avec une saucisse végan.

collations

Barre Glo classique *225*

Barre Glo « cadeau » *227*

Pois chiches parfaits cuits au four *230*

Pois chiches grillés au four au sel et au vinaigre *231*

Verrine de pudding aux graines de chia *235*

Muffins légers chocolat-courgettes *237*

Pain super-énergisant aux graines de chia *239*

Bouchées croquantes banane-beurre d'amandes au cacao *243*

Bouchées de pâte à cookies *245*

Éric, mon mari, pourra témoigner que je suis plutôt agréable à fréquenter quand j'ai des collations à portée de main, pour contenir mes fringales. Je suis le genre de filles à avoir tout le temps des barres énergétiques dans son sac à main, « au cas où ». Une fois, j'ai retrouvé un trognon de pomme ratatiné tout au fond de mon sac. Éric a secoué la tête, apparemment pas surpris le moins du monde. Une collation peut souvent être aussi simple qu'une pomme avec du beurre d'amandes, ou du houmous et des crackers, mais si vous voulez changer vos habitudes, les recettes de ce chapitre, je l'espère, vous inspireront pour tenter de nouvelles expériences. Vous trouverez également deux de mes recettes de barres provenant de la boulangerie *Glo* que j'ai dirigée pendant deux ans. Je suis très heureuse de dévoiler ces recettes pour la première fois ! Ces barres Glo sont la collation parfaite à emporter pour des réunions ou des pique-niques, et elles se conservent aussi très bien au congélateur pour servir à toutes les occasions. Si vous préférez les collations moelleuses, essayez mon pain super-énergisant aux graines de chia (p. 239) tartiné d'huile de noix de coco ou de crème de noix. Si vous êtes d'humeur à manger quelque chose de croustillant et riche en protéines essayez mes pois chiches parfaits cuits au four (p. 230). Longue vie aux collations saines !

Barre Glo classique

150 g de flocons d'avoine sans gluten

30 g de de riz complet soufflé

4 c. à soupe de graines de chanvre

4 c. à soupe de graines de tournesol

4 c. à soupe de noix de coco râpée sans sucre

2 c. à soupe de graines de sésame

2 c. à soupe de graines de chia

½ c. à café de cannelle moulue

¼ de c. à café de sel de mer fin

125 ml + 15 ml de sirop de riz brun

4 c. à soupe de beurres de cacahuètes ou d'amandes

1 c. à café d'extrait de vanille pure

4 c. à soupe de copeaux de chocolat (optionnel)

C'est à partir de cette barre que tout a commencé ! En 2009, j'ai créé une recette de barre énergétique végane. Dire que ce fut un moment crucial serait un euphémisme. Les gens connectés ou non sont devenus fous de ces barres, et elles sont devenues si populaires que j'ai commencé à recevoir de nombreuses requêtes me demandant de vendre mes barres. Quelques mois plus tard, j'ai ouvert une boulangerie végane en ligne dans laquelle je vendais cette barre Glo et quelques autres saveurs. Je préparais à la main plus de 500 barres chaque semaine. C'était l'aventure d'une vie, et lorsque j'ai commencé à écrire ce livre de recettes, je savais que je voulais donner deux des recettes de mes barres si populaires pour remercier mes clients les plus fidèles. Les voici donc, chers amateurs de barres Glo – je vous remercie pour votre soutien pendant ces années ! Et si vous n'avez jamais mangé de Barre Glo auparavant, j'espère que vous les apprécierez autant que nous !

Équivaut à 12 barres

PRÉPARATION : 15 min • **REFROIDISSEMENT** : 10 min

Sans sucre raffiné, option sans noix

1 – Mettez deux papiers à cuisson (chacun dans un sens) dans un plat carré (2,5 l).

2 – Dans un grand récipient, mélangez l'avoine, le riz soufflé, les graines de chanvre, les graines de tournesol, la noix de coco, les graines de sésame, les graines de chia, la cannelle, le sel.

3 – Dans une petite casserole, remuez ensemble le sirop de riz brun et le beurre de cacahuètes jusqu'à ce qu'ils soient bien mélangés. Faites cuire à feu moyen jusqu'à ce que le mélange soit moelleux et fasse légèrement des bulles, enlevez ensuite la casserole du feu et incorporez la vanille.

4 – Versez le mélange de beurre de cacahuètes sur le mélange d'avoine, utilisez une spatule pour racler tout ce qui restera dans la casserole. Remuez bien avec une grande cuillère en métal jusqu'à

ce que l'avoine et les céréales soient recouvertes par le mélange humide. (Le résultat sera très épais et difficile à remuer. Si vous êtes fatigué, imaginez-moi en train de faire 500 de ces barres d'affilée, et ça ira mieux !) Si vous utilisez les copeaux de chocolat, laissez le mélange refroidir légèrement avant de les incorporer. Ainsi, ils ne fondront pas.

5 – Mettez le mélange dans le plat que vous avez préparé. Mouillez légèrement vos mains et appuyez fermement puis utilisez un rouleau à pâtisserie pour compacter uniformément. Pressez les côtés avec vos doigts pour égaliser le mélange.

6 – Mettez le plat au congélateur sans couvrir, et laissez refroidir 10 minutes, jusqu'à ce que le mélange soit bien ferme.

7 – Sortez le mélange du moule en vous servant du papier à cuisson comme poignées, et mettez-le sur une planche à découper. Avec un rouleau à pizza (ou un couteau à cran), tranchez le carré en 6 rangées et tranchez-les ensuite en deux pour faire 12 barres au total.

8 – Enveloppez individuellement les barres dans un emballage en plastique ou en aluminium et stockez-les au frais dans un récipient hermétique jusqu'à 2 semaines. Alternativement, vous pouvez les conserver au congélateur jusqu'à 1 mois.

Astuce : pour que des barres sans noix, remplacez le beurre de cacahuètes par le beurre de graines de tournesol. Cherchez du beurre de graines de tournesol légèrement sucré, le beurre de graines de tournesol sans sucre pouvant avoir un petit arrière-goût amer.

Barre Glo « cadeau »

180 g de noix de pécan, hachées finement

150 g de flocons d'avoine sans gluten

30 g de riz complet soufflé

4 c. à soupe de graines de courge

4 c. à soupe de canneberges séchées

1 c. à café de cannelle moulue

¼ de c. à café de sel fin

125 ml de sirop de riz brun

4 c. à soupe de beurre d'amandes ou de cacahuètes

1 c. à café d'extrait de vanille pure

Cette Barre Glo était l'une des barres les plus populaires parmi celles vendues dans ma boulangerie, il était donc évident que j'allais choisir cette recette pour ce livre. Faite de canneberges séchées, de graines de courge et de noix de pécan grillées et de cannelle, cette barre me rappelle le temps de Noël. Savourez-la comme un cadeau que je vous fais ! À l'approche de la fin de l'année, je fais plusieurs fournées de ces barres et je les offre, joliment emballées, à la famille et aux amis.

Équivaut à 12 barres

PRÉPARATION : 10 min • **REFROIDISSEMENT** : 10 min

Sans gluten, sans huile, sans soja, sans sucre raffiné

1 – Préchauffez le four à 150 °C. Mettez deux papiers à cuisson (chacun dans un sens) dans un moule carré de 2,5 l.

2 – Disposez les noix de pécan en une seule couche uniforme sur le papier à cuisson et faites-les cuire dans le four 10 à 12 minutes, jusqu'à ce qu'elles soient légèrement dorées et odorantes. Mettez-les de côté pour qu'elles refroidissent.

3 – Dans un grand récipient, mélangez l'avoine, le riz soufflé, les graines de courge, les canneberges, la cannelle et le sel. Incorporez les noix de pécan refroidies.

4 – Dans une petite casserole, remuez ensemble le sirop de riz brun et le beurre d'amandes jusqu'à ce qu'ils soient bien mélangés. Laissez cuire à feu moyen jusqu'à ce que le mélange soit moelleux et fasse quelques bulles, enlevez ensuite la casserole du feu et incorporez la vanille.

5 – Versez le mélange de beurre d'amandes sur le mélange d'avoine, utilisez une spatule pour racler tout ce qui restera dans la casserole. Remuez bien jusqu'à ce que l'avoine et les céréales soient recouvertes par le mélange humide. (Le résultat sera très épais et difficile à remuer).

6 – Mettez le mélange dans le plat que vous avez préparé, en le disposant en une couche uniforme. Mouillez légèrement vos mains et appuyez fermement pour égaliser. Utilisez un rouleau à pâtisserie pour compacter le mélange uniformément. Cela aide les barres à mieux se tenir. Pressez les côtés avec vos doigts pour donner forme au mélange.

7 – Mettez le plat au congélateur sans couvrir, et laissez refroidir 10 minutes, ou jusqu'à ce qu'il soit ferme.

8 – Sortez le mélange du moule en vous servant du papier à cuisson et mettez-le sur une planche à découper. Avec un rouleau à pizza (ou un couteau à cran), tranchez le carré en 6 rangées et tranchez-les ensuite en deux pour faire 12 barres au total.

9 – Enveloppez individuellement les barres dans un emballage en plastique ou en aluminium et stockez-les au frais dans un récipient hermétique jusqu'à 2 semaines. Alternativement, vous pouvez les conserver au congélateur jusqu'à 1 mois.

Pois chiches parfaits cuits au four

425 g de pois chiches, rincés et égouttés (en conserve ou cuits soi-même)

½ c. à café d'huile d'olive extra-vierge

1 c. à café de poudre d'ail

½ c. à café de sel de mer fin ou de sel aromatisé aux herbes

½ c. à café de poudre d'oignon

¼ de c. à café de poivre de Cayenne

Astuce : si vous avez des restes de pois chiches, laissez-les refroidir complètement et conservez-les au congélateur, dans un récipient, jusqu'à 5 à 7 jours. Pour les réchauffer, disposez simplement les pois chiches congelés sur une plaque de cuisson et laissez-les chauffer à 200 °C 5 à 10 minutes, jusqu'à ce qu'ils soient complètement réchauffés. Cela redonne aux pois chiches leur croquant initial ! Un délice !

C'est « la » recette de pois chiches cuits au four. Après avoir testé plusieurs combinaisons d'épices différentes, c'est cette composition dont tout le monde raffolait. Si vous n'avez jamais mangé de pois chiches grillés auparavant, vous allez vraiment vous régaler ! Une fois qu'ils sont cuits, les pois chiches deviennent croquants, ce qui en fait la collation parfaite, riche en protéines. Lisez mon astuce pour conserver et réchauffer les restes de pois chiches.

Équivaut à 3 portions
PRÉPARATION : 10 min • **CUISSON** : 35 min
Sans gluten, sans noix, sans soja, sans sucre, sans céréales

1 – Préchauffez le four à 200 °C. Mettez du papier à cuisson dans une grande plaque de cuisson.

2 – Mettez un linge sur votre plan de travail. Versez les pois chiches dessus et recouvrez-les d'un autre linge. Frottez doucement les pois chiches jusqu'à ce qu'ils soient complètement secs. Mettez-les avec précaution sur la plaque de cuisson que vous avez préparée.

3 – Badigeonnez les pois chiches avec de l'huile et faites-les rouler jusqu'à ce qu'ils soient uniformément recouverts d'huile.

4 – Saupoudrez avec la poudre d'ail, le sel, la poudre d'oignon, le poivre de Cayenne et faites rouler les pois chiches jusqu'à ce qu'ils soient recouverts.

5 – Faites cuire les pois chiches pendant 20 minutes, et ensuite secouez doucement la plaque pour faire rouler les pois chiches. Faites-les cuire 10 à 15 minutes de plus, jusqu'à ce qu'ils soient dorés et légèrement dorés. Laissez-les refroidir sur la plaque pendant 5 minutes et servez-les.

Pois chiches grillés au four au sel et au vinaigre

425 g de pois chiches rincés et égouttés (en conserve ou cuits soi-même)

600 ml de vinaigre de vin blanc

1 c. à café d'huile d'olive extra-vierge

½ c. à café de sel de mer fin ou grossier, et davantage si besoin

J'en appelle à tous les fans de sel et de vinaigre ! Cette collation est bien plus saine que les chips au sel et au vinaigre. Pour faire cette version plus, faites simplement cuire les pois chiches dans le vinaigre, ce qui leur donne une saveur intense. Ensuite, faites-les griller avec du sel de mer et une touche d'huile d'olive jusqu'à ce qu'ils soient croquants. Comme on dit, une fois qu'on commence, on ne peut plus s'arrêter ! Mais s'il y a quand même des restes, consultez l'astuce p. 230 pour conserver les restes de pois chiches.

Équivaut à 3 portions

PRÉPARATION : 30 min • **CUISSON** : 30 à 35 min au four

Sans gluten, sans noix, sans soja, sans sucre, sans céréales

1 – Mettez les pois chiches et le vinaigre dans une casserole de taille moyenne. Ajoutez une pincée de sel de mer. Portez à ébullition et laissez cuire environ 30 secondes, retirez ensuite la casserole du feu. La peau de quelques pois chiches va partir pendant ce processus, mais ne vous en inquiétez pas. Couvrez la casserole et laissez les pois chiches tremper dans le vinaigre 25 à 30 minutes.

2 – Préchauffez le four à 200 °C. Mettez du papier sulfurisé sur une grande plaque de cuisson.

3 – Égouttez les pois chiches dans une passoire, jetez le vinaigre. Il n'est pas nécessaire de sécher les pois chiches.

4 – Mettez les pois chiches sur la plaque de cuisson et arrosez-les d'huile. Avec vos doigts, recouvrez complètement les pois chiches d'huile en les massant. Saupoudrez avec le sel.

5 – Faites cuire les pois chiches 20 minutes, secouez ensuite doucement les pois chiches. Faites-les cuire 10 à 15 minutes de plus, jusqu'à ce qu'ils soient dorés.

6 – Laissez refroidir les pois chiches sur la plaque pendant 5 minutes. Ils vont s'affermir en refroidissant.

Astuce : je suggère de mettre en marche la hotte d'aération et d'ouvrir la fenêtre pendant que les pois chiches cuisent dans le vinaigre, car ce dernier sent très fort ! Comme le dit mon mari, il tient les vampires à distance. Ne dites pas que je ne vous aurai pas prévenus !

Verrine de pudding aux graines de chia

POUR LE PUDDING :

3 c. à soupe de graines de chia

250 ml de lait végétal

½ c. à café d'extrait de vanille pure

1 ½ à 3 c. à café de sirop d'érable ou d'agave

POUR LA VERRINE :

Des fruits frais

Des rochers croquants (voir p. 41)

De la crème glacée de banane (voir p. 299) (optionnel)

Astuce : utilisez un lait végétal comme le lait de coco, pour l'option sans noix.

Le pudding de chia est une manière savoureuse d'obtenir une délicieuse dose d'acides gras bénéfiques oméga-3, lesquels apportent à la peau son rayonnement. Ce pudding est spécialement crémeux quand il est fait avec le lait d'amande à la vanille (voir p. 285). La consistance du pudding de chia variera selon le type de lait que vous utiliserez, donc ne vous inquiétez pas s'il semble un peu trop épais ou trop fluide quand vous essayez la recette pour la première fois. Si votre pudding est fluide, vous pouvez ajouter plus de graines de chia et le laisser reposer 30 minutes de plus ; s'il est trop épais, essayez d'ajouter un peu plus de lait d'amande. Si vous n'aimez pas la texture de ce pudding, proche de celle du tapioca, mixez-le dans un blender avant de le servir.

Équivaut à 1 portion

PRÉPARATION : 5 min • **REFROIDISSEMENT** : 8 h ou une nuit

Sans gluten, sans huile, cru/sans cuisson, sans soja, sans sucre raffiné, sans céréales, option sans noix

1 – Dans un récipient de taille moyenne, fouettez ensemble les graines de chia, le lait, la vanille et le sirop d'érable. Couvrez le mélange et mettez-le au frais toute une nuit, ou au moins 2 heures, pour qu'il épaississe.

2 – Servez le pudding épaissi et refroidi dans des verrines, en faisant alterner des couches de fruit frais et de rochers croquants. Pour une variante froide et crémeuse, vous pouvez aussi faire des couches avec la crème glacée banane (optionnel).

Muffins légers chocolat-courgettes

1 c. à soupe de graines de lin moulues

300 ml de lait végétal

2 c. à café de vinaigre de cidre ou de jus de citron

280 g de farine complète de blé

40 g de poudre de cacao sans sucre, tamisé

1 ½ c. à café de poudre à lever

½ c. à café de bicarbonate de soude

½ c. à café de sel de mer fin

3 c. à soupe de sirop d'érable pur

1 c. à café d'extrait de vanille pure

50 g de copeaux de chocolat végan

80 g de noix hachées (optionnel)

180 g de courgette râpée finement

Légèrement sucrés et sans huile, ces muffins au chocolat cachent un secret : un légume vert sain ! Ne vous inquiétez pas, vous ne sentirez pas la courgette, mais elle fait un travail fantastique en ajoutant de l'humidité de manière à ce qu'on puisse faire cette recette sans ajouter d'huile. Comment est-ce-possible ? Des muffins au chocolat végan, sans sucre raffiné et sans matière grasse, qui sont excellents ? Oui, c'est bien vrai. Il y a encore des miracles !

Équivaut à 12 muffins

PRÉPARATION : 20 à 30 min • **CUISSON** : 15 à 17 min

Sans huile, sans sucre raffiné, option sans noix

1 – Préchauffez le four à 180 °C. Huilez légèrement un moule à muffin.

2 – Dans un petit bol, mélangez ensemble les graines de lin moulues et les 3 c. à soupe d'eau. Réservez.

3 – Dans un récipient de taille moyenne, mélangez le lait et le vinaigre. Réservez. Le mélange va cailler un peu, mais c'est le but – nous faisons du babeurre végan.

4 – Dans un grand saladier, mélangez la farine, le sucre, la poudre de cacao, la levure, le bicarbonate de soude et le sel.

5 – Dans le bol qui contient le mélange de lait et de vinaigre, incorporez le mélange de graines de lin, le sirop d'érable et la vanille. Versez le mélange qui contient le lait sur le mélange qui contient la farine et remuez bien. Incorporez les copeaux de chocolat, les noix (si vous en utilisez) et les courgettes, en prenant garde de ne pas trop mélanger.

6 – Mettez la pâte dans les moules à muffin que vous avez préparés, remplissant chacun des moules aux trois quarts. Laissez cuire 15 à 17 minutes, ou jusqu'à ce que les muffins soient légèrement élastiques lorsque vous les touchez. Un cure-dent inséré au centre du muffin devrait ressortir impeccable. Laissez les muffins refroidir 5 minutes dans les moules.

7 – Avec un couteau, faites le tour des muffins pour les démouler et les mettre sur une grille afin qu'ils refroidissent complètement.

Astuce : si vous le souhaitez vous pouvez faire la recette sans les noix.

Pain super-énergisant aux graines de chia

50 g de flocons d'avoine sans gluten

40 g de gruaux de sarrasin (ou plus de flocons d'avoine)

100 g de graines de chia

4 c. à soupe de graines de tournesol

4 c. à soupe de graines de courge crues

1 c. à café d'origan séché

1 c. à café de sucre (optionnel)

½ c. à café de thym séché

½ c. à café de sel de mer fin, et davantage si nécessaire

¼ de c. à café de poudre d'ail

¼ de c. à café de poudre d'oignon

Tendre, consistant et dense – ce n'est pas un pain ordinaire ! Riche de 9 g de protéines et de plus de 7 g de fibres par tranche, ce pain vous apportera de la satiété et une bonne forme pendant des heures. Depuis que c'est un produit de base de notre alimentation, j'en fais une double fournée chaque semaine. N'hésitez pas à vous amuser à ajouter des herbes et des épices à votre convenance !

Équivaut à 8 portions
PRÉPARATION : 5 min • **CUISSON** : 30 min
Sans gluten, sans noix, sans huile, sans soja, option sans sucre

1 – Préchauffez le four à 160 °C. Mettez deux papiers à cuisson (chacun dans un sens) dans un moule carré de 2,5 l.

2 – Mettez l'avoine et les gruaux de sarrasin dans un blender à grande vitesse et mixez à la vitesse maximale jusqu'à ce qu'une farine fine se forme.

3 – Dans un grand récipient, mélangez la farine d'avoine et de sarrasin, les graines de chia, les graines de tournesol, les graines de courge, l'origan, le sucre (si vous en utilisez), le thym, le sel, la poudre d'ail, la poudre d'oignon, et remuez jusqu'à ce que tout soit bien mélangé.

4 – Ajoutez 250 ml d'eau pour obtenir un mélange assez liquide.

5 – Versez le mélange dans le moule et égalisez-le avec une spatule. Vous pouvez utiliser vos mains – légèrement mouillées – pour lisser le dessus, si c'est nécessaire. Saupoudrez la surface avec un peu de sel.

6 – Faites cuire environ 25 minutes sans couvrir, ou jusqu'à ce que le mélange soit ferme au toucher. Laissez le pain refroidir dans le moule 5 minutes et mettez-le ensuite 5 à 10 minutes sur une grille de refroidissement. Tranchez et savourez !

Astuces : ce pain peut se conserver au frais 2 à 3 jours dans un récipient hermétique– si vous le gardez plus longtemps il commencera à avoir une texture gélatineuse. Je préfère congeler les restes de pain et les décongeler avant d'en faire usage.

J'adore faire griller ce pain et le tartiner ensuite avec de l'huile de noix de coco, de la crème de noix ou du houmous. Essayez ce qui vous convient le mieux !

Bouchées croquantes banane-beurre d'amandes au cacao

2 grandes bananes, épluchées et tranchées en diagonale en morceaux de 2 cm

3 c. à soupe de beurre de cacahuètes ou d'amandes grillées

2 c. à soupe de copeaux de chocolat végan

½ c. à café d'huile de noix de coco

1 c. à soupe de gruées de cacao crus

2 c. à café d'amandes effilées, grillées

Une alternative saine à une coupe glacée à la banane. Les bananes congelées ont la texture crémeuse de la glace, tandis que la garniture croustillante est une véritable fête pour les papilles ! Je recommande fortement d'utiliser du beurre de noix grillées. Si vous ne voulez pas en acheter, essayez mon beurre d'amandes grillées sirop d'érable-cannelle, (p. 305). Les morceaux de noix donnent à cette collation une excellente texture et la saveur grillée est inégalable.

Équivaut à 18 bouchées

PRÉPARATION : 10 min • **REFROIDISSEMENT** : 30 à 40 min

Sans gluten, cru/sans cuisson, sans céréales

1 – Mettez un papier à cuisson sur un plat. Disposez dessus les bananes tranchées. Mettez avec précaution ½ c. à café de beurre d'amandes sur chaque morceau de banane.

2 – Mettez le plat au congélateur au moins 30 minutes, jusqu'à ce que les bananes soient fermes.

3 – Dans une petite casserole, faites fondre doucement les copeaux de chocolat et l'huile à feu très doux. Mélangez. Avec une petite cuillère, mettez un peu du chocolat fondu sur chaque morceau de banane.

4 – Saupoudrez immédiatement les morceaux de banane avec les gruées de cacao et les amandes effilées, et mettez un cure-dent dans chacun des morceaux (si vous le désirez). Le chocolat fondu va durcir rapidement. Si ce n'est pas le cas, remettez l'assiette au congélateur 5 à 10 minutes de plus, jusqu'à ce que le chocolat durcisse.

5 – Servez immédiatement. Gardez les restes au congélateur dans un récipient. Décongelez à température ambiante, quelques minutes avant de servir.

Bouchées de pâte à cookies

150 g de flocons d'avoine sans gluten

2 c. à soupe d'huile de noix de coco

2 c. à soupe de beurre de cacahuètes, d'amandes ou de tournesol onctueux

4 c. à soupe de sirop d'érable ou un autre édulcorant liquide

1 c. à café d'extrait de vanille pure

80 g poudre d'amandes

¼ de c. à café de sel de mer fin

2 c. à soupe de mini copeaux de chocolat végan

Astuces : pour une version sans noix, utilisez du beurre de graines de tournesol, et remplacez la poudre d'amandes par un peu plus de farine d'avoine (ajoutez une goutte de lait végétal si la pâte est un peu sèche). Les deux versions marchent aussi bien.

Pour l'option sans soja, utilisez des copeaux de chocolat sans soja.

Lorsque j'étais adolescente, ma meilleure amie Alison et moi avions pour habitude de nous nous partager pour le goûter un paquet entier de pâte à cookies achetée dans le commerce. Oui, vous avez bien lu ! Nous déchirions l'emballage de pâte à cookies en plein milieu, attrapions deux cuillères, et mangions la pâte crue de bon cœur. Ce qui aujourd'hui parait inconcevable ! Je suis heureuse de dire que mon amour pour la pâte à cookies n'a jamais diminué, mais je la fais moi-même et avec des ingrédients complètement naturels. Ma santé, mes artères et mon tour de taille me remercient. Et ces bouchées de cookies sont toujours très appréciées des enfants.

Équivaut à 14 petites bouchées
PRÉPARATION : 15 min • **REFROIDISSEMENT** : 10 min
*Sans gluten, cru/sans cuisson, option sans soja,
option sans noix, sans sucre raffiné*

1 – Dans un blender à grande vitesse, mixez l'avoine jusqu'à ce qu'une farine fine se forme. Réservez.

2 – Dans un grand récipient, mélangez l'huile, le beurre de cacahuètes (ou de graines tournesol ou d'amandes), le sirop d'érable, la vanille et battez l'ensemble avec un mixeur jusqu'à ce qu'il soit onctueux. Ajoutez la poudre d'amandes, la farine d'avoine, le sel et battez de nouveau jusqu'à ce que tout soit mélangé. Incorporez les copeaux de chocolat.

3 – Faites de petites balles avec la pâte (d'environ 1 cuillère à soupe chacune). Si les copeaux de chocolat tombent au fond du bol, récupérez-les en faisant rouler la pâte dessus. Mettez les bouchées terminées sur une assiette recouverte de papier à cuisson.

4 – Mettez les bouchées au congélateur 5 à 10 minutes, jusqu'à ce qu'elles soient fermes. Conservez ce qui n'est pas mangé au congélateur dans un sac de congélation pour des collations rapides et faciles.

desserts

Tarte glacée chocolat-expresso aux éclats de noisette   *251*

Crumble aux pommes de Mère Nature   *253*

Parfait glacé au potiron sur fond de tarte dattes et avoine   *257*

Schichttorte (gâteau à étages) au chocolat   *259*

Fruits frais et noix à la crème fouettée de noix de coco   *263*

Salade d'hiver aux agrumes   *265*

Gâteau au pudding choco-moka   *267*

Brownies chocolat-amandes sans gluten   *269*

Yolos faits maison   *273*

Cookies croquants au beurre d'amandes et copeaux de chocolat   *275*

Pizza glacée des journées chaudes   *279*

Dans la famille, je suis celle qui a toujours eu un faible pour les sucreries. Déjà enfant, je préférais les collations sucrées aux salées et même aujourd'hui, il est rare que je ne termine pas ma journée par quelque chose de sucré. Cela peut être aussi simple que deux carrés de chocolat ou des fruits frais, ou si nous recevons, je vais faire un dessert gourmand comme ma tarte glacée chocolat-expresso aux éclats de noisette grillés (p. 251) ou mon Schichttorte au chocolat (p. 259). La vie est vraiment trop courte pour ne pas savourer de desserts. Le mieux avec mes desserts – hormis qu'ils soient si appétissants – est qu'ils sont préparés avec des ingrédients complets. Je préfère utiliser de la farine de blé complète, de la farine d'avoine, des amandes moulues et des édulcorants naturels comme le sirop d'érable, le sucre de fleurs de coco ou les dattes Medjool à chaque fois que c'est possible. Cela fait vraiment une différence dans la manière dont on se sent après avoir gouté à cela. Si vous cherchez de quoi satisfaire rapidement votre envie de sucrerie, essayez un de mes desserts crus comme les yolos faits maison (p. 273) ou la pizza glacée des journées chaudes (p. 279). Les cookies croquants au beurre d'amandes et copeaux de chocolat (p. 275) sont également rapides à faire et sont parfaits servis avec un verre frais de lait d'amande crémeux à la vanille (voir p. 285). Je salive rien que d'y penser.

Tarte glacée chocolat-expresso aux éclats de noisette

POUR LE FOND DE TARTE :

100 g de noisettes crues

4 c. à soupe d'huile de noix de coco

3 c. à soupe de sirop d'érable

¼ de c. à café de sel de mer fin

50 g de farine d'avoine sans gluten

100 g de flocons d'avoine sans gluten

POUR LA GARNITURE CHOCOLAT :

200 g de noix de cajou trempées (voir p. 22)

150 ml de sirop d'agave, ou 175 ml de sirop d'érable pur

125 ml d'huile de noix de coco

40 g de poudre de cacao

50 g de copeaux de chocolat noir, fondus

2 c. à café d'extrait de vanille pure

½ c. à café de sel de mer fin

½ c. à café de poudre d'expresso (optionnel)

Des copeaux de chocolat (optionnel)

Noix de coco rapée (optionnel)

C'est un dessert qui fait l'unanimité et qui ravira les amateurs de chocolat. Rappelant la célèbre pâte à tartiner Nutella®, au chocolat et aux noisettes. Personne ne voudra croire que cette tarte est faite sans produits laitiers et nombreux seront ceux qui se resserviront en dépit de leurs bonnes intentions. Si vous voulez un dessert sensationnel, cette recette est pour vous.

Équivaut à 1 tarte de 23 cm ; 8 à 14 portions
PRÉPARATION : 30 à 35 min
REFROIDISSEMENT : 4 à 6 h minimum, mais toute une nuit de préférence
Sans gluten

1 – Préparation du fond de tarte : préchauffez le four à 180 °C. Huilez légèrement un plat à tarte de 23 cm avec de l'huile de noix de coco.

2 – Dans un mixeur, mixez les noisettes en fines miettes à la texture sablonneuse. Ajoutez l'huile, le sirop d'érable, la farine d'avoine et mixez encore jusqu'à ce que la pâte se forme. Ajoutez enfin les flocons d'avoine et mixez jusqu'à ce que l'avoine soit hachée tout en gardant un peu de sa texture. La pâte devrait coller très légèrement quand vous la pressez entre vos doigts, mais pas trop non plus. Si elle est trop sèche, essayez d'ajouter 1 c. à café d'eau ou mixez un peu plus longtemps.

3 – Avec vos doigts, répartissez la pâte uniformément dans le plat à tarte. En partant du milieu, pressez le mélange fermement et dans le plat, vers l'extérieur et le haut des côtés du plat. Plus vous presserez fortement les miettes dans le plat, mieux la pâte tiendra. Piquez quelques trous dans le fond avec une fourchette afin que la vapeur s'échappe.

4 – Faites cuire la pâte 10 à 13 minutes sans couvrir, jusqu'à ce qu'elle soit légèrement dorée. Retirez-la du four et réservez sur une grille pendant 15 à 20 minutes.

5 – Préparation de la garniture au chocolat : égouttez et rincez les noix de cajou. Dans un blender mixez à grande vitesse les noix de cajou, le sirop d'agave, l'huile, la poudre de cacao, le chocolat fondu, la vanille, le sel, la poudre d'expresso (si vous souhaitez en utilisez) jusqu'à ce que le mélange soit tout à fait onctueux. Cela peut prendre quelques minutes selon votre blender. Si votre blender a besoin de plus de liquide, ajoutez une cuillère à soupe de lait d'amande (ou un peu plus) pour faciliter le mixage.

6 – Versez la garniture dans la pâte que vous avez préparée, en raclant tout ce qui restera au fond du blender. Lissez uniformément le dessus. Garnissez avec des copeaux de chocolat et/ou des flocons de noix de coco, si vous le désirez.

7 – Mettez le plat à tarte sur une surface plate dans votre congélateur, sans couvrir. Laissez refroidir pendant deux heures, couvrez ensuite le plat avec du papier aluminium et laissez au congélateur toute la nuit, ou au moins 4 à 6 heures, jusqu'à ce que la garniture soit ferme.

8 – Sortez la tarte du congélateur et laissez-la reposer sur le plan de travail pendant 10 minutes avant de la trancher. Cette tarte doit être servie congelée. Si vous le souhaitez-mais ce n'est pas nécessaire tant cette tarte est délicieuse-vous pouvez la servir avec de la crème fouettée de noix de coco faite maison (voir p. 290) et des noisettes finement hachées. Enveloppez individuellement les tranches qui restent dans de l'aluminium et conservez-les au congélateur dans un récipient hermétique jusqu'à 1 semaine à 1 semaine ½.

Astuce : vous n'êtes pas d'humeur à cuire un fond de tarte ? Transformez ce dessert en fudge glacé en préparant seulement la garniture de chocolat. Versez la garniture dans un plat carré de 20 cm recouvert d'un film alimentaire ; mettez par-dessus 65 g de noisettes ou de noix grillées, et mettez au congélateur jusqu'à ce que le mélange devienne solide (environ 2 heures). Tranchez en carrés et savourez-le immédiatement après l'avoir sorti du congélateur.

Crumble aux pommes de Mère Nature

POUR LA GARNITURE DE POMME :

6-7 pommes acides épluchées et hachées (voir l'astuce, p. 254)

1 c. à soupe de poudre d'arrow-root ou d'amidon de maïs

60 g de sucre de canne complet

1 c. à soupe de graines de chia (optionnel)

1 c. à café de cannelle moulue

1 c. à soupe de jus de citron frais

POUR LE CRUMBLE :

100 g de flocons d'avoine sans gluten

100 g d'amandes effilées

60 g d'amandes moulues

4 c. à soupe de sirop d'érable

4 c. à soupe d'huile de noix de coco fondue

2 c. à soupe de noix de coco râpée sans sucre (optionnel)

1 c. à café de cannelle moulue

¼ de c. à café de sel de mer fin

POUR LA PRÉSENTATION :

Glace végane (optionnel 6-8 boules)

Crème fouettée de noix de coco (optionnel, voir p. 290)

Dites adieu aux crumbles aux pommes, qui sont pour la plupart un concentré de sucre blanc, de farine blanchie et raffinée et de beurre. Cette version sans farine et sans sucre raffiné pourrait difficilement être plus saine, et plaît toujours aussi bien aux enfants qu'aux adultes. Servez-la avec une cuillère de votre glace végane préférée ou avec de la crème fouettée de noix de coco (voir p. 290). Si vous voulez varier la recette, utilisez un mélange de pommes et de poires.

Équivaut à 8 petites portions
PRÉPARATION : 25 à 30 min • **CUISSON** : 45 à 60 min
Sans gluten, sans soja, sans sucre raffiné

1 – Préchauffez le four à 190 °C. Graissez légèrement un plat à four de 2,5 l de contenance.

2 – Faites la garniture de pommes : mettez les pommes dans un grand saladier et saupoudrez-les de poudre d'arrow-root. Remuez pour bien mélanger. Incorporez le sucre, les graines de chia et la cannelle. Ajoutez le jus de citron et mélangez. Versez le mélange de pommes dans le plat que vous avez préparé et lissez-le uniformément.

3 – Faites le crumble : dans un grand récipient (vous pouvez utiliser celui que vous avez pris pour préparer les pommes), remuez ensemble l'avoine, les amandes, la poudre d'amandes, le sirop d'érable, l'huile de noix de coco fondue, la noix de coco râpée (si vous en utilisez), la cannelle et le sel jusqu'à ce que tout soit complètement mélangé.

4 – Répartissez ce mélange sur les pommes en une couche uniforme.

desserts

5 – Couvrez le plat avec une feuille d'aluminium et faites deux trous dans la feuille. Mettez à cuire au four 30 à 45 minutes jusqu'à ce que les pommes soient tendres sous la fourchette. Découvrez le plat et laissez cuire 10 à 15 minutes de plus, jusqu'à ce que la garniture soit dorée et odorante.

6 – Servez avec une cuillère de glace à la vanille sans produits laitiers ou avec la crème fouettée de noix de coco (voir p. 290). S'il y a des restes, ils sont délicieux une fois refroidis, mais vous pouvez aussi les réchauffer au four 15 à 20 minutes et cela sera très sain pour le petit-déjeuner du lendemain !

Astuce : j'aime utiliser plusieurs sortes de pommes pour obtenir la meilleure saveur possible. Selon les saisons, ce crumble pourra être préparé avec d'autres fruits, pêches et myrtilles se marient très bien par exemple, quoiqu'elles donnent un crumble plus juteux (et parfois aqueux).

Parfait glacé au potiron sur fond de tarte dattes et avoine

POUR LE FOND DE TARTE :

140 g de dattes Medjool dénoyautées

125 g de flocons d'avoine sans gluten

80 g de noix de pécan

¼ de c. à café de cannelle moulue

⅛ de c. à café de sel

3 c. à soupe d'huile de noix de coco, à température ambiante

POUR LA GARNITURE :

130 g de noix de cajou crues, trempées (voir p. 22)

200 g de purée de potiron (potiron cuit à la vapeur avec un peu d'eau et réduit en purée)

175 ml de sirop d'érable

125 ml d'huile de noix de coco

2 c. à café d'extrait de vanille pure

¾ de c. à café de cannelle moulue

¼ de c. à café de sel de mer fin

⅛ de c. à café de gingembre moulu

⅛ de c. à café de noix de muscade fraîchement râpée ou moulue

1 c. à café de lait d'amandes (optionnel)

POUR LA PRÉSENTATION :

De la crème fouettée de noix de coco (voir p. 290 - optionnel)

Des noix de pécan finement hachées (optionnel)

De la noix de muscade fraîchement râpée (optionnel)

J'ai apporté cette tarte lors d'un dîner festif récent (avec ma tarte glacée chocolat-expresso – voir 241) et tous les convives en furent ravis – même ceux qui détestaient le potiron ! Il n'est pas resté une seule miette dans les assiettes et j'avais un sourire jusqu'aux oreilles. La garniture crue est riche et gourmande grâce à la base de noix de cajou, donc j'en sers de petites quantités – lesquelles sont suffisantes. Assurez-vous de servir cette tarte bien froide ; laissez-la décongeler sur le plan de travail 5 à 10 minutes. Elle doit également reposer une nuit au congélateur, donc il faut impérativement la préparer la veille. Laissez tremper les noix de cajou toute une nuit, ou au moins 3 à 4 heures, de manière à ce qu'elles soient prêtes lorsque vous en aurez besoin.

Équivaut à 1 tarte (23 cm) ; 8 à 14 portions
PRÉPARATION : 25 min • **REFROIDISSEMENT** : 5 h minimum
Sans gluten, sans soja, sans sucre raffiné

1 – Préparez le fond de tarte : préchauffez le four à 180 °C. Huilez légèrement un plat à tarte de 23 cm avec de l'huile de noix de coco. Si vos dattes sont très fermes, trempez-les dans l'eau 30 à 60 minutes et égouttez-les avant d'en faire usage.

2 – Dans un mixeur, mélangez l'avoine, les noix de pécan, la cannelle, le sel, mixez jusqu'à ce que le mélange ait une texture grossièrement sablonneuse. Ajoutez les dattes et l'huile, mixez de nouveau jusqu'à ce que le mélange soit compact. Il devrait coller un peu lorsque vous le pressez entre vos doigts. S'il est sec, ajoutez une cuillère à café d'eau et mixez de nouveau.

3 – Mettez la pâte dans le plat à tarte. En partant du milieu, pressez fermement et uniformément la pâte en allant vers l'extérieur. Plus vous presserez fort, mieux la pâte se tiendra. Poussez la pâte jusqu'aux côtés du plat et lissez les bords avec vos doigts. Faites quelques trous dans la pâte avec une fourchette et mettez au four

10 à 12 minutes, sans couvrir, jusqu'à ce que la pâte soit légèrement dorée. Retirez du four et laissez refroidir ensuite 30 minutes sur une grille.

4 – Préparez la garniture : égouttez et rincez les noix de cajou. Dans un blender à grande vitesse, mélangez les noix de cajou trempées, la purée de potiron, le sirop d'érable, l'huile, la vanille, la cannelle, le sel, le gingembre, la noix de muscade et mixez à grande vitesse jusqu'à ce que le mélange soit bien onctueux. Cela peut prendre plusieurs minutes, selon votre blender. S'il faut plus de liquide pour continuer, ajoutez 1 cuillère à soupe de lait d'amande (ou un peu plus) pour faciliter le mixage.

5 – Versez la garniture sur la pâte et lissez le dessus. Couvrez précautionneusement le plat avec de l'aluminium et mettez-le sur une surface plate dans le congélateur pour qu'il refroidisse toute la nuit, ou au moins 5 à 6 heures, jusqu'à ce que la garniture soit bien ferme.

6 – Sortez la tarte du congélateur, laissez-la reposer sur le plan de travail 10 minutes avant de la trancher. Cette tarte doit être servie froide, et elle est meilleure servie gelée. Si vous le souhaitez, garnissez-la de crème fouettée de noix de coco, de noix de pécan hachées finement et de noix de muscade fraîchement râpée.

Astuces : les restes de tarte peuvent se conserver au congélateur jusqu'à 10 jours. Enveloppez chaque tranche individuellement dans un film alimentaire ou une feuille d'aluminium, et conservez-les dans un récipient hermétique.

Vous n'êtes pas d'humeur à faire une pâte ? Transformez ce dessert en fudge glacé en préparant seulement la garniture de potiron. Dans un plat carré de 20 cm tapissé de film alimentaire, versez la garniture et répartissez par-dessus 65 g de noix de pécan grillées. Mettez le plat au congélateur jusqu'à ce que la préparation soit solide (1 heure ½ à 2 heures). Tranchez-la en carrés et savourez encore glacé !

Schichttorte (gâteau à étages) au chocolat

500 ml de lait végétal

2 c. à soupe de vinaigre de cidre ou de vinaigre de vin blanc

250 g de sucre de canne cru (voir les Astuces p. 260)

150 ml d'huile de noix de coco fondue ou d'huile de pépins de raisin

2 c. à soupe d'extrait de vanille pure (oui, c'est exact !)

140 g de farine de blé complète

240 g de farine de blé blanche

130 g de poudre de cacao tamisée

2 c. à café de bicarbonate de soude

1 ¼ c. à café de sel de mer fin

1 portion de crème au beurre chocolatée ou de glaçage chocolat-avocat (voir p. 298)

Des copeaux de chocolat noir (optionnel)

Chacun devrait avoir dans son répertoire une recette de gâteau au chocolat à faire pour les occasions spéciales. Ce délice chocolaté est le gâteau que je fais le plus souvent pour les anniversaires et les autres événements spéciaux. C'est toujours un succès avec les enfants aussi bien qu'avec les adultes, et c'est un excellent dessert pour prouver aux sceptiques que les desserts végans peuvent être encore meilleurs que les desserts traditionnels ! D'ailleurs, ma mère dit que c'est le meilleur gâteau au chocolat végan ou non-végan qu'elle connaisse. Et pourtant, les desserts des mamans ne sont-ils pas les meilleurs ? J'utilise dans cette recette de la farine complète et du sucre de canne complet pour en rehausser la teneur nutritive. Si vous n'êtes pas d'humeur à faire un Schichttorte (gâteau à étages), consultez mes astuces p. 260 pour préparer des muffins ou une génoise rectangulaire. Vous avez mon feu vert pour cela !

Équivaut à 14 portions

PRÉPARATION : 30 min • **CUISSON** : 30 à 35 min

Sans noix, sans soja, sans sucre raffiné

1 – Préchauffez le four à 180 °C. Graissez légèrement deux moules à manqué d'1 l et recouvrez-les d'un papier à cuisson. Si vous faites des muffins, procédez de même.

2 – Dans un récipient de taille moyenne, mélangez le lait et le vinaigre. Réservez une minute ou deux. Ce mélange donne du babeurre végan.

3 – Ajoutez au babeurre, le sucre, l'huile et la vanille avec le lait. Fouettez pour mélanger.

4 – Dans un grand saladier, fouettez ensemble les farines, la poudre de cacao, le bicarbonate de soude et le sel.

5 – Versez le mélange de babeurre sur le mélange de farine et battez avec un mixeur manuel jusqu'à ce que le tout soit onctueux.

6 – Divisez la pâte équitablement entre les moules à gâteau que vous avez préparés et lissez le dessus.

7 – Faites cuire les gâteaux pendant 30 à 35 minutes, en tournant les moules au milieu de la cuisson. Ils seront cuits dès qu'un cure-dent piqué dans le centre du gâteau ressortira sec. Sortez les gâteaux du four du four et mettez-les à refroidir 20 à 25 minutes sur une grille. Puis insérez un couteau autour du gâteau pour détacher les côtés. Doucement, et avec précaution, retournez les gâteaux sur la grille et laissez refroidir 30 à 45 minutes de plus.

8 – Une fois que les gâteaux sont tout à fait froids, mettez un morceau de papier sulfurisé sur un plat de service. Disposez un des gâteaux au centre du papier. Avec un couteau à dents, coupez ce gâteau en deux parts égales. Répartissez entre ces deux moitiés une couche de crème au beurre chocolatée ou de glaçage chocolat-avocat (environ 150 ml). Pressez doucement pour que les deux couches tiennent bien ensemble, remettez de la garniture sur le dessus et recommencez l'opération avec le deuxième gâteau.

9 – Continuez à glacer le reste du gâteau, en commençant par le haut et en poursuivant par les côtés. Garnissez avec des copeaux de chocolat, si vous le désirez. Enlevez le papier à cuisson de dessous le gâteau. Les restes se garderont jusqu'à 3 à 4 jours, à température ambiante, enveloppés dans un film alimentaire ou une feuille d'aluminium.

Astuces : si vous ne voulez pas faire ce gâteau à étages, il peut être transformé en muffin ou en génoise. La pâte est suffisante pour 24 muffins que vous ferez cuire 21 à 25 minutes, ou jusqu'à ce qu'un cure-dent en ressorte intact et que les petits gâteaux, au toucher, soient légèrement élastiques. Laissez-les refroidir complètement avant de les glacer. Vous pouvez aussi faire une génoise rectangulaire. Versez la pâte dans un moule à gâteau graissé de 23 × 33 cm et faites cuire 31 à 35 minutes, ou jusqu'à ce qu'un cure-dent ressorte intact et que le gâteau, au toucher, soit légèrement élastique. Laissez-le refroidir complètement et glacez-le ensuite comme indiqué ci-dessus.

Je vous recommande de ne pas remplacer le sucre de canne cru par un autre type de sucre comme celui de noix de coco ou le sucre de canne complet. Ces sucres ont tendance à sécher et à craquer le dessus du gâteau. Pour de bons résultats, utilisez toujours du sucre de canne cru pour cette recette de gâteau.

Enfin, la quantité de farine ne devrait pas se composer à 100 % de farine de blé complet, car elle donne un gâteau trop dense et trop lourd.

Fruits frais et noix à la crème fouettée de noix de coco

130 g d'un mélange de noix, grossièrement hachées

500 g d'un mélange de fruits frais de saison

1 portion de crème fouettée de noix de coco (voir p. 290)

Les desserts les plus simples sont parfois les meilleurs. C'est un dessert d'été qui ne demande aucun effort et que mon mari et moi savourons à chaque fois que nous avons des fruits frais à utiliser. Mettez tout simplement des fruits de saison dans un ramequin, recouvrez-les de noisettes grillées et ajoutez par-dessus une bonne cuillérée de crème fouettée de noix de coco. Cela ne peut pas être plus simple, mais c'est néanmoins suffisamment chic pour être servi à des invités. Ajoutez des copeaux de chocolat noir sur le dessus pour les amoureux du chocolat.

Équivaut à 6 portions
PRÉPARATION : 20 min
Sans gluten, sans huile, sans soja, sans sucre raffiné, sans céréales

1 – Préchauffez le four à 150 °C. Disposez les noix en une seule couche sur une plaque de cuisson et faites-les cuire 8 à 12 minutes, jusqu'à ce qu'elles soient légèrement dorées et odorantes.

2 – Mettez une portion généreuse de fruits frais dans un ramequin ou une verrine. Ajoutez la crème fouettée de noix de coco et parsemez l'ensemble de noisettes grillées.

Salade d'hiver aux agrumes

1 pamplemousse rouge

2 oranges navel

2 oranges sanguines

2 c. à soupe de sucre de canne cru

2 c. à soupe de feuilles de menthe fraîche, et davantage pour la garniture

2 c. à soupe d'amandes effilées et grillées, pour la garniture (optionnel)

C'est un de mes petits plaisirs de l'hiver – des agrumes agrémentés d'une garniture énergisante de sucre à la menthe, et des amandes grillées. La préparation des agrumes est un peu difficile, mais l'effort en vaut la peine pour faire ce dessert énergisant et léger. Cette salade sera un véritable rayon de soleil qui égayera les mornes journées de la saison froide.

Équivaut à 2 portions
PRÉPARATION : 20 à 30 min
Sans gluten, option sans noix, sans huile, cru/sans cuisson, sans soja, sans céréales, sans sucre raffiné

1 – À l'aide d'un couteau d'office, dentelé ou non, coupez les deux extrémités de vos agrumes de façon à faire apparaître la chair du fruit.

Pelez le fruit, sans laisser aucune trace de peau blanche. Levez les segments en suivant les membranes.

2 – Dans un mixeur, mixez ensemble le sucre et les feuilles de menthe jusqu'à ce qu'elles soient finement hachées. Le sucre devrait être vert. Saupoudrez les segments d'agrumes de sucre à la menthe. Rajoutez par-dessus des feuilles de menthe fraîche et les amandes effilées grillées, si vous le désirez.

desserts

Gâteau au pudding choco-moka

1 c. à soupe de graines de lin moulues

150 g de farine d'avoine sans gluten

180 g de sucre de fleurs de coco ou de sucre de canne complet

60 g de poudre de cacao

50 g de copeaux de chocolat végan ou de chocolat végan haché

¾ de c. à café de sel de mer fin

1 ½ c. à café de poudre à lever

175 ml de lait d'amande

2 c. à soupe d'huile de noix de coco fondue

1 ½ c. à café d'extrait de vanille pure

300 ml de café chaud (décaféiné si vous le désirez) ou d'eau bouillie

POUR LA PRÉSENTATION :

De la crème glacée végane, (optionnel)

Du sucre glace, (optionnel)

Des noix grillées, (optionnel)

Lorsqu'il cuit, ce gâteau crée sa propre sauce épaisse au chocolat au fond du plat. On a la sensation de déguster un pudding chaud au chocolat avec des morceaux de gâteau à l'intérieur. Ma sœur Kristi appelle ce cake « une explosion de chocolat fondu dans votre bouche ! » Si vous n'avez jamais fait de gâteau pudding auparavant, vous serez sans doute nerveux lorsqu'il sortira du four parce qu'il aura l'air de n'avoir pas cuit assez longtemps. La vérité est qu'un gâteau pudding doit précisément ne pas avoir l'air assez cuit en sortant du four – les côtés du feront quelques bulles avec la sauce au chocolat et le dessus sera ferme à certains endroits, fluide à d'autres. C'est tout à fait normal et ça ne doit pas vous inquiéter. Cette recette demande du café (normal ou décaféiné) mais si le gâteau est destiné aux enfants ou que vous n'aimez pas l'arôme du café, vous pouvez le remplacer par de l'eau bouillie. J'aime utiliser du café préparé dans une cafetière à piston, mais 1 c. à café d'un café instantané mêlé à de l'eau bouillie fera aussi l'affaire. Ce gâteau est délicieux servi avec une cuillère de crème glacée végane et quelques noix grillées

Équivaut à 9 portions

PRÉPARATION : 15 min • **CUISSON** : 28 à 34 min

Sans gluten, sans sucre raffiné, option sans noix, option sans soja

1 – Préchauffez le four à 190 °C. Graissez légèrement un plat à four en verre de 2 l de contenance.

2 – Dans un petit bol, fouettez ensemble les graines de lin et 3 c. à soupe d'eau. Réservez.

3 – Dans un grand récipient, mélangez ensemble la farine d'avoine 40 g de sucre 50 g de poudre de cacao, les copeaux de chocolat, le sel et la levure.

4 – Dans un petit bol, fouettez ensemble le mélange de graines de lin, le lait d'amande, l'huile et la vanille.

5 – Versez le mélange de lait sur le mélange farine-sucre-cacao et mélangez bien.

6 – Versez la pâte dans le plat que vous avez préparé et lissez uniformément le dessus avec une cuillère.

7 – Dans un petit bol, mélangez le reste de sucre et de poudre de cacao. Saupoudrez uniformément la pâte qui se trouve dans le plat avec le mélange.

8 – Versez doucement le café chaud sur toute la surface du mélange de poudre de cacao. Le cake va avoir désormais un aspect plutôt chaotique mais c'est normal. Promis juré !

9 – Faites cuire 27 à 33 minutes sans couvrir, jusqu'à ce que le gâteau soit à moitié ferme sur le dessus mais encore bouillonnant et liquide sur les côtés.

10 – Laissez-le refroidir 5 à 10 minutes avant de vous précipiter dessus (si vous arrivez à attendre !). Si vous le désirez, servez-le avec une crème glacée végane, avec un peu de sucre glace et des noix grillées sur le dessus.

Astuces : pour l'option sans noix, remplacez le lait d'amande par un lait végétal sans noix (comme du lait de noix de coco) et n'utilisez pas les noix optionnelles.

Pour l'option sans soja, utilisez du chocolat sans soja.

Brownies chocolat-amandes sans gluten

- 4 c. à café de graines de lin moulues
- 160 g d'amandes crues
- 150 g de farine de riz brun
- 2 c. à soupe de poudre d'arrow-root
- 65 g de poudre de cacao, tamisée
- ½ c. à café de sel
- ¼ de c. à café de bicarbonate de soude
- 120 g de copeaux de chocolat végan
- 6 c. à soupe de margarine végan ou d'huile de noix de coco
- 170 g de sucre de canne complet
- 60 ml de lait d'amande
- 1 c. à café d'extrait de vanille pure
- 60 g de noix finement hachées (optionnel)

J'ai dû faire bien des essais pour tester ces brownies végans sans gluten. Ce n'était pas une mince affaire ! Beaucoup de mes essais se sont révélés trop mousseux et ressemblaient à de la génoise – deux caractéristiques que je ne recherche pas pour un brownie. J'ai fini par atteindre mon but et par trouver la recette idéale. Ces brownies sont denses et tendres, comme un brownie devrait l'être, et je peux vous le promettre, on ne croirait jamais qu'ils sont végans et sans gluten.

Équivaut à 16 petits carrés
PRÉPARATION : 30 min • **CUISSON** : 30 à 36 min
Sans gluten, option sans soja, sans sucre raffiné

1 – Préchauffez le four à 180 °C. Huilez légèrement un moule à gâteau carré de 2,5 l et mettez-y deux papiers à cuisson, chacun dans un sens.

2 – Dans un petit bol, fouettez ensemble les graines de lin et les 3 c. à soupe d'eau. Réservez.

3 – Dans un blender ou mixeur, faites de la poudre avec les amandes. Enlevez tout morceau trop gros. Dans un grand bol, fouettez ensemble les amandes moulues, la farine de riz brun, l'arrow-root, la poudre de cacao, le sel et le bicarbonate de soude.

4 – Dans une casserole de taille moyenne, faites fondre à feu doux 125 ml de copeaux de chocolat et la margarine végan. Quand les deux tiers des copeaux auront fondu, ôtez la casserole du feu et remuez jusqu'à ce que le mélange soit onctueux. Incorporez le mélange de graines de lin, le sucre, le lait d'amandes et la vanille et mélangez bien le tout.

5 – Versez le mélange de chocolat sur les amandes moulues et remuez bien jusqu'à ce qu'il n'y ait plus de farine au fond du bol. Incorporez les noix, si vous le désirez, et le reste de copeaux de chocolat.

6 – Mettez la pâte dans le plat que vous avez préparé et mettez un papier à cuisson dessus. Appuyez sur le papier avec vos mains pour étaler la pâte. Utilisez un rouleau à pâtisserie pour l'égaliser si vous le désirez.

7 – Laissez cuire 28 à 34 minutes. Laissez les brownies refroidir dans le plat 1 à 1 h 30. N'enlevez pas les brownies avant qu'ils ne soient complètement refroidis, sinon ils s'émietteraient. Après refroidissement complet, tranchez en carrés et savourez ces brownies avec un verre de lait d'amande crémeux à la vanille (voir p. 285). Les brownies resteront frais jusqu'à 3 jours dans un récipient hermétique.

Astuces : si vous ne voulez pas faire des brownies sans gluten, n'hésitez pas à remplacer la farine de riz brun et la poudre d'arrow-root par 100 g de farine de blé. Utilisez les amandes moulues comme indiqué dans la recette.

Pour l'option sans soja, utilisez du chocolat sans soja.

Yolos faits maison

POUR LA CRÈME CARAMEL :

200 g de dattes Medjool tendres et dénoyautées

1 c. à café ½ de beurre de cacahuètes ou d'un autre beurre de noix

Une pincée de sel de mer fin

POUR LE GLAÇAGE AU CHOCOLAT :

6 c. à soupe de copeaux de chocolat noir

½ c. à café d'huile de noix de coco

De la fleur de sel ou des graines de chia (optionnel)

Cette recette est inspirée par une des confiseries que je préférais quand j'étais enfant. Devinerez de quoi il s'agit ? Le caramel crémeux produit par les dattes Medjool vous rappellera tant la confiserie originale que vous trouverez tout de suite son nom. Les gens me disent souvent que mes Yolos sont meilleurs que les originaux ! Je suis bien d'accord. *You Only Live Once* !

Équivaut à 20 Yolos
PRÉPARATION : 25 min • **REFROIDISSEMENT** : 40 min
Sans gluten, cru/sans cuisson, option sans soja, sans céréales, option sans noix

1 – Préparation de la crème caramel : mixez les dattes dénoyautées dans un mixeur jusqu'à ce qu'une pâte collante se forme. Ajoutez le beurre de cacahuète et le sel, puis mixez. Le mélange sera très collant, mais c'est l'objectif.

2 – Avec une cuillère, mettez le mélange dans un récipient et puis au congélateur environ 10 minutes, sans couvrir. (Le refroidissement permet de former plus facilement les petites boules). Mettez du papier à cuisson sur une assiette. Mouillez légèrement vos doigts et faites environ 20 petites boules avec le caramel refroidi. Mettez-les sur le papier à cuisson au fur et à mesure que vous les faites. Une fois terminées, remettez-les au congélateur 10 minutes pour les raffermir.

3 – Faites le glaçage au chocolat : dans une petite casserole, faites fondre à feu très doux les copeaux de chocolat et l'huile. Quand les deux tiers des copeaux auront fondu, enlevez la casserole du feu et remuez jusqu'à ce que le mélange soit onctueux.

4 – Sortez les bouchées du congélateur et trempez chacune d'elles dans le chocolat fondu – une à la fois. Faites-les rouler avec une fourchette pour les recouvrir. Enlevez tout surplus de chocolat et

remettez-les sur le papier à cuisson. Si vous le désirez, mettez un cure-dent dans chacune d'elles et saupoudrez-les d'une petite quantité de fleur de sel ou de graines de chia.

5 – Mettez les bouchées au congélateur au moins 20 minutes, ou jusqu'à ce que le chocolat soit ferme. Les Yolos sont meilleurs lorsqu'ils sortent tout droit du congélateur, à température ambiante, ils deviennent plus mous.

Astuces : si vos dattes sont dures ou sèches, trempez-les dans l'eau 30 à 60 minutes pour les attendrir avant d'en faire usage. Égouttez-les bien et séchez tout surplus d'eau avant de les mixer.

Si vous avez des restes de chocolat fondu, mettez-les sur une assiette recouverte d'un papier à cuisson et puis au congélateur. Le chocolat durcira de nouveau et vous n'aurez pas à en jeter. Cassez le chocolat et conservez-le pour un autre usage. Ne pas gaspiller pour ne pas manquer comme dirait ma mère !

Pour l'option sans noix, utilisez du beurre de graines de tournesol au lieu du beurre de noisettes.

Pour l'option sans soja, utilisez du chocolat végan sans soja.

Cookies croquants au beurre d'amandes et copeaux de chocolat

1 c. à soupe de graines de lin moulues

4 c. à soupe de margarine végan ou d'huile de noix de coco

4 c. à soupe de beurre d'amandes ou de cacahuètes

170 g de sucre de canne complet

4 c. à soupe de sucre de fleurs de coco ou de sucre canne complet

1 c. à café d'extrait de vanille

½ c. à café de bicarbonate de soude

½ c. à café de poudre à lever

½ c. à café de sel de mer fin

100 g de flocons d'avoine sans gluten, moulus

160 g d'amandes, moulues

4 c. à soupe de mini copeaux de chocolat ou de chocolat noir finement haché

Lait d'amandes (optionnel)

Ces cookies au chocolat croquants, sont faits avec du beurre d'amandes ou d'arachides et de l'avoine, ils sont donc naturellement sans gluten. Essayez-les et vous comprendrez pourquoi ils sont parmi les favoris de mes lecteurs sur mon blog.

Équivaut à 16 à 20 cookies
PRÉPARATION : 20 min • **CUISSON** : 12 à 14 min
Sans gluten, sans sucre raffiné, option sans soja, option sans céréales, option sans noix

1 – Préchauffez le four à 180 °C. Mettez un papier à cuisson sur une plaque de cuisson.

2 – Dans un petit bol, mélangez ensemble les graines de lin et 3 c. à soupe d'eau, puis réservez 5 minutes pour que cela épaississe.

3 – Avec un mixeur, battez ensemble la margarine végan et le beurre d'amandes ou d'arachides jusqu'à ce qu'ils soient mélangés. Ajoutez les deux types de sucre et battez 1 minute de plus. Incorporez le mélange de graines de lin et la vanille et mélangez encore.

4 – Les uns après les autres, incorporez en mélangeant bien, le bicarbonate de soude, la levure boulangère, le sel, la farine d'avoine et la poudre d'amandes. La pâte devra être légèrement collante. Si votre pâte est trop sèche, vous pouvez ajouter une goutte de lait d'amande. Incorporez les copeaux de chocolat.

5 – Formez des petites boules de 2,5 cm de diamètre avec la pâte. Si les copeaux de chocolat n'adhèrent pas, pressez-les dans la pâte avec vos doigts. Disposez les boules sur la plaque de cuisson que vous avez préparée au fur et à mesure que vous les formez, les espaçant de 5 à 8 cm. Il n'est pas nécessaire d'aplatir les cookies puisqu'ils vont s'étaler pendant la cuisson.

6 – Faites-les cuire 12 à 14 minutes, jusqu'à ce qu'ils soient dorés en dessous. Les cookies seront très tendres en sortant du four, mais ils durciront en refroidissant. Laissez refroidir 5 minutes sur la plaque de cuisson et mettez-les ensuite sur une grille de refroidissement 10 minutes de plus. J'aime les conserver au congélateur pour qu'ils restent croquants.

Astuces : si une fournée entière est trop tentante pour vous, congelez les boules de pâte crue pour un usage ultérieur. Lorsqu'une envie irrésistible de cookies vous prendra, laissez la pâte décongeler 30 à 60 minutes sur le plan de travail et faites-les cuire comme indiqué.

Pour l'option sans céréales, omettez l'avoine et utilisez 320 g d'amandes moulues finement. Faites cuire à 160 °C pendant 13 à 15 minutes.

Pour l'option sans soja, utilisez un beurre végan sans soja ou de l'huile de noix de coco et des copeaux de chocolat sans soja.

Pour l'option sans noix, remplacez le beurre d'amandes par du beurre de graines de tournesol et les amandes par 50 g plus 1 c. à soupe de flocons d'avoine. En d'autres termes, vous utiliserez 150 g plus 1 c. à soupe de flocons d'avoine au total. Réduisez l'avoine en farine.

Pizza glacée des journées chaudes

POUR LA PÂTE :

40 g de riz soufflé

40 ml de sirop de riz brun

2 c. à soupe d'huile de noix de coco fondue

4 c. à café de poudre de cacao

1 portion de crème glacée à la banane (voir p. 299)

GARNITURE :

50 g de copeaux de chocolat

2 c. à café d'huile de noix de coco

1 c. à soupe de beurre d'amandes ou de cacahuètes grillées

1 c. à soupe d'huile de noix de coco fondue

1 c. à café de sirop d'érable

4 c. à café d'amandes effilées et grillées

2 c. à café de grués de cacao ou de chocolat haché

1 c. à soupe de noix de coco râpée sans sucre

Enfants, ma sœur et moi demandions toujours une pizza glacée pour nos anniversaires. Voici ma variante végane et bien plus saine. La version achetée dans le commerce ne me manque pas du tout ! Assurez-vous de congeler les bananes la nuit d'avant de manière à ce qu'elles soient prêtes lorsque vous ferez la pizza.

Équivaut à 10 à 12 portions
PRÉPARATION : 25 à 30 min
REFROIDISSEMENT : 15 à 20 min
Sans gluten, option sans soja, cru/sans cuisson

1 – Mettez un papier à cuisson (découpé selon la forme) sur un plat à pizza.

2 – Faites la pâte : dans un grand bol, mélangez bien les céréales, le sirop de riz brun, l'huile et la poudre de cacao. Mettez ce mélange sur le plat à pizza que vous avez préparé et étalez-le pour en faire un rond de 25 cm. Ajoutez un papier à cuisson par-dessus et pressez avec vos mains pour compacter le mélange et lui donner forme. Mettez le plat au congélateur 5 à 10 minutes, jusqu'à ce que la pâte soit ferme.

3 – Étalez doucement la crème glacée de banane sur la pâte gelée, en laissant une bordure de 2,5 cm. Remettez le plat au congélateur pour 5 à 10 minutes.

4 – Pour les garnitures : dans une petite casserole, faites fondre à feu très doux les copeaux de chocolat et l'huile. Quand les deux tiers des copeaux auront fondu, ôtez du feu et remuez jusqu'à ce que cela soit bien onctueux.

5 – Dans un petit bol, mélangez le beurre d'amandes 1 c. à soupe d'huile et le sirop d'érable. Mettez le mélange dans un sac en plastique et coupez-en un coin de manière à ce que vous puissiez faire couler doucement le mélange sur la pizza.

desserts

6 – Répartissez un tiers du chocolat fondu sur la pizza et également un tiers du mélange de beurre d'amandes. Saupoudrez immédiatement la pizza avec la moitié des amandes effilées, les grués de cacao et la noix de coco. Répétez la même opération jusqu'à ce que vous n'ayez plus de garniture.

7 – Remettez la pizza au congélateur 5 à 10 minutes de plus, tranchez-la ensuite et servez immédiatement. Cette pizza est meilleure savourée gelée, lorsqu'elle sort directement du congélateur. À température ambiante, elle fondra rapidement.

Astuces : vous pouvez remplacer la crème glacée banane par 500 ml de votre crème glacée végan préférée.

N'hésitez pas à être créatifs et à utiliser n'importe quelle garniture à votre guise. Tout est possible !

Pour l'option sans soja, utilisez du chocolat sans soja.

produits de base faits maison

Lait d'amande crémeux à la vanille   285

Muesli croquant d'amandes   286

Farine d'amandes gros grains   287

Farine d'amandes fine   287

Farine d'avoine   287

Farine de sarrasin cru   287

Mayonnaise à l'huile de pépins de raisin   288

Chapelure de graines germées   289

Beurre croquant d'amandes grillées au sirop d'érable et à la cannelle   305

Crème de noix de cajou   291

Sauce facile aux champignons   292

Vinaigrette balsamique sans peine   293

Assaisonnement citron-tahini   294

Mélange aux 10 épices   294

Tofu pressé   295

Confiture magique aux graines de chia   297

Glaçage au chocolat (2 méthodes)   298

Crème glacée à la banane   299

Haricots cuits nature   300

Ail cuit au four   301

Beurre de potiron   302

Beurre de noix de pécan et de potiron   303

Beurre croquant d'amandes grillées au sirop d'érable et à la cannelle   305

Croûtons aux herbes et aux amandes   306

Réduction de vinaigre balsamique   307

Bouillon de légumes maison   309

Sauce enchilada 5 minutes   p. 310

Ce chapitre contient des recettes rapides et faciles de produits de base que je prépare à la maison autant que possible. Je crois fermement que tout ce qui est fait à la maison est meilleur, et que c'est meilleur marché. Cela ne veut pas dire que je n'utilise jamais de produits du commerce, mais j'aime remonter mes manches et faire ces produits de base moi-même à chaque fois que j'en ai l'occasion. Dans ce chapitre, vous trouverez les recettes du lait d'amande, des croûtons sans gluten, du bouillon de légumes, du beurre de noix, de la mayonnaise, de la chapelure, de la sauce enchilada et des sauces de toutes sortes, d'assaisonnements pour salades, et bien d'autres choses. Vous trouverez aussi des conseils pour faire de la farine de céréales entières et d'amandes avec votre blender, et une méthode pour cuire l'ail ou presser le tofu. Dans le monde d'aujourd'hui, retourner à ces recettes basiques peut sembler une tâche décourageante, mais on se sent satisfait dans un certain sens à faire ces choses soi-même au lieu de les acheter. J'espère que vous laisserez inspirer et essayerez d'en faire quelques-unes !

Lait d'amande crémeux à la vanille

160 g d'amandes crues

1 l d'eau filtrée (ou essayez pour variante, l'eau de noix de coco)

2 à 3 dattes Medjool tendres, dénoyautées, ou un édulcorant liquide selon votre goût

1 gousse de vanille, grossièrement hachée, ou ½ à 1 c. à café d'extrait de vanille pure, selon votre goût

¼ de c. à café de cannelle moulue

Une pincée de sel de mer fin

Astuces : si vos dattes ou votre gousse de vanille sont sèches ou dures, trempez-les dans l'eau pour les attendrir avant d'en faire usage.

Conservez la pulpe retenue dans le sac pour faire le muesli croquant d'amandes (p. 286)

Pendant longtemps, j'ai cru que faire du lait d'amande à la maison serait quelque chose de compliqué et d'interminable. J'ai ensuite découvert combien c'est vraiment facile et délicieux. Une fois que vous avez fait tremper les amandes toute une nuit, tout ce qu'il vous reste à faire est de les mixer dans un blender avec de l'eau et de les filtrer avec un sac à lait végétal. C'est si facile, et la saveur bat à plate couture celle du lait acheté dans le commerce. Un sac à lait végétal est ma méthode préférée pour le filtrage, mais une passoire fine ou une étamine feront aussi l'affaire.

Équivaut à 1 l

PRÉPARATION : 10 min

Sans gluten, sans huile, cru/sans cuisson, sans soja, sans sucre, sans céréales

1 – Mettez les amandes dans un récipient et ajoutez suffisamment d'eau pour les recouvrir de 2,5 à 5 cm. Laissez de préférence tremper les amandes toute une nuit (au moins 8 à 12 heures), mais vous pouvez vous en sortir en les faisant tremper seulement quelques heures.

2 – Égouttez et rincez les amandes. Mettez-les dans un blender avec l'eau, les dattes, la gousse de vanille, la cannelle, le sel, puis mixez à grande vitesse pendant 1 minute environ.

3 – Placez un sac à lait végétal sur un grand saladier et versez lentement le mélange d'amandes dans le sac. Appuyez doucement sur le fond du sac pour en faire sortir le lait. Cela peut prendre 3 à 5 minutes de faire sortir tout le lait, donc soyez patients.

4 – Versez avec précaution le lait dans un récipient en verre. Le lait d'amande fait maison peut se conserver au frais 3 à 4 jours. Le lait se sépare pendant qu'il repose, donc secouez bien ou mélangez bien avant d'en faire usage.

285

produits de base faits maison

Muesli croquant d'amandes

125 à 250 ml de pulpe d'amande conservée après avoir fait la recette de lait d'amande crémeux à la vanille (p. 285)

100 g de flocons d'avoine sans gluten

½ à 1 c. à café de cannelle moulue, selon votre goût

1 c. à café d'extrait de vanille pure

3 à 4 c. à soupe de sirop d'érable pur ou d'un édulcorant de votre choix, selon votre goût

Une pincée de sel de mer fin

Cette recette est une manière d'utiliser rapidement et facilement la pulpe d'amandes mise de côté lors de la confection du lait d'amande crémeux à la vanille (p. 285). Il suffit de tout mélanger dans un récipient et de mettre le mélange dans un déshydrateur toute une nuit. Le matin d'après, vous vous réveillerez avec un muesli délicieux et croquant prêt à être savouré avec votre lait d'amande fait maison. Une mise en garde : il vous faut vraiment un déshydrateur pour cette recette ; je n'ai pas eu beaucoup de réussite en utilisant un four traditionnel.

Équivaut à 500 ml

PRÉPARATION : 5 min

Sans huile, sans sucre raffiné, sans soja, sans gluten

1 – Mettez un papier anti-adhérent sur un plateau de votre déshydrateur.

2 – Dans un récipient de taille moyenne, mélangez tous les ingrédients. Répandez le mélange sur la feuille du déshydrateur, en une fine couche.

3 – Déshydratez le muesli pendant 11 à 12 heures à 45 °C, jusqu'à ce qu'il soit sec et croustillant. Servez-le avec le lait d'amande fait maison (voir p. 285), dans un verre, ou utilisez le en garniture dans le petit-déjeuner végan facile à faire (voir p. 39).

Farine d'amande gros grains

Dans un blender ou un mixeur, mixez 160 g d'amandes crues entières à grande vitesse. La texture devait être comme celle d'une farine grossière, pas aussi fine que celle de la farine normale. Assurez-vous de ne pas mixer les amandes trop longtemps, sinon l'huile des amandes va être exprimée et la poudre se transformera en grumeaux. Si c'est le cas, écrasez les grumeaux avec vos doigts. Avant d'en faire usage, enlevez tout morceau d'amande trop gros.

Farine d'amande

Dans un blender, mixez 160 g d'amandes entières blanchies à grande vitesse jusqu'à ce qu'une farine fine se forme. Assurez-vous de ne pas mixer les amandes trop longtemps, sinon l'huile des amandes va être exprimée et la farine se transformera en grumeaux collants. Avant d'en faire usage, enlevez les morceaux d'amandes ou les grumeaux trop gros.

Farine d'avoine

Dans un blender, mixez pendant quelques secondes, à grande vitesse, la quantité que vous voulez de flocons d'avoine, jusqu'à ce qu'elle ait une fine consistance farineuse.

Farine de sarrasin cru

Dans un blender, mixez à grande vitesse la quantité que vous voulez de gruaux de sarrasin crus jusqu'à obtenir une fine consistance farineuse.

Mayonnaise à l'huile de pépins de raisins

250 ml d'huile de pépins de raisin

125 ml de lait de soja nature sans sucre (pas d'autre boisson végétale)

1 c. à café de vinaigre de cidre

1 c. à soupe de jus de citron frais

1 c. à café de sirop de riz brun

¼ de c. à café de graines de moutarde

¾ de c. à café de sel de mer fin

Quand je vois que ma liste de courses est assez courte, j'essaie généralement de voir ce que je peux faire moi-même à la maison. Comme j'ai pu le constater, la mayonnaise végane est incroyablement facile et rapide à faire à la maison. J'ai simplement regardé les ingrédients sur l'étiquette de ma mayonnaise végane préférée et commencé à faire des expérimentations. Après quelques essais, je crois que j'ai misé dans le mille avec cette recette. J'espère que vous l'apprécierez aussi !

Équivaut à 325 ml

PRÉPARATION : 5 min

Sans gluten, sans noix, sans sucre raffiné, cru/sans cuisson, sans céréales

1 – Dans un blender, mélangez tous les ingrédients sauf l'huile et mixez à grande vitesse jusqu'à ce que le mélange soit onctueux, en vous arrêtant autant que nécessaire pour racler les parois du blender. Incorporez lentement l'huile par le haut du blender tout en continuant à mixer. Le mélange va épaissir petit à petit.

2 – Mettez le mélange dans un récipient hermétique, puis au frais. La mayonnaise peut se conserver jusqu'à 1 mois.

Astuce : je recommande de ne pas remplacer le lait de soja par une autre sorte de lait végétal, car sa teneur en protéines aide à épaissir le mélange. Je n'ai pas eu de succès en utilisant du lait d'amande (la mayonnaise est restée liquide et n'avait pas un aspect engageant).

Chapelure de graines germées

3 tranches de pain aux graines germées (ou d'un pain de votre choix)

Cette chapelure de graines germées n'est pas seulement saine et facile à faire, mais elle se conserve aussi 1 mois ou plus dans un récipient hermétique. J'aime en garder sous la main pour m'éviter d'acheter de la chapelure dans le commerce. C'est également une excellente solution si vous vous retrouvez avec une miche de pain rassis – au lieu de jeter le pain, pourquoi ne pas le transformer en chapelure ? Assurez-vous d'en faire par avance, car il est nécessaire qu'elle repose toute une nuit pour sécher.

Équivaut à 200 g

Sans noix, sans huile, sans soja, sans sucre

1 – Mettez le pain dans un grille-pain et toastez-le jusqu'à ce qu'il soit légèrement bruni. Je noircis un peu plus le pain que d'habitude, sans le brûler bien sûr.

2 – Mettez-le pain grillé sur une grille de refroidissement et laissez-le refroidir 15 minutes.

3 – Faites des morceaux avec le pain et mettez-les dans un mixeur. Mixez jusqu'à ce que se forme une texture de gros grains de sable.

4 – Mettez du papier à cuisson sur une plaque de cuisson. Disposez la chapelure sur le papier en une seule couche et laissez-la sécher toute une nuit, sans la couvrir (ou 8 heures au moins).

5 – Conservez la chapelure dans un récipient hermétique jusqu'à 4 à 8 semaines.

Crème fouettée de noix de coco

400 g de lait de noix de coco entier (conserve)

1 à 2 c. à soupe d'un édulcorant, selon votre goût

Les graines d'une gousse de vanille ou ½ c. à café d'extrait de vanille pure

Saviez-vous que vous pouvez faire une crème fouettée gourmande et légère en utilisant une conserve de lait de noix de coco entier riche en matières grasses ? Non seulement elle est facile à faire, mais en plus c'est de loin la plus savoureuse crème fouettée que j'ai pu goûter. Vous pouvez utiliser cette crème fouettée comme une crème fouettée ordinaire. J'aime pour ma part l'utiliser comme garniture pour les desserts (comme mon parfait glacé au potiron sur fond de tarte dattes et avoine (p. 230), et elle est formidable avec des fruits frais, ou avec la crème glacée à la banane (voir p. 299). Les possibilités sont vraiment infinies !

Équivaut à 175 à 250 ml

PRÉPARATION : 5 à 10 min

Sans gluten, sans noix, sans huile, sans sucre raffiné, sans soja, sans céréales, cru/sans cuisson

1 – Mettez la conserve de noix de coco au frais toute une nuit (ou au moins pendant 9 à 10 heures).

2 – Environ 1 heure avant de faire la crème fouettée, mettez un récipient vide au congélateur.

3 – Retournez la conserve de noix de coco et ouvrez-la avec un ouvre-boîte. Enlevez l'eau de coco (si vous le voulez, gardez-la pour faire un smoothie).

4 – Avec une cuillère, mettez la partie solide du lait de noix de coco dans le récipient refroidi.

5 – Avec un mixeur électrique, battez la crème jusqu'à ce qu'elle soit aérée et onctueuse. Ajoutez l'édulcorant (sirop d'érable, sirop d'agave, ou même du sucre de canne cru) et les graines de la gousse de vanille, puis mélangez doucement.

6 – Recouvrez le bol et remettez la crème fouettée au frais jusqu'à ce qu'elle soit prête à être utilisée. Froide, elle va s'affermir, et se fluidifier à température ambiante. Elle peut se conserver au frais, dans un récipient fermé, jusqu'à 1 à 2 semaines.

Pour la crème fouettée noix de coco-citron : fouettez la crème de noix de coco et ajoutez 1 c. à soupe de jus de citron frais ainsi que 2 c. à soupe de l'édulcorant de votre choix.

Pour la crème fouettée chocolat : fouettez la crème de noix de coco et ajoutez 3 à 4 c. à soupe de poudre de cacao tamisée 2 c. à soupe de l'édulcorant de votre choix, ¼ de c. à café d'extrait de vanille pure et une pincée de sel de mer fin.

Crème de noix de cajou

130 g de noix de cajou
125 à 250 ml d'eau

CRÈME AIGRE DE NOIX DE CAJOU
2 c. à café de jus de citron frais
1 c. à café de vinaigre de cidre
½ c. à café + ⅛ de c. à café de sel de mer fin, ou selon votre goût

La crème de noix de cajou peut être utilisée dans de nombreuses recettes en remplacement de la crème fraîche ou même de la crème aigre de lait de vache.

TREMPAGE : 2 à 8 h ou toute une nuit • **PRÉPARATION :** 10 min

Dans un bol, mélangez les noix de cajou et suffisamment d'eau pour les couvrir, puis laissez-les tremper 8 heures ou toute une nuit (pour une méthode de trempage rapide, mettez les noix de cajou dans un bol, versez dessus de l'eau bouillante jusqu'à ce que les noix de cajou soient recouvertes, et laissez-les tremper 2 heures). Égouttez, et rincez les noix de cajou, puis mettez-les dans un blender avec 125 à 250 ml d'eau. Avec moins d'eau vous obtiendrez une consistance plus épaisse. Mixez à grande vitesse jusqu'à ce que la crème soit onctueuse. Si vous utilisez la crème de noix de cajou pour une recette salée, ajoutez une pincée de sel, si vous le désirez.

Pour faire la crème aigre de noix de cajou, ajoutez aux noix de cajou et à l'eau, le jus de citron, le vinaigre de cidre et le sel, et mixez à grande vitesse jusqu'à ce que ce soit onctueux.

produits de base faits maison

Sauce facile aux champignons

1 ½ c. à café d'huile d'olive extra-vierge

1 oignon doux ou jaune, finement haché

2 grandes gousses d'ail émincées

Sel de mer fin et poivre noir fraîchement moulu

250 g de champignons de Paris émincés

1 c. à café de romarin frais haché

2 c. à soupe + 1 ½ c. à café de farine de blé

300 ml de bouillon de légumes

2 c. à soupe de sauce soja-tamari, ou plus selon votre goût

C'est une sauce simple quoique consistante, qui se fait en un rien de temps. Elle est parfaite pour les repas de fête, et nous adorons l'utiliser sur la purée de pommes de terre au chou-fleur (voir p. 217).

Équivaut à 500 ml

PRÉPARATION : 5 min • **CUISSON** : 10 min

Sans gluten, sans noix, sans sucre, option sans soja

1 – Dans une poêle ou une casserole, faites chauffer l'huile à feu moyen. Ajoutez l'oignon et l'ail, puis faites sauter 3 à 4 minutes. Assaisonnez avec du sel et du poivre.

2 – Ajoutez les champignons émincés et le romarin, puis mettez sur feu élevé. Faites revenir 8 à 9 minutes de plus, ou jusqu'à ce que la majeure partie de l'eau exprimée par les champignons se soit évaporée.

3 – Incorporez la farine et mélangez jusqu'à ce que tous les ingrédients en soient recouverts.

4 – Ajoutez progressivement le bouillon et le tamari, remuez rapidement pour éviter les grumeaux. Faites mijoter le mélange. Laissez cuire 5 minutes de plus, tout en remuant souvent pour vous assurer que la sauce ne brûle pas.

5 – Quand la sauce aura épaissi selon votre goût, enlevez la poêle du feu et servez.

Astuce : pour l'option sans gluten, utilisez de la farine sans gluten et du tamari sans gluten. Pour l'option sans soja, utilisez des aminos de coco à la place du tamari.

Si à n'importe quel moment la sauce devient trop épaisse, allongez-la en ajoutant un peu de bouillon. De même, si elle est trop fluide, épaississez-la avec un peu plus de farine.

Vinaigrette balsamique sans peine

60 ml de vinaigre de cidre

3 c. à soupe d'huile de graines de lin ou d'huile d'olive

2 c. à soupe de vinaigre balsamique

2 c. à soupe de compote de pommes sans sucre ajouté

1 c. à soupe de sirop d'érable pur

1 ½ c. à café de moutarde de Dijon

1 gousse d'ail émincée

¼ de c. à café de sel de mer fin, ou plus selon votre goût

Poivre noir fraîchement moulu

Cet assaisonnement de salade se fait très rapidement ! Je mets tous les ingrédients dans un pot en verre, je ferme le couvercle et je secoue ! Cette vinaigrette se conserve parfaitement au réfrigérateur et c'est une parfaite alternative aux assaisonnements du commerce. J'aime particulièrement l'utiliser avec des pâtes de courgette ; je suis capable de découper en spirale une courgette entière, de la recouvrir de cet assaisonnement et de la dévorer en quelques minutes. Elle est également fantastique dans ma salade poire, avocat et noix (voir p. 113).

Équivaut à 175 ml

PRÉPARATION : 5 min

Sans gluten, sans noix, cru/sans cuisson, sans soja, sans sucre raffiné, sans céréales

1 – Dans un petit bol, fouettez ensemble tous les ingrédients ou mélangez-les simplement dans un pot, fermez le couvercle et secouez. Cet assaisonnement peut se conserver au frais dans un récipient hermétique 2 semaines au moins.

Astuce : n'hésitez pas à ajuster l'assaisonnement pour qu'il concorde avec vos goûts. J'ai tendance à aimer que mon assaisonnement soit acide, mais si vous préférez moins d'acidité, mettez moins de vinaigre ou plus d'édulcorant. Faites-vous plaisir et amusez-vous avec les quantités selon votre fantaisie !

Assaisonnement citron-tahini

1 grande gousse d'ail

4 c. à soupe de tahini

60 ml de jus de citron frais

3 c. à soupe de levure nutritionnelle

1 à 2 c. à soupe d'huile de sésame ou d'huile d'olive, selon votre goût

1 à 2 c. à soupe d'eau

¼ de c. à café de sel de mer fin, ou plus selon votre goût

C'est très probablement mon assaisonnement préféré. Crémeux et agréablement épicé il se marie bien avec une variété de plats comme, par exemple, mes falafels cuits sans huile (voir p. 105).

Équivaut à 150 ml
PRÉPARATION : 5 min
Sans gluten, sans noix, cru/sans cuisson, sans soja, sans sucre, sans céréales

1 – Mixez l'ail puis ajoutez le tahini, le jus de citron, la levure nutritionnelle, l'huile, l'eau, le sel et mixez jusqu'à ce que le mélange soit onctueux.

Astuce : l'assaisonnement épaissira un peu une fois refroidi. N'hésitez pas à le fluidifier si nécessaire avec 1 c. à soupe ou 2 d'eau ou d'huile.

Mélange aux 10 épices

2 c. à soupe de paprika fumé

1 c. à soupe de poudre d'ail

1 c. à soupe d'origan séché

1 c. à soupe de poudre d'oignon

1 c. à soupe de basilic séché

2 c. à café de thym séché

1 ½ c. à café de poivre noir fraîchement moulu

1 ½ c. à café de sel de mer fin

1 c. à café de poivre blanc

1 c. à café de poivre de Cayenne

Ce mélange d'épices demande moins de 5 minutes de préparation, et il peut être utilisé dans des plats divers : de la soupe et des ragoûts aux pommes de terre cuites au four, pour les chips de chou, le tofu, les haricots, les toasts à l'avocat et bien plus encore. Essayez-le dans ma soupe de légumes aux 10 épices et sa crème de noix de cajou et enchantez vos papilles (voir p. 147).

Équivaut à 125 ml
PRÉPARATION : 5 min
Sans gluten, cru/sans cuisson, sans sucre, sans huile, sans soja, sans céréales

1 – Mélangez tous les ingrédients dans un pot de taille moyenne. Fermez bien le couvercle et secouez pour mélanger. Secouez le pot avant chaque usage.

Tofu pressé

Quand j'ai commencé à tester le tofu, je n'avais aucune idée de ce que pouvait signifier ce pressage du tofu dont tout le monde parlait. *Pourquoi aurai-je besoin de presser le tofu ? Il a l'air déjà plutôt ferme !* Eh bien, j'ai découvert rapidement qu'une grande quantité d'eau se cache dans les blocs de tofu (oui, même dans les variétés fermes et extra-fermes). Presser le tofu aide à exprimer l'eau inutile, ce qui donne un bloc de tofu plus ferme et dense.

Pressage « à l'ancienne »

Si vous n'avez pas de presse-tofu, voici la méthode à l'ancienne (et gratuite !) pour presser le tofu. Mais méfiez-vous, votre presse improvisée pourrait être instable et s'écrouler.

Rincez le tofu. Recouvrez une planche à découper avec plusieurs torchons de cuisine. Enveloppez le tofu avec quelques essuie-tout et ensuite avec un torchon de cuisine épais. Mettez le tofu sur la planche à découper et ajoutez un autre torchon sur le tofu. Posez par-dessus en équilibre et bien à plat plusieurs livres lourds. Laissez-les sur le tofu au moins 20 minutes afin que le poids fasse s'exprimer l'eau. Gardez bien un œil dessus ; les livres sont susceptibles de tomber ! Pour éviter cela, calez votre « presse-tofu » improvisé entre un mur et un appareil ménager.

Presse-tofu

Après deux ans de méthode « à l'ancienne », j'ai fini par utiliser un presse-tofu. Tout a changé ! Le presse-tofu enlève bien plus d'eau (et pas de risque de chute de livres !). J'aime laisser le presse-tofu accomplir sa tâche au frais toute la nuit pour un tofu super-extra-ferme. Il récupère l'eau au fond et je suis toujours choquée par la quantité récupérée. Si vous consommez régulièrement du tofu, c'est un excellent investissement et il ne prendra pas de place du tout. La marque que j'ai choisie est Tofu Xpress.

Confiture magique aux graines de chia

150 g de framboises, de mûres, de myrtilles ou de fraises fraîches ou surgelées

3 à 4 c. à soupe de sirop d'érable pur ou d'un autre édulcorant, selon votre goût

2 c. à soupe de graines de chia

1 c. à café d'extrait de vanille pure

Astuce : si vous voulez faire de la confiture de graines de chia à la fraise, mixez les fraises équeutées pour en faire une purée. Les fraises ne se défont pas aussi rapidement que les autres fruits rouges. Après les avoir mixées, mettez le mélange de fraises dans une casserole et faites-les cuire comme indiqué dans la recette.

Si vous avez 20 minutes, vous pouvez faire une confiture saine qui rivalisera avec n'importe quelle confiture achetée dans le commerce. Tout ce que vous avez à faire est cuire des fruits (myrtilles, framboises, fraises, etc.) avec des graines de chia et une touche d'édulcorant jusqu'à ce que l'ensemble épaississe. Vous n'imaginez pas combien elle devient épaisse – d'où le nom de confiture magique de graines de chia ! Grâce aux graines de chia, la confiture est également pleine d'acides gras et oméga-3, de fer, de fibres, de protéines, de magnésium et de calcium. Saviez-vous que la confiture pouvait être aussi saine ?

Équivaut à 250 ml

PRÉPARATION : 20 min • **REFROIDISSEMENT** : 2 heures

Sans gluten, sans huile, sans sucre raffiné, sans soja, sans noix, sans céréales

1 – Dans une casserole de taille moyenne, mélangez les baies et 3 c. à soupe de sirop d'érable et portez à ébullition à feu moyen sans cesser de remuer. Mettez le feu sur doux et laissez mijoter environ 5 minutes. Écrasez légèrement les baies avec un presse-purée ou une fourchette, laissez-en quelques-unes entières pour la texture.

2 – Incorporez les graines de chia et continuez la cuisson en remuant sans cesse jusqu'à ce que le mélange épaississe et soit de la consistance que vous souhaitez 15 minutes environ.

3 – Une fois que la confiture est épaisse, enlevez-la du feu et incorporez la vanille. Ajoutez plus d'édulcorant selon votre goût si vous le désirez. Savourez la confiture sur des toasts, des muffins, avec du muesli, dans le petit-déjeuner végan à l'avoine facile à faire (voir p. 39), avec des tartes, des cookies, de la crème glacée à la banane (voir p. 299), et bien d'autres choses. La confiture peut se conserver au frais dans un récipient hermétique jusqu'à 1 à 2 semaines, et elle épaissira encore en refroidissant.

produits de base faits maison

Glaçage au chocolat (deux méthodes)

POUR LE GLAÇAGE AU CHOCOLAT CRÈME MARGARINE VÉGANE :

Équivaut à 500 ml

300 g de sucre glace, tamisé

100 g de poudre de cacao, tamisé

110 g de margarine végan

Une pincée de sel de mer fin

2 c. à café d'extrait de vanille pure

3 ½ à 4 c. à soupe de lait végétal, ou autant que nécessaire

POUR LE GLAÇAGE CHOCOLAT-AVOCAT :

Équivaut à 375 ml

2 grands avocats mûrs et dénoyautés

6 c. à soupe de poudre de cacao sans sucre ajouté, tamisé

5 à 6 c. à soupe de sirop d'agave, selon votre goût

2 c. à café d'extrait de vanille pure

Une pincée de sel de mer fin

Voici deux recettes de glaçage au chocolat, riches et délicieuses. Le glaçage au chocolat crème au beurre a une saveur classique et est excellent pour toute sorte de glaçages, tandis que le glaçage chocolat-avocat est moins sucré avec une base de chocolat noir intense.

POUR LE GLAÇAGE AU CHOCOLAT CRÈME AU BEURRE :

1 – Avec un mixeur manuel, battez tous les ingrédients ensemble, sauf le lait, dans un grand récipient. Ajoutez le lait progressivement. Il faut une texture épaisse, pas liquide mais qui reste aisément « tartinable ». Vous aurez peut-être besoin d'utiliser plus ou moins de lait que prévu, mais 3 ½ c. à soupe fut pour moi la dose parfaite.

POUR LE GLAÇAGE CHOCOLAT-AVOCAT :

1 – Dans un mixeur, mettez l'avocat et mixez jusqu'à ce qu'il devienne onctueux. Ajoutez le reste des ingrédients et mixez de nouveau, en vous arrêtant si nécessaire pour racler les parois.

2 – Mettez le glaçage au frais jusqu'à ce qu'il soit prêt à être utilisé. Vous pourrez le conserver au frais, dans un récipient hermétique, jusqu'à 3 jours.

Crème glacée à la banane

4 bananes mûres, épluchées, hachées et congelées

2 c. à soupe de beurre d'amandes ou de cacahuètes grillées (optionnel)

J'ai entendu parler pour la première fois de glace à la banane par ma talentueuse amie Gena Hamshaw, laquelle a créé le blog choosingraw.com. Cela a changé pour toujours ma façon de voir la crème glacée ! C'est un petit plaisir sain que je prépare régulièrement pendant les chaudes journées d'été. En plus, on peut ajouter une quantité d'ingrédients de son choix, des baies gelées, du beurre de noix, des grués de cacao, de la poudre de cacao ou de caroube, ce sont tous des suppléments savoureux. En été, j'essaie d'avoir toujours des bananes surgelées sous la main pour cette recette.

Équivaut à 2 portions
PRÉPARATION : 5 min
Sans gluten, option sans noix, sans soja, sans sucre, sans céréales, cru/sans cuisson, sans huile

1 – Dans un mixeur, mettez les bananes congelées et le beurre d'amandes (si vous en utilisez) et mixez jusqu'à ce que le mélange soit onctueux, en vous arrêtant si nécessaire pour racler les parois. Ce processus peut prendre plusieurs minutes selon votre mixeur.

2 – Quand le mélange de banane est onctueux et a la consistance de la crème glacée onctueuse, enlevez-le du mixeur et savourez immédiatement.

Astuce : je recommande d'utiliser des bananes jaunes n'ayant que peu de taches noires. Si les bananes sont trop mûres et tachées, elles ne seront pas vraiment crémeuses et elles auront aussi un goût de banane très prononcé (à moins, bien sûr, que vous aimiez cela !).

Haricots cuits nature

250 g de haricots secs

Un morceau de kombu de 8 cm (optionnel)

Du sel de mer fin ou de sel aromatisé aux herbes, pour assaisonner après la cuisson

Astuce : prenez bien garde de ne pas ajouter de sel pendant la cuisson, car cela pourrait la rendre inégale. Il est mieux d'assaisonner les haricots après leur cuisson

La quantité varie selon la sorte de haricots

Même si les haricots frais sont toujours meilleurs que les haricots en conserve, j'ai tendance à en avoir toujours une boîte dans mon garde-manger pour les repas de dernière minute. Quelques supermarchés désormais proposent des haricots préparés et surgelés, qui sont si pratiques, tout ce que vous avez à faire, c'est de les décongeler. Cela dit, j'essaie de préparer des haricots à chaque fois que c'est possible parce que les économies sont énormes ! Le week-end, faites tremper les haricots dans un récipient toute une nuit et faites-les cuire pour la semaine à venir. J'aime conserver les restes au congélateur et en faire par avance quelques portions pour des repas rapides et faciles.

TREMPAGE : toute une nuit • **PRÉPARATION** : 10 min
CUISSON : 30 à 90 min

1 – Rincez les haricots dans une passoire.

2 – Mettez les haricots dans une très grande casserole et ajoutez suffisamment d'eau pour les couvrir de 8 à 10 cm. Laissez-les tremper toute une nuit, ou au moins 8 à 12 heures.

3 – Égouttez et rincez bien les haricots. Remettez-les dans la casserole et ajoutez de l'eau fraîche pour les recouvrir de 5 cm. Ajoutez le kombu (si vous en utilisez) et remuez.

4 – Portez l'eau à ébullition à feu élevé. Avec une cuillère, retirez l'écume qui se forme et jetez-la. Réduisez à feu moyen, laissez mijoter sans couvrir 30 à 90 minutes (cela dépend de la sorte de haricots), jusqu'à ce que les haricots soient tendres sous la fourchette et puissent être facilement écrasés entre vos doigts.

5 – Égouttez les haricots et assaisonnez selon votre goût.

6 – Après avoir cuit une grosse quantité de haricots, rincez-les et laissez-les refroidir. Ensuite mettez les haricots inutilisés dans un sac (ou un récipient) de congélation, puis mettez-les au congélateur.

Ail cuit au four

Le nombre de têtes d'ail que vous voulez

De l'huile d'olive extra-vierge (optionnel)

Faire cuire l'ail enlève son goût prononcé et laisse une saveur sucrée et douce, presque de caramel, qui convient très bien pour le pain à l'ail, ou dans les sauces pour les pâtes, les soupes et bien d'autres choses. Certaines personnes trouvent également qu'il est plus facile à digérer. Une fois que vous aurez essayé l'ail cuit au four, vous ne verrez plus jamais l'ail de la même manière !

Quantité variable
PRÉPARATION : 5 à 10 min • **CUISSON** : 35 à 50 min

1 – Préchauffez le four à 200 °C. Enlevez les couches les plus extérieures de la tête d'ail tout en laissant la peau sur les gousses individuelles.

2 – Tranchez le dessus de la tête de 5 mm à 1 cm pour exposer les gousses. Si vous manquez l'une ou l'autre gousse avec votre couteau, utilisez un couteau à éplucher pour atteindre les gousses.

3 – Mettez chaque tête d'ail ainsi préparée dans un papier aluminium individuel et arrosez-les avec 1 c. à café environ d'huile d'olive, (optionnel), en vous assurant de recouvrir chaque gousse.

4 – Enveloppez l'aluminium autour de l'ail et placez-le sur une plaque de cuisson ou dans un moule à muffin.

5 – Faites cuire 35 à 50 minutes, jusqu'à ce que l'ail soit soient doré et tendre.

6 – Laissez refroidir légèrement, puis enlevez précautionneusement l'aluminium autour des têtes d'ail et laissez-les continuer à refroidir. Quand l'ail est suffisamment froid pour que vous puissiez le prendre à la main, enlevez doucement chaque gousse de sa peau et mettez-les dans un bol. La saveur piquante de l'ail cru est désormais partie, pour laisser une pâte d'ail douce.

Beurre de potiron

1 l de purée de potiron (chair de potiron cuite avec peu d'eau et réduite en purée)

60 ml de cidre doux ou de jus de pomme, et davantage si nécessaire

150 g de sucre de canne complet

3 à 4 c. à soupe de sirop d'érable pur, ou plus ou moins selon votre goût

1 c. à soupe de cannelle moulue

½ c. à café de noix de muscade fraîchement râpée

1 c. à café d'extrait de vanille pure

1 c. à café de jus de citron frais

Une pincée de sel de mer fin

Le délicieux beurre de potiron aux multiples usages est la parfaite représentation de l'automne. Quand la nature commence à se parer de feuilles orange, rouge et jaune flamboyant, je sais qu'il est temps de sortir cette recette. Onctueux, proche du beurre, velouté, ce beurre de potiron naturellement sucré est excellent servi avec des toasts, des flocons d'avoine ou pour réaliser des parfaits, mais aussi dégusté tel quel à la petite cuillère.

Équivaut à 875 ml

PRÉPARATION : 10 à 30 min • **CUISSON** : 20 à 30 min

Sans gluten, sans huile, sans sucre raffiné, sans noix, sans soja, sans céréales

1 – Dans une casserole de taille moyenne, mélangez le potiron, le cidre doux, le sucre, le sirop d'érable, la cannelle, la noix de muscade et remuez pour mélanger. Mettez un couvercle et laissez-le entrouvert à l'aide d'une cuillère en bois.

2 – Portez à ébullition à feu moyen. Réduisez à feu doux puis laissez cuire 20 à 30 minutes, jusqu'à ce que le mélange ait épaissi. Enlevez la casserole du feu et laissez refroidir quelques minutes. Incorporez la vanille.

3 – Laissez le beurre de potiron refroidir complètement et ensuite incorporez le jus de citron et le sel. Ce beurre de courge peut se conserver au frais dans un récipient hermétique, jusqu'à 2 à 4 semaines.

Astuces : il n'est pas recommandé de mettre le beurre de potiron en conserve, mais vous serez peut-être heureux de savoir qu'il se congèle bien et qu'il peut, congelé, se garder 1 à 2 mois. Décongelez-le à température ambiante ou au frais, et remuez-le bien avant d'en faire usage.

Beurre de noix de pécan et de potiron

250 g de noix de pécan crues

175 ml de beurre de potiron (voir p. 302)

2 c. à soupe de sirop d'érable, ou plus selon votre goût

1 c. à café de cannelle moulue

⅛ à ¼ de c. à café de noix de muscade fraîchement râpée

¼ de c. à café de sel de mer fin

Les graines d'une gousse de vanille (optionnel)

C'est sans conteste, ma pâte, à tartiner préférée ! Et ce n'est pas peu dire, car des pâtes à tartiner j'en ai fabriqué des quantités impressionnantes. Heureusement, le beurre de noix de pécan maison se fait en un clin d'œil. Les noix de pécan étant très huileuses et d'une texture tendre, elles se transforment en beurre au bout de 5 minutes environ. Une fois le beurre prêt, incorporez simplement du beurre de potiron (voir p. 302) et des épices pour obtenir une pâte à tartiner qui va vous laisser sans voix. Vous pourrez remplir des verres de cette pâte noix de pécan-potiron, joliment emballés ils feront un cadeau de Noël original, enfin…si vous arrivez à vous en séparer !

Équivaut à 300 ml

PRÉPARATION : 10 min • **CUISSON** : 10 à 12 min

Sans gluten, sans huile, sans soja, sans sucre raffiné, sans céréales

1 – Préchauffez le four à 150 °C. Disposez les noix de pécan en une seule couche sur une plaque de cuisson et faites-les cuire au four 10 à 12 minutes, jusqu'à ce qu'elles soient odorantes et dorées.

2 – Mixez les noix cuites dans un mixeur environ 5 minutes, jusqu'à ce qu'une compote lisse se forme, en vous arrêtant dès que c'est nécessaire pour racler les parois.

3 – Ajoutez le beurre de courge, le sirop d'érable, la cannelle, la noix de muscade, le sel, les graines de gousse de vanille (si vous en utilisez), et mixez jusqu'à ce que tout soit mélangé et onctueux. Vous pourrez le conserver au frais dans un récipient hermétique, au moins 1 mois.

produits de base faits maison

Beurre croquant d'amandes grillées au sirop d'érable et à la cannelle

350 g d'amandes crues
2 c. à soupe de sirop d'érable
2 c. à soupe de graines de chanvre
2 c. à soupe de graines de chia
1 c. à café de cannelle moulue
1 c. à café d'extrait de vanille
1 à 2 c. à café d'huile de noix de coco
¼ de c. à café de sel de mer fin

Ce beurre d'amandes est plein de protéines, de graines de chanvre et de chia, ce qui en fait une formidable pâte à tartiner qui vous apporte du bien-être lorsque vous la dégustez. Mon conseil pour faire du beurre d'amandes est d'utiliser un mixeur très résistant – les machines plus petites ne couperont pas les amandes et leur moteur risque de lâcher.

Équivaut à 300 ml

PRÉPARATION : 20 min • **CUISSON** : 20 à 25 min
Sans gluten, sans soja, sans sucre raffiné, sans céréales

1 – Préchauffez le four à 150 °C. Mettez un papier à cuisson sur une plaque de cuisson.

2 – Dans un grand récipient, mélangez les amandes et le sirop d'érable, puis remuez pour bien enrober les amandes. Versez le mélange d'amandes en une seule couche sur la plaque que vous avez préparée et laissez cuire 20 à 25 minutes, jusqu'à ce qu'il soit odorant et doré, en remuant une fois au milieu de la cuisson.

3 – Laissez les amandes refroidir 5 à 10 minutes sur la plaque de cuisson. Si vous faites un beurre d'amandes croquant, Réservez 4 c. à soupe d'amandes entières ; sinon, utilisez toutes les amandes. Mixez le reste des amandes dans un mixeur 5 à 10 minutes, en vous arrêtant autant que nécessaire toutes les 30 à 60 secondes pour racler les parois.

4 – Ajoutez les graines de chia et de chanvre, la cannelle, la vanille 1 c. à café d'huile et le sel. Mixez jusqu'à ce que le beurre d'amandes soit onctueux et suffisamment fin pour s'écouler goutte à goutte d'une cuillère. Ajoutez de l'huile supplémentaire si vous n'obtenez pas un beurre suffisamment onctueux.

5 – Si vous faites un beurre d'amandes croquant, hachez finement les amandes mises de côté et incorporez-les.

6 – Conservez-le dans un pot en verre hermétique à température ambiante, ou au frais, jusqu'à 1 à 2 mois.

produits de base faits maison

Croûtons aux herbes et aux amandes

1 c. à soupe de graines de lin moulues

1 c. à soupe d'huile d'olive extra-vierge

2 gousses d'ail

160 g d'amandes crues

2 c. à soupe d'un oignon doux haché

2 c. à soupe de persil frais, ou 1 c. à café de persil séché

2 c. à soupe de basilic frais, ou 1 c. à café de basilic séché

1 c. à soupe de thym frais, ou ½ c. à café de thym séché

1 c. à soupe de romarin frais, ou ½ c. à café de romarin séché

½ c. à café d'origan séché

¼ de c. à soupe de sel de mer fin

Du sel aromatisé aux herbes, pour saupoudrer

Je vous promets que vous ne regarderez plus jamais les croûtons de la même manière après avoir goûté ces délices croquants, au goût de noisette et sans farine. Si vous êtes comme nous, vous n'arriverez pas à vous arrêter d'en manger à même la plaque de cuisson ! Essayez-les avec ma salade Caesar chakra (voir p. 119 et sa photo p. 121) ou n'importe quelle salade de votre choix.

Équivaut à 8 portions
PRÉPARATION : 15 min • **CUISSON** : 30 à 35 min
Sans soja, sans sucre, sans céréales, sans gluten

1 – Préchauffez le four à 150 °C. Mettez un papier à cuisson sur une plaque de cuisson.

2 – Dans un petit bol, mélangez les graines de lin, l'huile 2 c. à soupe d'eau et remuez. Réservez 5 minutes en remuant de temps à autre, jusqu'à ce que le mélange ait épaissi.

3 – Dans un mixeur, émincez l'ail. Ajoutez les amandes et mixez jusqu'à ce qu'elles soient finement hachées. Ajoutez l'oignon, le persil, le basilic, le thym, le romarin, l'origan, le sel, le mélange de graines de lin et mixez jusqu'à ce qu'une boule de pâte collante se forme.

4 – Avec vos doigts, déposez de petites portions de pâte sur la plaque de cuisson, en utilisant à peu près ½ c. à café de pâte par croûton. Mettez les croûtons à 2,5 cm les uns des autres et saupoudrez-les de sel aromatisé aux herbes.

5 – Faites cuire les croûtons 20 minutes, retournez-les ensuite doucement, et laissez-les cuire 10 à 15 minutes de plus, jusqu'à ce qu'ils soient dorés. Surveillez attentivement les croûtons vers la fin de la cuisson pour vous assurer qu'ils ne brûlent pas.

6 – Laissez les croûtons refroidir sur la plaque pendant 10 minutes. Ils s'affermiront en refroidissant. Laissez-les refroidir complètement et conservez-les dans un pot en verre hermétique 2 à 4 semaines.

Réduction de vinaigre balsamique

250 ml de vinaigre balsamique

Ceux qui détestent le vinaigre n'ont rien à craindre : une fois que le vinaigre s'est transformé en sirop, il ressemble plutôt à du glaçage sucré qui convient très bien pour les salades (voir ma salade de betteraves cuites p. 123), les légumes grillés et les fruits de saison comme les pêches ou les fraises. Ou bien essayez de tremper une baguette fraîche dans l'huile et dans la réduction de vinaigre balsamique ! Un régal !

La quantité de vinaigre pourra vous sembler importante, mais gardez en tête que le volume réduira de deux tiers avant la fin de la recette.

Équivaut à 75 ml

PRÉPARATION : 10 min • **CUISSON** : 20 à 30 min

1 – Dans une casserole de taille moyenne, portez le vinaigre à ébullition à feu moyen. Mettez sur feu doux et laissez mijoter le vinaigre 20 à 30 minutes, en remuant souvent, jusqu'à ce qu'il ait réduit de deux tiers. Gardez un œil sur le vinaigre pour éviter qu'il ne brûle et réduisez le feu si nécessaire. Dans la casserole, il devrait vous rester 75 ml de vinaigre balsamique réduit.

2 – Otez la casserole du feu et laissez refroidir. Mettez la réduction de vinaigre balsamique dans un récipient hermétique et conservez-la au frais jusqu'à 1 mois. La réduction épaissira et s'affermira une fois refroidie. Laissez-la réchauffer à température ambiante avant d'en faire usage.

Bouillon de légumes maison

1 ½ c. à café d'huile d'olive extra-vierge

3 oignons hachés grossièrement

1 tête d'ail épluchée entièrement, les gousses pelées et écrasées

De sel de mer fin et du poivre noir fraîchement moulu

3 carottes de taille moyenne grossièrement hachées

4 tiges de céleri grossièrement hachées

1 bouquet d'oignons verts grossièrement hachés

80 g de champignons shitaké ou de champignons de Paris grossièrement hachés

1 grande tomate grossièrement hachée

2 feuilles de laurier

10 branches de thym frais

1 morceau de kombu de 5 cm (optionnel)

1 ½ c. à café de grains de poivre noir entiers

2 c. à café de sel de mer fin

Astuce : si vous voulez assaisonner le bouillon davantage encore, ajoutez une goutte ou deux de tamari. Gardez cependant en tête que la recette ne sera plus sans soja.

Pour une variante sans soja, utilisez des aminos de coco.

Faire votre propre bouillon de légumes n'est certainement pas aussi facile que d'aller acheter des bouillons cubes au supermarché, mais on a vraiment l'impression d'avoir réussi quelque chose après avoir fait un bouillon à partir d'ingrédients sains. J'aime en faire une grande quantité au commencement de la « saison des soupes », comme ça j'en ai toujours sous la main. Beaucoup de bouillons achetés dans le commerce contiennent du gluten et de la levure, ce qui pose des problèmes aux gens qui ont des intolérances alimentaires. C'est aussi pour cela que l'option du bouillon maison est bonne. J'aime mettre le bouillon au congélateur dans des pots en verre pour qu'ils soient prêts pour ces jours d'hiver froids où l'on souhaite irrésistiblement une bonne soupe chaude. Assurez-vous seulement de laisser au moins 2,5 cm entre le liquide et le couvercle à cause de la dilatation. Je remercie America's Test Kitchen, pour m'avoir inspiré cette recette !

Équivaut à 2,4 à 2,6 l
PRÉPARATION : 30 min • **CUISSON** : 1 h 30
Sans gluten, sans sucre, sans noix, sans soja, sans céréales

1 – Dans une grande marmite, faites chauffer l'huile à feu moyen. Ajoutez l'oignon et l'ail, et faites-le sauter environ 5 minutes. Assaisonnez avec une ou deux pincée de sel et beaucoup de poivre.

2 – Ajoutez les carottes, le céleri, les oignons verts, les champignons, la tomate, les feuilles de laurier, le thym, le kombu (si vous en utilisez) et les grains de poivre, puis faites revenir 5 à 10 min. de plus.

3 – Pour finir, incorporez 2,8 l d'eau et 2 c. à café de sel. Portez le mélange à ébullition. Mettez ensuite sur feu moyen et laissez mijoter environ 90 minutes, ou davantage si vous avez du temps.

4 – Avec précaution, versez le bouillon dans un grand contenant, à travers une passoire. Mettez les morceaux solides au compost. Transférez le bouillon dans de grands pots en verre, tout en laissant 2,5 cm entre le bouillon et le couvercle pour la dilatation. Laissez le bouillon refroidir complètement, vissez ensuite les couvercles et mettez les pots au congélateur. Vous pourrez conserver le bouillon 1 à 2 mois au congélateur ou jusqu'à 3 jours dans le réfrigérateur.

Sauce enchilada 5 minutes

2 c. à soupe de margarine végan ou d'une huile de votre choix au goût léger

2 c. à soupe de farine

4 c. à café de poudre de chili

1 c. à café de poudre d'ail

1 c. à café de cumin moulu

½ c. à café de poudre d'oignon

¼ de c. à café de poivre de Cayenne

300 g de concentré de tomate

425 ml de bouillon de légumes (voir p. 309)

¼ à ½ c. à café de sel de mer fin

Ma sauce enchilada maison est tellement bonne que vous risquez de ne plus jamais en acheter dans le commerce ! Utilisez cette sauce avec mes enchiladas aux haricots noirs et à la patate douce (voir p. 157) ou simplement avec un plat basique de légumes verts, de haricots ou de riz.

Équivaut à 500 ml

PRÉPARATION : 5 min • **CUISSON** : 5 min

Option sans gluten, sans noix, sans sucre, sans céréales

1 – Dans une casserole de taille moyenne, faites fondre la margarine végan à feu moyen.

2 – Incorporez la farine jusqu'à ce qu'une pâte épaisse se forme. Incorporez la poudre de chili, la poudre d'ail, le cumin, la poudre d'oignon, le poivre de Cayenne et mélangez. Laissez cuire 2 minutes jusqu'à ce que le mélange devienne odorant.

3 – Incorporez le concentré de tomate, ainsi que le bouillon. Fouettez jusqu'à ce que ce soit onctueux et bien mélangé. Portez à ébullition à feu élevé (couvert, si nécessaire) et mettez ensuite sur feu moyen pour laisser mijoter. Incorporez le sel selon votre goût et laissez mijoter environ 5 minutes (ou plus longtemps, si vous le désirez), jusqu'à ce que cela épaississe.

Astuce : pour l'option sans gluten, utilisez une farine sans gluten.

Tableau des cuissons

Bien que je n'aie pas l'intention de donner un guide complet de la cuisson des céréales et des légumineuses, voici néanmoins quelques variétés que je fais cuire le plus fréquemment.

Les lignes directrices de cuisson pour les céréales : je suggère de rincer les céréales avant de les cuire. Cela enlève les saletés et empêche que des particules indésirables finissent dans l'eau de la cuisson. Mettez les céréales et l'eau fraîche (ou le bouillon de légumes, si vous le désirez) dans une casserole de taille moyenne et portez à ébullition à feu élevé. Réduisez ensuite sur feu moyen, couvrez avec un couvercle bien ajusté, et laissez mijoter le temps suggéré, ou jusqu'à ce que les céréales soient suffisamment tendres à votre goût. Le temps de cuisson peut varier selon le feu de la cuisson et la fraîcheur des céréales, je suggère donc de garder un œil dessus jusqu'à ce que vous connaissiez bien votre cuisinière. Le quinoa, le millet et riz peuvent profiter, après la cuisson, de 5 minutes pour gonfler. Pour ce faire, enlevez la casserole du feu et laissez reposer avec le couvercle dessus pendant 5 minutes. Aérez les céréales avec une fourchette après ce processus.

J'ai ajouté les lentilles vertes dans le tableau p. 312. Suivez le processus indiqué ci-dessus si ce n'est qu'il faut faire mijoter les lentilles sans les couvrir et égoutter tout excès d'eau après la cuisson.

Pour la cuisson des haricots, référez-vous à la p. 300.

Graines et lentilles	Poids sec	Quantité d'eau	Conseil	Temps	Poids final
GRAINES D'ÉPEAUTRE	100 g	300 ml	Si vous l'aimez ferme, stopper la cuisson une fois la texture souhaitée atteinte.	40 à 50 min ou jusqu'à absorption de l'eau	200 g
LENTILLES VERTES	100 g	250 ml	Laissez mijoter les lentilles sans les couvrir et égouttez l'excès d'eau après la cuisson.	20 à 35 min	210 g
MILLET	100 g	300 ml	Faire revenir légèrement le millet dans 1 c. à soupe d'huile avant d'ajouter l'eau pour en rehausser la saveur.	20 à 30 min puis arrêtez le feu et laisser couvert 5 min	280 g
QUINOA	100 g	300 ml	Faire cuire avec du bouillon de légumes pour en rehausser la saveur	15 à 20 min puis arrêtez le feu et laisser couvert 5 min	300 g
RIZ BASMATI	100 g	250 ml	Surveiller attentivement à partir de 10 min de cuisson.	10 à 20 min	300 g
RIZ ROND NATUREL	100 g	400 ml	Le laisser 5 min dans l'eau après les 40 à 50 min de cuisson.	40-50 min	250 g
RIZ SAUVAGE	100 g	500 ml	Le laisser 5 minutes dans l'eau après les 40 à 50 minutes de cuisson.	40-50 min	300 g

Remerciements

On dit que cela demande une vie d'élever un enfant, et malgré mon manque d'expérience dans ce domaine, j'ai dit la même chose à propos de la création d'un livre de recettes. Il y a tant de talents individuels qui ont mis tout leur cœur à m'aider à préparer ce livre, je leur suis reconnaissante à tous, ainsi qu'à chacun d'entre vous.

Éric, mon mari, il me semble presque impossible de dire avec des mots combien je t'aime et t'apprécie. J'ai réécrit ce paragraphe si souvent, je ne sais même plus combien de fois. Désintéressé, talentueux, intelligent, hilarant, tu illumines ma vie tout entière. À travers mon changement de carrière, la création de mon blog et la boulangerie, et maintenant ce livre de recettes, jamais tu ne m'as incitée à choisir un autre chemin plus sûr et déjà tracé. Merci de m'avoir soutenue sans t'inquiéter de la folle aventure dans laquelle je me suis engagée de tout cœur. Les vaisselles que tu as faites, les listes de course que tu as vérifiées, et les larmes que tu as essuyées sont sans aucun doute ce grâce à quoi j'ai été capable de terminer ce livre. Je t'aime.

Je suis si reconnaissante envers ceux qui ont testé mes créations, et sans qui les recettes de ce livre n'auraient pas été aussi délicieuses. Ma mère a non seulement testé les recettes, elle m'a aussi donné des avis approfondis, et m'a envoyé des recettes prises dans les magazines, afin que je les « véganise ». Maman, tu as toujours été ma plus grande fan, croyant en moi quand moi-même je n'y croyais plus. À ma sœur Kristi, merci d'avoir testé mes recettes à chaque fois que tu le pouvais, bien que tu sois une maman très occupée, qui prend soin de mes formidables neveux. Mes tantes Diane et Elizabeth, votre générosité, le temps et l'amour que vous m'avez donnés n'ont jamais cessé de m'émerveiller. Merci de m'avoir soutenue et aidée en testant mes recettes. À Tammy Root, pour ton enthousiasme à tester chaque recette que j'ai postée en ligne ! Enfin, merci de tout cœur à Heather Lutz, Tina Hill, Catherine Bailey, Michelle Bishop, Alyse Nishimura, Donna Forbes, Stefania Moffat, Cindy Yu, Laura Flood et Sara Francoeur. Je vous suis redevable à toutes de m'avoir donné de votre temps et vos avis au cours de l'année écoulée ! Merci, merci, merci.

À Lucia Watson, mon éditrice chez Avery, merci d'avoir été enthousiasmée dès le début par ce projet et d'avoir su patienter pendant que je m'évertuais à bien faire les choses. Nous sommes une grande équipe et je suis incroyablement fière de ce que nous avons créé. Merci à Ivy McFadden, pour tes brillantes corrections.

Andrea Magyar, mon éditrice chez Penguin, merci de m'avoir tendu la main il y a quelques années et de m'avoir aidée partager ma passion à travers un livre. Je te suis reconnaissante de ton soutien, de tes conseils et de tes encouragements continuels pendant ce parcours. Merci de ton travail minutieux qui m'a permis de concrétiser mes rêves.

Merci à mon avocat, James Minns, pour m'avoir aidée à ralentir pour prendre le temps de comprendre les aspects juridiques. Les choses que j'ai apprises grâce à tes conseils sont importantes pour ma carrière, et je te suis si reconnaissante d'être à mes côtés. Tu es un vrai ami et mentor.

Un merci particulier à Niki Rockliffe pour nous avoir généreusement prêté sa belle cuisine comme toile de fond de certaines photographies.

À Dave Biesse, ce fut un véritable plaisir de travailler de nouveau avec toi et de t'avoir pour nous photographier dans la cuisine et à l'extérieur. Merci pour ces belles images que tu as capturées !

Et bien sûr un grand merci aux lecteurs de mon blog Oh she glows, je vous admire. Vos encouragements, votre soutien et votre enthousiasme continuels sont assurément la raison pour laquelle je suis aujourd'hui en mesure de terminer cet ouvrage. Rien n'est plus excitant que de partager avec le monde la passion de votre vie et de recevoir des retours aussi encourageants. Vous ne savez peut-être pas combien j'attache une grande valeur à vos commentaires, à vos questions, mais j'espère vraiment que vous vous en rendez compte. Avoir appris à vous connaître à travers mon blog a enrichi ma vie à tant d'égards, j'espère que nous serons capables de poursuivre ce voyage ensemble dans les années à venir. J'adorerais avoir le plaisir de rester en contact avec vous dans le futur !

À propos de l'auteur

Angela Liddon a eu à lutter, pendant plus de 10 ans, contre des troubles de la nutrition. Elle a voulu réapprendre à apprécier le fait de manger et a souhaité devenir chef de cuisine. Juste après avoir terminé un master en psychologie sociale et après avoir fait des recherches en université sur le développement de l'enfant, elle a créé le blog Oh She Glows, une sorte de soupape créative, à l'aide de laquelle elle a pu décrire son chemin vers la guérison.

Les réactions à ses contributions et à ses recettes furent si positives qu'elle eut bientôt quotidiennement des centaines de lecteurs affamés de plus d'informations. Finalement elle abandonna sa carrière scientifique au profit de sa passion pour son blog, pour le développement de ses recettes et pour la photographie culinaire. Cinq ans plus tard, son blog Oh She Glows est devenu l'un des plus importants du web et les clics de fans s'intensifient de mois en mois et ce pour ses conseils-santé ou ses recettes véganes.

Le travail d'Angela Liddon a également trouvé écho dans la presse régionale et internationale, comme par exemple dans VegNews, O Magazine, Fitness, The Kitchen, Self, Shape, National Post, The Guardian, Glamour et Best Health. Oh She Glows a obtenu plusieurs distinctions dont entre autres celle du meilleur blog végan selon VegNews et selon Foodbuzz, meilleur de tous les blogs selon Foodbuzz et Angela Liddon a fait partie en 2011 des femmes de l'année élues par le magazine canadien Châtelaine.

Lorsqu'elle n'est pas entrain de créer une nouvelle recette ou de faire de la photographie culinaire, Angela Liddon aime faire de la randonnée, de la course, voyager, assister à un match de hockey, retrouver ses amis ou se ressourcer et pratiquer le yoga. Elle vit avec son mari Éric et leur fille Adriana née en septembre 2014, à Oakville dans l'état d'Ontario au Canada. Vous retrouverez le blog d'Angela Liddon sur internet à l'adresse : www.ohsheglows.com

Index des recettes

Accompagnements 197
Carottes arc-en-ciel grillées et la sauce cumin-coriandre-tahini 201
Champignons marinés à l'italienne 203
Chips parfaites de kale 211
Choux de Bruxelles et pommes de terre Fingerling au romarin cuits au four 215
Courge butternut et son « parmesan » amandes-noix de pécan 219
Potatoes croustillantes et légères 213
Purée de chou-fleur et de pommes de terre et sa petite sauce aux champignons 217
Tempeh à l'ail, sirop d'érable et balsamique 209
Tofu poêlé à l'ail 207

Collations 221
Barre Glo cadeau 227
Barre Glo classique 225
Bouchées croquantes banane-beurre d'amandes au cacao 243
Bouchées de pâte à cookies 245
Muffins légers chocolat-courgettes 237
Pain super-énergisant aux graines de chia 239
Pois chiches grillés au four au sel et au vinaigre 231
Pois chiches parfaits cuits au four 230
Verrine de pudding aux graines de chia 235

Desserts 247
Brownies chocolat-amandes sans gluten 269
Cookies croquants au beurre d'amandes et copeaux de chocolat 275
Crème glacée à la banane 299
Crumble aux pommes de Mère Nature 253
Fruits frais et noix à la crème fouettée de coco 263
Gâteau au pudding choco-moka 267
Glaçage au chocolat 298

Parfait glacé au potiron sur fond de tarte dattes et avoine 257
Pizza glacée des journées chaudes 279
Salade d'hiver aux agrumes 265
Schichttorte (gâteau à étages) au chocolat 259
Tarte glacée chocolat-expresso et noisette 251
Yolos faits maison 273

Entrées 85
Bouchées de falafels au four 105
Bruschettes estivales cerises-fraises-basilic 89
Chips pita épicées et grillées 101
Chips-taco de pommes de terre 95
Dip chaud réconfortant pour nacho 93
Guacamole fraise-mangue 91
Houmous classique 99
Tarte au pesto champignon-noix 103

Petits-déjeuners 35
Cassolette savoureuse d'avoine et de lentilles 57
Donuts énergisant au chia 51
Galette d'avoine et de graines croustillantes 61
Gratin de flocons d'avoine pomme-poire à la cannelle et au sirop d'érable 49
Petit-déjeuner à l'avoine facile à faire 39
Petit-déjeuner pour une journée cocooning 47
Porridge au sarrasin cru 55
Porridge d'avoine comme une tarte aux pommes 59
Rochers croquants sans pareils 41
Tofu brouillé, frites au four maison et toasts d'avocat 43

Plats principaux 153
Assiette énergisante de miso 187
Burger de portobellos grillés et son pesto de tomates séchées, graines de chanvre et kale 179
Burrito quinoa-brocoli et son fromage de cajou 169

316

oh she glows

Cassolette riche en protéines 185
Chana masala rapide et facile 173
Curry crémeux de légumes 193
Enchiladas de patates douces et de haricots, crème
    d'avocat à la coriandre 157
Fajitas et steak de champignons portobello 195
Notre burger végan préféré 165
Pâtes « 15 minutes » à l'avocat 183
Pâtes riches tomate et basilic 191
Ragoût tex-mex du bonheur 159
Rôti de lentilles et de noix 177
Salade de nouilles aux deux sauces : thaï aux
    arachides et orange-sirop d'érable-miso 163
Sauce fortifiante aux tomates et aux champignons . . 171

Produits de base faits maison ... 281

Ail cuit au four 301
Assaisonnement citron-tahini 294
Beurre croquant d'amandes grillées au sirop
    d'érable et à la cannelle 305
Beurre de noix de pécan et de potiron 303
Beurre de potiron 302
Bouillon de légumes maison 309
Chapelure de graines germées 289
Confiture magique aux graines de chia 297
Crème de noix de cajou 291
Crème fouettée de noix de coco 290
Crème glacée à la banane 299
Croûtons aux herbes et aux amandes 306
Farine d'amande 287
Farine d'amande gros grains 287
Farine d'avoine 287
Farine de sarrasin cru 287
Glaçage au chocolat (deux méthodes) 298
Haricots cuits nature 300
Lait d'amande crémeux à la vanille 285
Mayonnaise à l'huile de pépins de raisins 288
Mélange aux 10 épices 294
Muesli croquant d'amandes 286
Réduction de vinaigre balsamique 307
Sauce enchilada 5 minutes 310
Sauce facile aux champignons 292
Tofu pressé 295

Salades ... 109

Assaisonnement citron-tahini 185, 294
Assaisonnements orange-sirop d'érable-miso 163
Salade Caesar Chakra et ses croûtons 119
Salade crémeuse de pommes de terre et d'avocat . . . 117
Salade de betteraves aux noisettes et au thym et sa
    réduction de vinaigre balsamique 123
Salade de kale, millet et courge et son
    assaisonnement citron-tahini 129
Salade de légumes grillés pour le week-end 125
Salade festive de kale et de pomme, vinaigrette
    à la cannelle et le parmesan de noix de pécan . . . 131
Salade poire, noix, avocat, oignon rouge et portobellos
    marinés 113
Sandwich perfectionné à la salade de pois chiches . . . 115
Vinaigrette balsamique sans peine 293

Sauces

Pesto de tomates séchées 179
Salade de nouilles aux deux sauces : thaï aux
    arachides et orange-sirop d'érable-miso 163
Sauce cumin-coriandre-tahini 201
Sauce enchilada 5 minutes 310
Sauce facile aux champignons 292
Sauce fortifiante aux tomates et aux champignons . . 171
Sauce thaï aux arachides 163

Smoothies, jus et thés ... 63

Jus Yogi 81
Monstre vert classique 67
Monstre vert Mojo-ito 69
Monstre vert tropical 77
Smoothie bonne humeur au chocolat 71
Smoothie ensoleillé anti-refroidissement 75
Smoothie fitness 73
Smoothie matin radieux 76
Smoothie velouté tarte au potiron 72
Thé rooibos salutaire 79
Thé vert énergisant aux agrumes 83

Soupes ... 135

Bouillon de légumes maison 309
Crème de tomates et croûtons de pois chiches
    à l'italienne 151
Potage d'été aux tortillas 145
Soupe africaine réconfortante aux cacahuètes 139
Soupe de la guérison kale-lentilles corail 141
Soupe de légumes aux 10 épices et crème de cajou . . . 147
Soupe detox « mange tes légumes » 149
Soupe indienne chou-fleur-lentilles 143

Index des recettes

Index des ingrédients

A

Ail
Ail cuit au four   301

Amande   14, 22
Beurre croquant d'amandes grillées au sirop d'érable et à la cannelle   305
Brownies chocolat-amandes sans gluten   269
Cookies croquants au beurre d'amandes et copeaux de chocolat   275
Courge butternut et son « parmesan » amandes-noix de pécan   219
Croûtons aux herbes et aux amandes   306
Crumble aux pommes de Mère Nature   253
Lait d'amande crémeux à la vanille   285
Muesli croquant d'amandes   286
Petit déjeuner à l'avoine facile à faire   39
Pizza glacée des journées chaudes   279
Rochers croquants sans pareils   41
Salade Caesar Chakra et ses croûtons aux herbes et aux amandes   119
Salade d'hiver aux agrumes   265

Ananas
Monstre vert tropical   77

Asperges
Salade crémeuse de pommes de terre et d'avocat   117

Avocat   19
Curry crémeux de légumes   195
Enchiladas de patates douces et de haricots, crème d'avocat à la coriandre   157
Glaçage au chocolat   298
Guacamole fraise-mangue   91
Monstre vert mojo-ito   69
Pâtes « 15 minutes » à l'avocat   183
Salade crémeuse de pommes de terre et d'avocat   117
Salade de légumes grillés pour le week-end   125
Salade poire, noix, avocat, oignon rouge et portobellos marinés   113
Smoothie bonne humeur au chocolat   71
Tofu brouillé, frites au four maison et toasts d'avocat   43

Avoine
Barre Glo cadeau   227
Barre Glo classique   225
Bouchées de pâte à cookies   245
Cassolette savoureuse d'avoine et de lentilles   57
Cookies croquants au beurre d'amandes et copeaux de chocolat   275
Crumble aux pommes de Mère Nature   253
Donuts énergisant au chia   51
Farine d'avoine   14
Flocons d'avoine   14
Galette d'avoine et de graines croustillantes   61
Gâteau au pudding choco-moka   267
Gratin de flocons d'avoine pomme-poire à la cannelle et au sirop d'érable   49
Muesli croquant d'amandes   286
Notre burger végan préféré   165
Pain super-énergisant aux graines de chia   239
Parfait glacé au potiron sur fond de tarte dattes et avoine   257
Petit-déjeuner à l'avoine facile à faire   39

Petit-déjeuner pour une journée cocooning 47
Porridge d'avoine comme une tarte aux pommes 59
Rochers croquants sans pareils 41
Rôti de lentilles et de noix 177
Smoothie fitness 73
Smoothie velouté tarte au potiron 72
Tarte glacée chocolat-expresso et noisette 251

B

Banane
Bouchées croquantes banane-beurre d'amandes au cacao 243
Crème glacée à la banane 299
Monstre vert classique 67
Petit-déjeuner à l'avoine facile à faire 39
Pizza glacée des journées chaudes 279
Smoothie matin radieux 76
Smoothie velouté tarte au potiron 72

Beurre d'amandes
Barre Glo cadeau 227
Barre Glo classique 225
Bouchées croquantes banane-beurre d'amandes au cacao 243
Bouchées de pâte à cookies 245
Cookies croquants au beurre d'amandes et copeaux de chocolat 275
Crème glacée à la banane 299
Monstre vert classique 67
Pizza glacée des journées chaudes 279
Salade de nouilles aux deux sauces : thaï aux arachides et orange-sirop d'érable-miso 163
Smoothie fitness 73

Beurre de cacahuètes
Barre Glo cadeau 227
Barre Glo classique 225
Bouchées croquantes banane-beurre d'amandes au cacao 243

Bouchées de pâte à cookies 245
Cookies croquants au beurre d'amandes et copeaux de chocolat 275
Crème glacée à la banane 299
Monstre vert classique 67
Pizza glacée des journées chaudes 279
Salade de nouilles aux deux sauces : thaï aux arachides et orange-sirop d'érable-miso 163
Smoothie fitness 73
Yolos faits maison 273

Brocolis
Burrito quinoa-brocoli et son fromage de cajou 169
Soupe detox « mange tes légumes » 149

C

Cacahuète
Soupe africaine réconfortante aux cacahuètes 139

Cacao
Bouchées croquantes banane-beurre d'amandes au cacao 243
Muffins légers chocolat-courgettes 237
Schichttorte (gâteau à étages) au chocolat 259
Smoothie bonne humeur au chocolat 71
Tarte glacée chocolat-expresso et noisette 251

Canneberges
Salade de kale, millet et courge et son assaisonnement citron-tahini 129

Canneberges séchées
Barre Glo cadeau 227
Petit-déjeuner pour une journée cocooning 47
Salade festive kale et pomme, vinaigrette à la cannelle et parmesan de noix de pécan 131

Carotte
Assiette énergisante de miso 187
Bouillon de légumes maison 309
Carottes arc-en-ciel grillées et la sauce cumin-coriandre-tahini 201
Curry crémeux de légumes 193
Dip chaud réconfortant pour nacho 93
Jus bonne mine 81
Notre burger végan préféré 165
Rôti de lentilles et de noix 177
Salade de nouilles aux deux sauces : thaï aux arachides et orange-sirop d'érable-miso 163
Soupe de légumes aux 10 épices et crème de cajou 147
Soupe detox mange tes légumes 149

Céleri
Bouillon de légumes maison 309
Burrito quinoa-brocoli et son fromage de cajou 169
Rôti de lentilles et de noix 177

Champignon
Bouillon de légumes maison 309
Burger de portobellos grillés et son pesto de tomates séchées, graines de chanvre et kale 179
Champignons marinés à l'italienne 203
Curry crémeux de légumes 195
Purée de chou-fleur et de pommes de terre et sa petite sauce aux champignons 217
Salade poire, noix, avocat, oignon rouge et portobellos marinés 113
Sauce facile aux champignons 292
Sauce fortifiante aux tomates et aux champignons 171
Soupe detox « mange tes légumes » 149
Tarte au pesto champignon-noix 103
Tofu brouillé, frites au four maison et toasts d'avocat 43

Index des ingrédients

Chocolat
Barre Glo classique 225
Bouchées croquantes banane-beurre d'amandes au cacao 243
Bouchées de pâte à cookies 245
Brownies chocolat-amandes sans gluten 269
Cookies croquants au beurre d'amandes et copeaux de chocolat 275
Gâteau au pudding choco-moka 267
Glaçage au chocolat 298
Muffins légers chocolat-courgettes 237
Pizza glacée des journées chaudes 279
Schichttorte (gâteau à étages) au chocolat 259
Tarte glacée chocolat-expresso et noisette 251
Yolos faits maison 273

Chou-fleur
Purée de chou-fleur et de pommes de terre et sa petite sauce aux champignons 217
Soupe indienne chou-fleur-lentilles 143

Choux de Bruxelles
Choux de Bruxelles cuits au four et les pommes de terre Fingerling au romarin 215

Concombre
Jus yogi 81
Salade de nouilles aux deux sauces : thaï aux arachides et orange-sirop d'érable-miso 163

Courge
Courge butternut et son « parmesan » amandes-noix de pécan 219
Salade de kale, millet et courge et son assaisonnement citron-tahini 129
Soupe de légumes aux 10 épices et crème de cajou 147

Courgettes
Muffins légers chocolat-courgettes 237
Potage d'été aux tortillas 145
Salade de légumes grillés pour le week-end 125

D
Datte Medjool 16
Lait d'amande crémeux à la vanille 285
Parfait glacé au potiron sur fond de tarte dattes et avoine 257
Smoothie bonne humeur au chocolat 71
Smoothie fitness 73
Yolos faits maison 273

E
Edamame 26
Assiette énergisante de miso 187
Salade de nouilles aux deux sauces : thaï aux arachides et orange-sirop d'érable-miso 163

Épinard
Cassolette riche en protéines 185
Dip chaud réconfortant pour nacho 93
Enchiladas de patates douces et de haricots, crème d'avocat à la coriandre 157
Monstre vert classique 67
Monstre vert mojo-ito 69
Monstre vert tropical 77
Pâtes riches tomate et basilic 191
Ragoût tex-mex du bonheur 159
Soupe africaine réconfortante aux cacahuètes 139
Soupe de la guérison kale-lentilles corail 141
Soupe de légumes aux 10 épices et crème de cajou 147
Soupe indienne chou-fleur-lentilles 143
Tofu brouillé, frites au four maison et toasts d'avocat 43

F
Fraise
Bruschettes estivales cerises-fraises-basilic 89
Confiture magique aux graines de chia 297
Guacamole fraise-mangue 91
Smoothie matin radieux 76

Fruits secs
Rochers croquants sans pareils 41
Rôti de lentilles et de noix 177

G
Graines de chanvre 22
Assiette énergisante de miso 187
Barre Glo classique 225
Beurre croquant d'amandes grillées au sirop d'érable et à la cannelle 305
Burger de portobellos grillés et son pesto de tomates séchées, graines de chanvre et kale 179
Porridge d'avoine comme une tarte aux pommes 59

Graines de chia 21
Barre Glo classique 225
Beurre croquant d'amandes grillées au sirop d'érable et à la cannelle 305
Confiture magique aux graines de chia 297
Crumble aux pommes de Mère Nature 253
Donuts énergisant au chia 51
Galette d'avoine et de graines croustillantes 61
Monstre vert classique 67
Pain super-énergisant aux graines de chia 239
Petit-déjeuner à l'avoine facile à faire 39
Porridge au sarrasin cru 55
Porridge d'avoine comme une tarte aux pommes 59

oh she glows

Sauce fortifiante aux tomates et aux champignons   171
Smoothie fitness   73
Verrine de pudding aux graines de chia   235

Graines de courge   23
Barre Glo cadeau   227
Galette d'avoine et de graines croustillantes   61
Pain super-énergisant aux graines de chia   239
Petit-déjeuner pour une journée cocooning   47
Rochers croquants sans pareils   41
Salade de kale, millet et courge et son assaisonnement citron-tahini   129

Graines de lin   22
Bouchées de falafels au four   105
Brownies chocolat-amandes sans gluten   269
Cookies croquants au beurre d'amandes et copeaux de chocolat   275
Croûtons aux herbes et aux amandes   306
Gâteau au pudding choco-moka   267
Monstre vert classique   67
Muffins légers chocolat-courgettes   237
Notre burger végan préféré   165
Rôti de lentilles et de noix   177

Graines de sésame
Assiette énergisante de miso   187
Barre Glo classique   225
Galette d'avoine et de graines croustillantes   61

Graines de tournesol   21
Barre Glo classique   225
Galette d'avoine et de graines croustillantes   61
Notre burger végan préféré   165
Pain super-énergisant aux graines de chia   239
Rochers croquants sans pareils   41

H

Haricot noir   23
Enchiladas de patates douces et de haricots, crème d'avocat à la coriandre   157
Notre burger végan préféré   165
Potage d'été aux tortillas   145
Ragoût tex-mex du bonheur   159

Haricot sec
Haricots cuits nature   300
Haricots et légumineuses. Voir Haricots noirs, Lentilles, Edamame, Pois chiches

K

Kale
Burger de portobellos grillés et son pesto de tomates séchées, graines de chanvre et kale   179
Cassolette riche en protéines   185
Jus yogi   81
Monstre vert classique   67
Monstre vert tropical   77
Ragoût tex-mex du bonheur   159
Salade Caesar Chakra et ses croûtons aux herbes et aux amandes   119
Salade de kale, millet et courge et son assaisonnement citron-tahini   129
Salade festive de kale et de pomme, vinaigrette à la cannelle et le parmesan de noix de pécan   131
Soupe africaine réconfortante aux cacahuètes   139
Soupe de la guérison kale-lentilles corail   141
Soupe de légumes aux 10 épices et crème de cajou   147
Soupe detox « mange tes légumes »   149
Tempeh à l'ail, sirop d'érable et balsamique   211
Tofu brouillé, frites au four maison et toasts d'avocat   43

Kombu   25, 28

L

Lentilles   23
Cassolette riche en protéines   185
Cassolette savoureuse d'avoine et de lentilles   57
Rôti de lentilles et de noix   177
Sauce fortifiante aux tomates et aux champignons   171
Soupe de la guérison kale-lentilles corail   141
Soupe indienne chou-fleur-lentilles   143

M

Maïs
Potage d'été aux tortillas   145
Ragoût tex-mex du bonheur   159
Salade de légumes grillés pour le week-end   125

Mangue
Guacamole fraise-mangue   91
Monstre vert tropical   77

Millet
Salade de kale, millet et courge et son assaisonnement citron-tahini   129

N

Noisette
Salade de betteraves aux noisettes et au thym et sa réduction de vinaigre balsamique   123
Tarte glacée chocolat-expresso et noisette   251

Noix
Brownies chocolat-amandes sans gluten   269
Chips-taco de pommes de terre   95
Fruits frais et noix à la crème fouettée de coco   263
Gratin de flocons d'avoine pomme-poire à la cannelle et au sirop d'érable   49
Muffins légers chocolat-courgettes   237

Index des ingrédients

Porridge d'avoine comme une tarte aux pommes   59
Rochers croquants sans pareils   41
Rôti de lentilles et de noix   177
Salade poire, noix, avocat, oignon rouge et portobellos marinés   113
Tarte au pesto champignon-noix   103

Noix de cajou   22
Burrito quinoa-brocoli et son fromage de cajou   169
Crème de noix de cajou   291
Crème de tomates et croûtons de pois chiches à l'italienne   151
Curry crémeux de légumes   193, 195
Dip chaud réconfortant pour nacho   93
Parfait glacé au potiron sur fond de tarte dattes et avoine   257
Pâtes riches tomate et basilic   191
Soupe de légumes aux 10 épices et crème de cajou   147
Tarte glacée chocolat-expresso et noisette   251

Noix de coco
Barre Glo classique   225
Crème fouettée de noix de coco   290
Crumble aux pommes de Mère Nature   253
Fruits frais et noix à la crème fouettée de coco   263
Gâteau au pudding choco-moka   267
Monster Vert moj-ito   69
Parfait glacé au potiron sur fond de tarte dattes et avoine   257
Pizza glacée des journées chaudes   279
Rochers croquants sans pareils   41
Schichttorte (gâteau à étages) au chocolat   259
Tarte glacée chocolat-expresso et noisette   251

Noix de pécan
Barre Glo cadeau   227

Beurre de noix de pécan et de potiron   303
Courge butternut et son « parmesan » amandes-noix de pécan   219
Parfait glacé au potiron sur fond de tarte dattes et avoine   257
Salade festive de kale et de pomme, vinaigrette à la cannelle et le parmesan de noix de pécan   131

Nori
Soupe détox   149

O

Oignon
Bouchées de falafels au four   105
Bouillon de légumes maison   309
Dip chaud réconfortant pour nacho   93
Guacamole fraise-mangue   91
Soupe africaine réconfortante aux cacahuètes   139
Soupe indienne chou-fleur-lentilles   143
Tarte au pesto champignon-noix   103

Orange/Jus d'orange
Salade de nouilles aux deux sauces : thaï aux arachides et orange-sirop d'érable-miso   163
Salade d'hiver aux agrumes   265
Smoothie ensoleillé anti-refroidissement   75
Smoothie matin radieux   76

P

Paprika
Tofu brouillé, frites au four maison et toasts d'avocats   43

Patate douce
Assiette énergisante de miso   187
Curry crémeux de légumes   193
Enchiladas de patates douces et de haricots, crème d'avocat à la coriandre   157
Soupe africaine réconfortante aux cacahuètes   139

Soupe de légumes aux 10 épices et crème de cajou   147
Soupe indienne chou-fleur-lentilles   143
Tofu brouillé, frites au four maison et toasts d'avocat   43

Petits pois
Curry crémeux de légumes   193

Piment
Curry crémeux de légumes   193
Potage d'été aux tortillas   145
Sauce enchilada 5 minutes   310
Soupe africaine réconfortante aux cacahuètes   139
Tofu brouillé, frites au four maison et toasts d'avocat   43

Poire
Gratin de flocons d'avoine pomme-poire à la cannelle et au sirop d'érable   49
Jus vert simple   81
Jus yogi   81
Salade poire, noix, avocat, oignon rouge et portobellos marinés   113

Pois chiche   23
Bouchées de falafels au four   105
Chana masala rapide et facile   173
Crème de tomates et croûtons de pois chiches à l'italienne   151
Houmous classique   99
Pois chiches grillés au four au sel et au vinaigre   231
Pois chiches parfaits cuits au four   230
Sandwich perfectionné à la salade de pois chiches   115
Soupe africaine réconfortante aux cacahuètes   139
Soupe de légumes aux 10 épices et crème de cajou   147

Poivron
Cassolette riche en protéines   185
Curry crémeux de légumes   193
Enchiladas de patates douces et de haricots, crème d'avocat à la coriandre   157

Fajitas et steak de portobello 195
Potage d'été aux tortillas 145
Ragoût tex-mex du bonheur 159
Salade de légumes grillés pour le week-end 125
Salade de nouilles aux deux sauces : thaï aux arachides et orange-sirop d'érable-miso 163
Sandwich perfectionné à la salade de pois chiches 115
Soupe africaine réconfortante aux cacahuètes 139
Soupe de légumes aux 10 épices et crème de cajou 147
Tofu brouillé, frites au four maison et toasts d'avocat 43

Pomme
Crumble aux pommes de Mère Nature 253
Gratin de flocons d'avoine pomme-poire à la cannelle et au sirop d'érable 49
Jus bonne mine 81
Jus vert de base 81
Jus yogi 81
Monstre vert mojo-ito 69
Petit-déjeuner pour une journée cocooning 47
Porridge d'avoine comme une tarte aux pommes 59
Salade festive kale et pomme, vinaigrette à la cannelle et parmesan de noix de pécan 131

Pomme de terre
Chips-taco de pommes de terre 95
Choux de Bruxelles cuits au four et les pommes de terre Fingerling au romarin 215
Curry crémeux de légumes 193
Potatoes croustillantes et légères 213
Purée de chou-fleur et de pommes de terre et sa petite sauce aux champignons 217
Salade crémeuse de pommes de terre et d'avocat 117

Soupe de légumes aux 10 épices et crème de cajou 147
Tofu brouillé, frites au four maison et toasts d'avocat 43

Potiron
Beurre de noix de pécan et de potiron 303
Beurre de potiron 302
Parfait glacé au potiron sur fond de tarte dattes et avoine 257
Smoothie velouté tarte au potiron 72

Q

Quinoa
Assiette énergisante de miso 187
Burrito quinoa-brocoli et son fromage de cajou 169
Salade de kale, millet et courge et son assaisonnement citron-tahini 129

R

Raisins
Petit-déjeuner pour une journée cocooning 47

Riz
Chana masala rapide et facile 173
Curry crémeux de légumes 193
Ragoût tex-mex du bonheur 159

Riz complet soufflé
Barre Glo cadeau 227
Barre Glo classique 225
Pizza glacée des journées chaudes 279

Romarin
Choux de Bruxelles cuits au four et les pommes de terre Fingerling au romarin 215

S

Sarrasin
Galette d'avoine et de graines croustillantes 61
Gruaux et farine de sarrasin 14
Pain super-énergisant aux graines de chia 239

Porridge au sarrasin cru 55
Rochers croquants sans pareils 41

Sirop d'érable 16
Beurre croquant d'amandes grillées au sirop d'érable et à la cannelle 305
Bouchées de pâte à cookies 245
Gratin de flocons d'avoine pomme-poire à la cannelle et au sirop d'érable 49
Muesli croquant d'amandes 286
Muffins légers chocolat-courgettes 237
Parfait glacé au potiron sur fond de tarte dattes et avoine 257
Rochers croquants sans pareils 41
Salade de nouilles aux deux sauces : thaï aux arachides et orange-sirop d'érable-miso 163
Smoothie ensoleillé anti-refroidissement 75
Tarte glacée chocolat-expresso et noisette 251
Tempeh à l'ail, sirop d'érable et balsamique 209

Sirop de riz brun
Pizza glacée des journées chaudes 279

T

Tahini
Assaisonnement citron-tahini 294
Assaisonnement orange-sirop d'érable-miso 163
Carottes arc-en-ciel grillées et la sauce cumin-coriandre-tahini 201
Cassolette riche en protéines 185
Houmous classique 99
Salade de nouilles aux deux sauces : thaï aux arachides et orange-sirop d'érable-miso 163

Tamari 27

Tempeh 26
Tempeh mariné à l'ail, au sirop d'érable et au vinaigre balsamique 209

Index des ingrédients

Tofu 26
Tofu brouillé, frites au four maison et toasts d'avocat 43
Tofu poêlé à l'ail 207
Tofu pressé 295

Tomate
Bouillon de légumes maison 309
Cassolette riche en protéines 185
Chana masala rapide et facile 173
Crème de tomates et croûtons de pois chiches à l'italienne 151
Curry crémeux de légumes 193
Pâtes riches tomate et basilic 191
Potage d'été aux tortillas 145
Ragoût tex-mex du bonheur 159
Sauce enchilada 5 minutes 310
Sauce fortifiante aux tomates et aux champignons 171
Soupe africaine réconfortante aux cacahuètes 139
Soupe de la guérison kale-lentilles corail 141
Soupe de légumes aux 10 épices et crème de cajou 147

Tomate séchée
Burger de portobellos grillés et son pesto de tomates séchées, graines de chanvre et kale 179
Burrito quinoa-brocoli et son fromage de cajou 169
Crème de tomates et croûtons de pois chiches à l'italienne 151

V

Vinaigre balsamique
Réduction de vinaigre balsamique 307
Tempeh mariné à l'ail, au sirop d'érable et au vinaigre balsamique 209

Adresses utiles

La produits cités dans ce livre comme l'huile de coco, la levure nutritionnelle ou le quinoa, sont disponibles dans la plus part des magasins de diététique.

Vous les retrouverez ausi sur notre site www.unimedica.fr dans la catégorie « Produits naturels ». Sous cette même rubrique, vous disposez d'un large choix de produits véganes et bio tels que les graines de chia ou de chanvre ainsi des appareils électroménagers pour réussir toutes vos recettes.

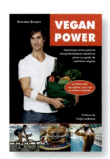

Brendan Brazier
Vegan Power
Optimisez votre santé et vos performances sportives grâce au guide de nutrition végane
Le Thrive Diet sans gluten, sans soja du célèbre triathlète canadien
Préface : Hugh Jackman
352 pages, 26 €

Triathlète et ironman canadien, Brendan Brazier, est un pionnier et un guide de l'alimentation végane. Cet ouvrage est un livre culte de la mouvance végane mondialement répandue. Dès l'âge de 15 ans il souhaitait devenir un sportif professionnel. Au cours de sa carrière, il a minutieusement examiné quelle alimentation optimisait à la fois ses performances et ses phases de récupération. Le résultat en est le célèbre Thrive Diet, lequel a déjà conduit de nombreux sportifs émérites à la médaille olympique. Le Thrive Diet ne s'adresse pas uniquement aux sportifs professionnels mais aussi à chaque personne qui souhaite s'assurer une santé optimale, devenir plus performante et se prémunir des maladies.

Brendan Brazier a révolutionné le véganisme en étant attentif à une nutrition équilibrée contenant suffisamment de protéines et autres substances nutritives, il mise aussi sur de super-aliments.

Le Thrive Diet conduit à l'élimination de la masse graisseuse, à l'augmentation de la masse musculaire et des performances, à la réduction du stress et des fringales de « malbouffe », à un esprit plus clair et à un meilleur sommeil. 100 recettes véganes sans gluten ni soja, qui vont des barres énergétiques, gels et boissons rapidement préparés, en passant par les potages et les pizzas jusqu'aux délicieux desserts, accompagnées d'un planning de 12 semaines pour débuter dans le Thrive Diet.

« Vegan power est incontournable. » Prof. Colin CAMPBELL, auteur de *« Le Rapport Campbell »*
« ...Rien que le chapitre sur le stress mérite que l'on achète Vegan Power ! » Veggiebulle.fr

Rosina Sonnenschmidt
Le pouvoir thérapeutique des jus
Naturellement sains – Recettes de jus frais, smoothies et mousses de lait
160 pages, 24 €

L'auteure, Rosina Sonnenschmidt, très appréciée outre-Rhin partage avec nous ses connaissances sur les vertus curatives des jus frais. Outre les traditionnels jus de fruits et de légumes crus, elle aborde également les très « tendance » smoothies et nous fait découvrir le domaine encore peu connu des mousses de lait, autant de boissons à visée préventive ou à consommer dans le cadre d'un traitement holistique.

Les jus de fruits et de légumes crus fraîchement pressés stimulent les fonctions rénales et hépatiques, ainsi que le métabolisme cutané. Ils activent les glandes et le système nerveux, et libèrent les fonctions régulatrices. Ils participent à la désacidification et au drainage de l'organisme. L'intégration thérapeutique des mousses de lait a été développée par Rosina Sonnenschmidt. Ces recettes ont été accueillies par ses patients avec beaucoup d'enthousiasme ; en effet, la mousse de lait améliore l'assimilation des vitamines lipophiles et rend tellement plus savoureux les jus d'épinards et de céleri ! Elle nous livre ses secrets pour réussir une délicieuse cure de jus frais, souvent inédite : du jus de roses à la fraise et du jus d'ananas à l'orge germé au smoothie mangue-avocat en passant par la mousse de lait au chou blanc ! L'auteure détaille aussi l'efficacité de ses boissons selon la saison et les symptômes. Ce livre est une source d'inspiration pour les thérapeutes comme pour le grand public souhaitant mettre à profit les vertus curatives des jus frais.

« C'est LE livre qu'il faut avoir pour se soigner par les jus – un superbe livre de recette. » Katrin Kinnemann

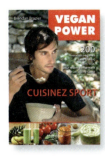

Brendan Brazier
Vegan Power – Cuisinez sport
200 recettes véganes sans gluten, sans soja, pour rester performant et en bonne santé
440 pages, 29 €

Après le remarquable succès de « Vegan Power » c'est maintenant le livre de recettes qui est publié. Sur la base de ses années d'expérience, le célèbre Ironman et triathlète Brendan Brazier a révolutionné l'alimentation végane et l'a optimisée pour les sportifs et pour les performances de haut niveau.

Sportif apprécié, Brendan Brazier détaille dans son ouvrage, les liens existant entre la protection de l'environnement, l'alimentation d'origine animale et végétale et les ressources disponibles. Il démontre qu'une alimentation végétale équilibrée est le meilleur moyen de protéger à la fois la santé et l'environnement.

Dans cet ouvrage culte, il propose 200 recettes de plats nutritifs, faciles à préparer, y intègre des super-aliments tels que la maca, le chia, le chanvre ou la chlorella et en exclut les produits potentiellement allergènes, tels que le blé, la levure, le gluten, le soja et le maïs. Nous trouvons dans cet ouvrage d'une part des recettes élaborées par de célèbres chefs américains tels que Tal Ronnen et Matthew Kenney : de délicieux gnocchis de courge, une cassolette de légumes à l'italienne, un chili aux haricots noirs, des falafels de quinoa, d'onctueux smoothies au chocolat, des carrés glacés orange et noix de coco, un burger aux graines de chanvre, une tarte à la crème et banane, une salade d'été du chef en dix minutes mais aussi des recettes de barres et de gels énergétiques mises au point par Brendan Brazier et bien d'autres recettes encore.

Ces conseils et recettes permettent d'améliorer durablement votre santé, d'augmenter vos forces et votre endurance physiques ainsi que la vivacité de votre esprit.

Kevin Richardson / Toni Park
L'homme qui murmurait à l'oreille des lions
Ma vie parmi les grands félins d'Afrique
264 pages, 19 €

Dans son premier livre, le soigneur de lions et comportementaliste animalier Richardson, instance populaire sur YouTube, raconte l'histoire de sa vie et de son itinéraire professionnel, et parle de la capacité insolite qu'il possède pour gagner la confiance de fauves tels que les lions et les hyènes.

Au cours de son travail dans le Lion Park en Afrique du Sud et dans la réserve du « Parc du royaume du lion blanc », Richardson fut accepté comme un frère par quelques-uns de ses lions, « parfois même comme un père… par d'autres comme un ami, et par le reste des lions comme une connaissance. » Sud-Africain natif, Richardson entretient un contact libre avec ses lions ; même s'il lui est déjà arrivé de se faire attaquer, il pense que son « histoire d'amour à vie avec le danger » est liée à sa capacité à rester cool. Bien qu'au début de sa carrière il ait failli être déchiqueté, il s'exprime ainsi : « Que faites-vous lorsque qu'un lion essaie de vous dévorer ? Tout ce qui vous passe par la tête. »

« *Le zoologiste comportementaliste Kevin Richardson a construit une relation d'une telle intimité avec ses grands félins qu'il peut passer la nuit roulé en boule à leurs côtés sans craindre d'être attaqué … Il est d'instinct en totale harmonie avec ces animaux sauvages dont les crocs acérés pourraient perforer l'acier. À tel point que les mères hyènes lui permettent même de porter leurs nouveau-nés sans s'interposer.* »

Glenys Roberts, The Daily Mail (GB)

Christiane Maute
Homéopathie pour les plantes
Un guide pratique pour le soin des plantes d'intérieur, d'extérieur, du potager et du verger
Des astuces pour l'application, le choix du dosage et de la dilution
160 pages, 24 €

Pionnière dans ce domaine, Christiane Maute commença une dizaine d'années auparavant à traiter en homéopathie les plantes ornementales de son jardin. Elle nous propose les principaux remèdes homéopathiques utilisés dans les maladies les plus communes comme par exemple, les taches noires du rosier, le mildiou de la tomate, le feu bactérien des arbres fruitiers, la cloque du pêcher, le cancer, la pourriture, la fumagine, ainsi que dans les infestations de limaces et les problèmes de croissance.
Les traitements pour les conséquences du gel ou de la grêle, des excès d'humidité, de sécheresse ou de soleil, ainsi que pour les « blessures » occasionnées par la taille ou le rempotage, sont clairement expliqués, donnant même au moins expérimenté d'entre nous la possibilité de les appliquer en toute confiance.
Des illustrations ainsi que des résumés concis sont fournis pour la plupart des maladies discutées, offrant ainsi aux novices la possibilité de reconnaître du premier coup d'œil la maladie et de trouver le remède correspondant. Les dosages et les traitements sont décrits en détail. Le livre se termine par une matière médicale claire et concise. Ce livre, facile à utiliser, s'adresse tout particulièrement au jardinier amateur et saura convertir le « non-homéopathe » en utilisateur enthousiaste.
« Grâce à ce livre, je démarre une nouvelle ère de jardinage ! J'ai testé et ça marche ! Amis jardiniers essayez ces nouvelles connaissances et faites-les vôtres ! »
Gerda H.

Vaikunthanath Das Kaviraj
L'homéopathie appliquée au jardin et à l'agriculture
Le traitement homéopathique des plantes et des sols
368 pages, 34 €

Un concept novateur sur le traitement homéopathique des maladies des plantes. Avec cet ouvrage, l'auteur s'aventure sur un terrain inconnu et ouvre des perspectives encore insoupçonnables.
V. D. Kaviraj, lui-même homéopathe expérimenté ayant traité par homéopathie, durant plus de 10 ans, jusqu'à 150 patients par jour dans le cabinet de campagne du Dr Chatterjee, en Inde, fit plutôt par hasard l'expérience du traitement homéopathique des plantes. En visite chez des connaissances en Suisse, on lui demanda de traiter par homéopathie la famille et les animaux domestiques. Comme le verger de pommiers était attaqué par la rouille, on lui demanda également conseil à cet égard.
Les pommes présentaient des anneaux rouge sombre sur la peau et un besoin en eau accru. Les symptômes rougeur avec soif correspondaient à Belladonna, qu'il essaya immédiatement sur les plantes. À la surprise de tous, la rouille disparut. En outre, les pommes eurent l'année suivante un goût nettement meilleur.
Pour Vaikunthanath Das Kaviraj, cela constitua une expérience clé. Au cours des douze années suivantes, il poursuivit des recherches intensives dans ce domaine, principalement en Europe et en Australie. Il utilise l'homéopathie pour les diverses maladies des plantes. En Australie, où il exerça son activité, sa méthode connut entre-temps un vif succès et fut largement appliquée.

Dr Patrice Rouchossé
Homéopathie et animaux
Échos de la Terre – Préface de J.-Marie Pelt
168 pages, 29 €

Le docteur Rouchossé utilise l'homéopathie dans sa pratique quotidienne depuis plus de vingt ans, tant sur les gros animaux (ruminants, chevaux) que sur les petits (chiens, chats). La pratique de l'homéopathie en élevage nécessite une qualité d'observation, voire d'empathie, importantes de la part des éleveurs, d'où l'intérêt des formations organisées pour former les éleveurs à cette observation.

Ce travail sur le terrain permet de disposer de nombreux cas cliniques. Ces cas posent des questions sur l'efficacité parfois spectaculaire de l'homéopathie et permettent d'illustrer certaines réflexions sur l'intelligence animale, leur comportement et notre relation aux animaux domestiques.

Le travail sur la matière médicale est plus un travail de recherche. Pour chacun d'entre nous, il doit permettre de construire une image dynamique et cohérente d'un remède. L'étude des souches et la comparaison avec les symptômes des pathogénésies est, dans ce but, une source de découvertes étonnantes et d'émerveillement perpétuel.

Enfin, la mise en relation de ce travail sur les remèdes et de cas cliniques résolus offre un nouvel éclairage pour la compréhension du comportement animal.

C'est ce travail que le docteur Rouchossé expose dans ce livre.

Alain Duport
L'homéopathie pour les animaux aussi
101 cas cliniques d'homéopathie vétérinaire
296 pages, 29 €

Une autre façon efficace d'aborder la santé

Alain Duport, vétérinaire homéopathe uniciste depuis 1981, témoigne à l'aide de cas cliniques, de l'action de l'homéopathie sur nos amis les animaux. Il a bénéficié de l'enseignement notamment des docteurs Soirot, Masi, Imbrechts et Brunson.

Son ouvrage intéressera les détenteurs d'animaux, quelle que soit l'espèce, désireux d'utiliser une médecine naturelle ainsi que les vétérinaires qui souhaitent élargir leur palette thérapeutique à l'homéopathie, et plus largement, les médecins homéopathes, souvent intrigués par l'homéopathie vétérinaire, car elle leur donne des arguments imparables face aux détracteurs de l'homéopathie, mais aussi parce que l'homéopathie vétérinaire représente un champ d'expérimentation, dans les maladies graves ou les pathologies de groupe par exemple.

Intérêt de l'homéopathie en médecine vétérinaire

L'animal exprime sa souffrance pure, sans rationaliser ni justifier ce qui lui arrive, tout comme le ferait un enfant, il nous montre ses émotions et ses réactions telles qu'il les vit. La vie de l'animal étant généralement plus brève que celle du vétérinaire, ses processus vitaux se succèdent de façon plus rapide, nous pourrons suivre l'évolution sur une vie entière et parfois plusieurs générations.

Les résultats obtenus, aussi bien chez les abeilles que les volailles, les chiens, les chats, les bovins et équidés ainsi que les ovins et caprins, permettent de penser que l'homéopathie est bien plus qu'un placebo et est une alternative intéressante pour certaines pathologies pour lesquelles, la médecine classique n'a pas de solution.

Andreas Moritz
Alzheimer : Stop !
Les véritables causes de la maladie et ce que chacun peut faire dès maintenant pour la prévenir et la guérir
224 pages, 24 €

Un guide utile pour la prévention et la guérison de la maladie d'Alzheimer. La maladie d'Alzheimer est l'une des maladies les plus redoutées au monde et les statistiques n'évoluent que dans une direction : vers le haut. Presque chacun d'entre nous a, en effet, vu de ses propres yeux un membre de sa famille ou un ami ainsi s'éloigner ou connaît quelqu'un qui a vécu cela.

À l'heure actuelle, environ 36 millions de personnes dans le monde sont touchées par la maladie d'Alzheimer et les chercheurs, se basant sur des projections à l'échelle globale, prévoient pour le futur une augmentation multipliée par trois de ce nombre, qui menace de prendre des proportions épidémiques, une évolution dramatique. Pour le moment, aucun traitement convaincant n'existe permettant de stopper le déclin mental.

Dans ce livre, Andreas Moritz, le célèbre thérapeute et auteur du best-seller L'incroyable nettoyage du foie et de la vésicule biliaire traite des véritables causes de l'origine d'Alzheimer, aussi bien corporelles que mentales. Dans son style unique, Andreas Moritz parle à la fois des recherches actuelles et des méthodes séculaires, donnant à ses lecteurs des outils et des suggestions utiles qui permettent d'être mieux préparés pour l'avenir et ainsi devenir responsable de sa propre santé. Andreas Moritz explique aussi les possibles causes émotionnelles et l'importance de l'intoxication au mercure, à l'aluminium et au fluorure. Il démontre également le caractère essentiel de l'alimentation, abordant notamment les vitamines telles que la vitamine B12, les aliments riches en protéines, le sucre industriel et le cholestérol.

Un livre novateur qui redonne espoir.

Jeannette Hölscher-Schenke / Eva Strobel
L'homéopathie du bébé à l'ado
60 remèdes en images
312 pages, 29 €

Un vrai régal pour les yeux : le premier livre illustré destiné aux parents et aux thérapeutes et illustrant 60 profils homéopathiques d'enfants. Des aquarelles drôles et touchantes démontrent avec brio qu'un petit dessin vaut mieux qu'un long discours.

On y trouvera les « grands classiques » pédiatriques que sont *Sulfur, Belladonna, Calcarea carbonica, Pulsatilla* ou encore *Lycopodium*, mais aussi des remèdes plus récents comme *Beryllium* et son manque de confiance en lui, *Androctonus* (scorpion) belliqueux et froid, *Chocolat* et ses troubles de l'alimentation, *Falco peregrinus* (faucon) et son comportement agressif ou encore *Lithium phosphoricum* et son hyperactivité, tous sont dépeints en mots et en images avec beaucoup de fraîcheur, pour le plus grand plaisir des lecteurs. Ouvrage de référence, son répertoire pédiatrique exhaustif permet d'orienter facilement ses recherches.

« Il est très intéressant; En le parcourant je me suis dit que j'aurais bien aimé savoir il y a 30 ans, comment soigner l'eczéma avec des méthodes douces!!!!
Je me suis amusée à retrouver le « profil » de mes enfants, de mes neveux, de mon petit-fils et je suis impressionée par la justesse des remarques. »

Christine M., France

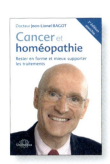

Dr Jean-Lionel Bagot
Cancer et homéopathie
Rester en forme et mieux supporter les traitements – 2nde édition enrichie
400 pages, 29 €

Le traitement du cancer a énormément progressé, cependant le parcours de soins expose souvent les malades à des effets secondaires qui peuvent altérer leur qualité de vie. C'est ce constat qui anime le Dr Bagot depuis plus de dix ans. Avec une équipe d'oncologues de Strasbourg, il propose l'homéopathie en soutien à la chirurgie, la chimiothérapie, la radiothérapie et l'hormonothérapie. Et le succès est au rendez-vous ! L'homéopathie se révèle étonnamment capable de soulager et soutenir les malades. Cet ouvrage détaille les remèdes homéopathiques et leur posologie par type de cancer, de traitement et de troubles rencontrés, sans oublier la gestion émotionnelle de la maladie et des soins. Cette seconde édition, augmentée de presque cent pages est le fruit de quatre nouvelles années d'expérience et de recherche en soin de support. On y découvre notamment 15 nouveaux protocoles de chimiothérapie, les avancées sur l'hormonothérapie de la prostate et les dernières connaissances sur l'alimentation pendant la chimiothérapie.

« Le Dr Jean-Lionel Bagot est un des experts les plus avertis en matière de soins de support homéopathiques en cancérologie. Son ouvrage est connu de tous et est une référence lorsqu'on prend en charge des patients cancéreux soucieux d'être suivis en parallèle et en complément de leur traitement classique. C'est une 2nde édition enrichie de quatre nouvelles années d'expérience que les éditions Unimedica/Narayana nous proposent. On y découvre un nouveau médicament étonnant et bien mal connu pour lutter contre les effets secondaires des chimiothérapies. L'occasion aussi pour le lecteur de se remettre à niveau concernant les protocoles et leurs effets secondaires possibles, et bien sûr les traitements permettant de les éviter ou de les atténuer. »

Cahiers de Biothérapie n° 253 – oct. 2016.

Rajan Sankaran
L'homéopathie pour le monde d'aujourd'hui
Découvrir son autre chant
220 pages, 29 €

Qu'est-ce qui fait de chacun de nous ce que nous sommes ? Pourquoi nos perceptions et nos actes sont-ils tellement uniques ? Où notre stress prend-il réellement sa source ?

L'auteur a constaté que le stress est dicté par notre propre ressenti, notre « chant » intérieur, qui provient de l'un des trois règnes de la nature : animal, végétal ou minéral. Ce schéma dicte nos sentiments, nos rêves, nos objectifs, notre carrière et nos relations. Il explique pourquoi nous réagissons différemment au stress.

Dans cet ouvrage, Rajan Sankaran explique les sept niveaux d'expérience et montre comment un homéopathe expérimenté peut, en s'appuyant sur les mots et gestes avec lesquels nous décrivons nos symptômes, plonger dans nos sensations les plus intimes pour comprendre quel animal, plante ou minéral « chante » en nous. Cette compréhension permet de traiter le problème directement à la source. En prenant conscience de cet autre chant en nous, nous pouvons en diminuer l'impact négatif et trouver la voie vers la guérison et la paix intérieure.

« L'approche de Rajan Sankaran est le plus grand progrès de l'histoire de l'homéopathie du siècle passé. L'homéopathie pour le monde d'aujourd'hui est une introduction à cette approche. »

William Franklin McCoy, American Journal of Homeopathic Medicine

Nutrition
Fitness & Sport
Naturopathie
Homéopathie
Acupuncture
Hommes & Animaux

Dans notre librairie Online
www.unimedica.fr

vous trouverez un large choix d'ouvrages sur l'alimentation saine, le sport, la naturopathie et l'homéopathie en allemand, en anglais et en français, dont nous sommes éditeur. Nous proposons pour chaque titre, la lecture de larges extraits.
Sur notre site internet, mis à jour régulièrement, nous abordons de nombreux thèmes actuels, études et séminaires, avec des homéopathes de renommée mondiale ainsi qu'un échange d'expériences sur les maladies et épidémies.
Un catalogue général est disponible gratuitement.

Unimedica

Blumenplatz 2· D-79400 Kandern· Tel : +49 7626-974970-0· Fax : +49 7626-974970-999
Contact France : Unimedica, BP 034, 68490 Ottmarsheim• Tél. Skype +33 970 446 488
info@unimedica.fr